船舶工匠系列教材
国家级高技能人才培训基地推荐教材

造船精度管理

张　威　主　编
吉李祥　鲁德智　杨宏发　参　编
邵志杰　主　审

内容简介

本书是中等职业教育船舶制造技术专业规划教材之一，按照“造船精度管理”教学大纲要求而编写。本书共七章，内容包括基础知识、精度管理体系、精度标准与船体尺寸标准、精度管理流程、精度管理的关联技术、精度管理的发展趋势与典型案例等。

本书可作为中等职业院校船舶类专业教材，也可供船舶企业管理人员、操作人员、船舶安全人员与研究人员参考使用。

图书在版编目(CIP)数据

造船精度管理/张威主编. —哈尔滨：哈尔滨工程大学出版社，2020.9

ISBN 978-7-5661-2757-0

Ⅰ.①造… Ⅱ.①张… Ⅲ.①造船-生产管理-中等专业学校-教材 Ⅳ.①F407.474.62

中国版本图书馆CIP数据核字(2020)第154381号

选题策划 史大伟 薛 力
责任编辑 史大伟 薛 力
封面设计 李海波

出版发行 哈尔滨工程大学出版社
社　　址 哈尔滨市南岗区南通大街145号
邮政编码 150001
发行电话 0451-82519328
传　　真 0451-82519699
经　　销 新华书店
印　　刷 哈尔滨市石桥印务有限公司
开　　本 787 mm×1 092 mm 1/16
印　　张 14.5
字　　数 377千字
版　　次 2020年9月第1版
印　　次 2020年9月第1次印刷
定　　价 39.00元
http://www.hrbeupress.com
E-mail:heupress@hrbeu.edu.cn

序

实现中华民族伟大复兴，把我国建设成为海洋装备大国是一代代造船人的不懈追求。随着产业结构不断调整升级，建设一支高技能人才队伍是公司人才培养工作的重中之重。公司依托"国家级高级技能人才培训基地"，有计划、有步骤、高标准、严要求地培养符合企业需求的高技能人才，帮助高技能人才用知识武装自己，不断进取，不断提高自己的业务技能，最终成为造船业技术工人队伍的核心骨干，技术创新的探索者、实践者和推动者。但是，在打造这样一支队伍的过程中，我们发现现有的培训教材已经不能满足企业产品升级的需求，公司迫切需要能够适应现代造船培训的教材。

本次出版的教材是沪东中华"国家级高级技能人才培训基地"的配套教材，是在2016年成功出版基础上，结合新工艺、新标准、新船型的再次延伸。为此，公司专门成立了教材编审委员会，组织了领域内的专家，结合生产实际情况和行业发展新趋势编写成书。本套教材注重操作和工艺知识的讲解，填补了国内技能人才培训教材的空白，主要作为企业相关工种培训的指导用书，也可供高职高专、技工学院等职前教育选用。

教材编写过程中得到了公司生产、技术部门领导和专家的大力支持，谨在此表示感谢！希望沪东中华各领域的精英积极将自己知识和经验的"金矿""富矿"不断地转化为理论成果，公司也将为大家学习交流打造一个开放的平台。

由于时间比较仓促，教材难免有一些不完善之处，敬请各位读者不吝指正，使本套教材日臻完善。

沪东中华造船(集团)有限公司党委副书记、工会主席

2019年9月

前　言

造船精度管理是当代造船的重大新技术之一，也是船厂科学管理的重要内容。它主要是在船体建造过程中用加放尺寸补偿量取代余量，通过合理的工艺技术和管理技术，对船体零件、部件和主尺度进行精度控制，以提高建造质量，最大限度地减少现场修整的工作量，缩短船舶建造周期，降低船体建造成本。

精度造船是一门综合性、系统性的科学，它是通过对生产全过程进行系统的控制和管理，最终使船体的建造精度达到设计要求。造船精度管理水平对缩短造船周期、提高钢材利用率、提高劳动生产率关系极大，是体现一个企业建造水平和管理水平的关键方面，是实现 PSPC（所有类型船舶专用海水压载舱和散货船双舷侧处所保护涂层性能指标）的重要环节之一。

因此，建立一套适合造船企业运营的精度管理体系和培养一支有较高技能和业务水平的精度管理队伍，从而提高效率，提升建造品质，逐步实现精益化造船，增强企业竞争力，是我们研究和应用的目的。

目前，造船精度管理已越来越受到各大船企重视，国内造船精度管理正处于发展阶段，本书是编者所在公司精度管理团队经过不断完善改进，形成的一套针对造船精度管理较为完善的专业教材。本书主要采用理论与实际相结合方式，阐述精度管理在船体建造过程中的应用与实施不仅详细介绍了造船精度管理的理念，而且通过与国内外船企对比，对精度管理体系进行了讲解。书中集合了船体设计、加工、制造、总装等各环节施工过程中精度管控的要点，并对核心理论、检测技术进行了阐述，同时还分析了全站仪、精度软件在现代造船精度管理中的作用，对相关软件的开发和拓展检测手段具有一定的指导作用。

编　者

2019 年 8 月

编者的话

随着造船企业建模工作的进一步深化，精度造船作为各企业提升其核心竞争力的必要手段，变得尤为重要，编者所在公司将其作为重要课题来抓。自成立精度管理团队以来，公司已全面形成了一套精度管理体系及相关标准，通过对精度管理体系、精度管理规定、精度管理流程、精度管理数据及精度管理标准等方面内容的总结，结合其他相关企业的经验，编写的《造船精度管理》教材具有一定的推广和应用价值。

本书对于从事精度管理工作的管理人员及施工人员，具有较高的借鉴作用。同时本书可以作为船舶建造中的一个重要培训环节，有助于提升对船体尺寸控制的进一步认识，具有一定的推广和应用价值。希望本书对船舶建造过程中的造船精度管理起到一定的促进作用，有利于提高造船效益，降低材料与人工费用，进一步促进企业整体实力提升。

全书由张威担任主编，邵志杰高级工程师担任主审。本书的前言及第二章、第三章、第四章由张威编写，第一章由吉李祥编写，第五章由杨宏发编写，第六章、第七章由鲁德智编写，本书由沪东中华造船（集团）有限公司精度管理部部长臧伯仁进行过程指导。编写期间，还得到了沪东中华造船（集团）有限公司张晓彤、周飞、刘江、柯于舫、邓波五位专家及教育培训中心黄敏蓉、应大伟老师的热情帮助，借此对他们表示感谢。

本书在编写过程中，借鉴了其他专业教材的有益内容和精度管理的成功经验，但有限于编者经历和水平，教材中难免有疏漏与不足之处，恳请读者批评指正，以便持续改进。

编　者

2019 年 11 月

目　　录

第一章 基础知识

第一节 精度管理的发展历程

船体的建造具有以下施工特点:①船体建造周期长、工序多,累计误差比较大;②船体结构大,其形状尺寸允许的误差,相对机加工较大,但相对本身尺寸误差很小;③船体建造过程的变形情况复杂,要掌握在切割、冷热加工、焊接、矫正、吊运和冲砂过程中的弹塑性与热塑性变形规律较困难;④建造过程中大多为手工制作,手工误差难以控制。因此,要在船体建造中使工件的几何形状、尺寸和位置都处于可控状态比较困难。

船体结构变形可分为收缩变形、扭曲变形和角变形三类,如果不加以控制,船体建造出来后主尺寸偏差将较大。当万吨以上船舶长度偏差为 50 mm 以上时,船在进出码头、运河时将不方便或难以通过,且需付许多额外费用;当万吨以上船舶长度偏差为 -100 mm 以上时,船舶要少运货物。船体线型差将影响船舶的航速,船体结构错位超标将影响船体强度和船舶安全。这就要求造船企业对船体的主尺寸、线型和结构错位情况进行控制,以满足船东的要求。

造船企业对船体结构的主尺寸、形状和位置偏差进行控制时,由于船体建造的变形以焊接收缩变形为主,因此开始采用在船体零件加工上加放余量的办法,后续根据数理统计技术,对零件加工和焊接的收缩量进行分析,以零件的补偿量来代替余量,并逐渐扩大零件补偿量的加放范围,从平直货舱区域逐步推广到部分首尾船体结构区域,这就逐步形成了船体精度控制的技术。

一、国内外船体建造精度管理的发展历史和现状

船体建造精度管理在国外经历以下发展历程:①早在 1940 年起,人们开始把公差概念引入造船业,探索各个工序合理的公差;20 世纪 50 年代起,根据公差要求在工件装配边加放一定的余量,装配时修割。②20 世纪 50 年代末,苏联成功使用激光经纬仪进行分段预修割后上船台,日本运用统计技术控制船体零件的尺寸公差;20 世纪 60 年代起,造船界运用数理统计技术和尺寸链技术探索船体建造公差和合理分布问题。③20 世纪 70 年代精度造船技术成熟于日本,通过生产实践积累经验,用经验数值或公式解决热变形的补偿量问题,货舱平直分段已做到无余量,曲型分段放余量。④精度造船完善于 20 世纪 80 年代,日本石川岛播磨船厂应用电子计算机开发出补偿系统,已做到所有船体分段无余量制作。日本日立造船公司有明工厂在建造大型船舶时,已经做到从号料开始,在加工、分段建造、坞内合拢等方面均实现了以补偿量代替余量。⑤从 2001 年起,韩国三星巨济船厂开展巨型总段建造模式的研究,这对精度造船提出了新的要求。韩国大宇造船厂已逐步开发出巨型总段的

精度控制和激光三维定位测量技术,使 2 000 ~ 5 000 t 的巨型总段能够无余量下坞搭载,缩短了船坞占用周期,降低了造船成本。

由于精度造船技术是日、韩造船业的核心技术,中国造船业很难学习到其先进的精度管理方法和技术。国内的船体精度控制技术目前仅限在船体中部平直货舱区域以补偿量代替余量,艏艉机舱区域分段依然采用加余量制造。国内研究也限于主尺度控制的理论方面,对船体的线型和结构位置研究较少,对船体精度管理体系的研究方面也较少。

二、其他船厂目前发展的现状

1978 年初,国内开始兴起了一股研究和推行精度造船的热潮,大连、沪东、江南和上海船厂成立课题组研究精度造船,到 1982 年大连、沪东、江南等造船企业取得了一定的成就,实现了货舱区分段精度造船,艏艉分段预修整后上船台。1984 年 8 月,中国船舶工业总公司技术部召开了船体建造精度管理工作会议,在总结以往经验教训的基础上,一致认为,应重新组织起来,研究推广这项先进技术。同年 10 月,正式成立了中国船舶工业总公司船体建造精度管理指导组,负责组织、推动、指导系统内各船厂开展船体建造精度管理工作。尽管我国在精度造船方面取得了进展,但还没有形成一个完善的补偿量数据库和一整套管理体系,且大多局限于尺寸精度的研究,与日、韩先进造船强国还有一定差距。2000 年初,精度管理发展走向高潮,国内各大船厂陆续效仿国外先进模式,先后成立精度管理部门,因此,精度管理的体系建设得到了极大提升,且更加趋于完善。通过这些年的发展与完善,精度管理的理念已深入国内整个船舶行业,目前国内船厂的精度规模、体系各有不同,已呈现百家争鸣的态势。各家船厂秉承自身的管理特点,在精度管理发展之路上都取得了长足的进步。

第二节　精度管理概述

钢质船体建造要按照船舶设计图纸,经过放样、号料、加工、装配、焊接和吊运等工序完成。在建造过程中,受切割、加工、焊接和吊运等因素影响,船体零件、部件、分段、总段和船体主尺度不可避免地产生实际尺寸偏离放样尺寸的尺寸偏差和形状偏差。为了控制这些偏差在国家标准要求的范围内,船厂普遍采用在船体零件上加放余量再修割的方法,这必然会带来造船现场大量的修整工作量。这些修整工作量几乎全部为手工作业,所消耗的工时约占船体建造总工时的 1/4。为了尽量减少修整工作量,各国在取得大量生产实践测量数据的基础上,运用数理统计方法,逐步以无须修割的零件补偿量代替余量的方法来控制造船偏差,这样逐步发展形成造船精度管理技术。

造船精度管理是当代造船的重大新技术之一,也是船厂科学管理的重要内容。它主要是在船体建造过程中加放尺寸补偿量取代余量,通过合理的工艺技术和管理技术,对船体零件、部件和主尺度进行精度控制,以提高建造质量,最大限度地减少现场修整的工作量,缩短船舶建造周期,降低船体建造成本。

一、精度管理的含义

所谓精度管理,就是在船体建造过程中,将船体零件、部件、分段和全船的建造尺寸,控制在规定范围内的工作方法和管理制度。应用统计分析的原理和方法，制定出各工序中每个零件、部件、分段直至总段的最合理的精度标准，以便控制和掌握零件与分段的尺寸精度，使加工好的零件和分段等中间产品不留余量，无须进行二次定位、画线和切割，将大大提高生产效率，提高同类零件的互换性，从而实现船体建造全过程的精度控制，使主船体精度达到标准要求或顾客需要。简单地说精度造船就是在船舶建造过程中用补偿量代替余量，逐步增加补偿量的使用范围，并控制船体结构位置精度，以最少的成本控制船体建造的主尺寸偏差、线形偏差和结构错位在标准范围内，保证船舶质量。精度管理是系统工程，关键是全面、全过程推行精度控制，核心是实施造船精度设计。

船体建造精度管理就是以船体建造精度标准为基本准则，通过科学的管理方法与先进的工艺技术手段，对船体建造进行全过程的尺寸精度分析和控制，以达到最大限度减少现场修割工作量，提高工作效率，降低建造成本，保证产品质量。船体建造精度管理的对象为船体在建造过程中产生的收缩变形、扭曲变形和角变形。其内涵包括健全精度管理体系、建立精度管理制度、完善精度检测手段与方法、提出精度控制目标、确定精度计划、制定精度标准、制定预防尺寸偏差的工艺技术措施和精度超差后的处理措施等。

二、精度管理的作用

在船体建造过程中推行精度管理是生产的客观需要，也是确保船体建造质量，促使科学管理，提高造船生产能力，缩短船体建造周期的重要手段，是造船生产技术的重要组成部分。国内外的生产实践表明，开展船体建造精度管理对造船企业、船东、员工、社会和国防建设都有重大作用。

（一）对于造船企业而言，精度管理可以提高造船质量，降低成本和缩短周期，可以提高技术水平，实施科学管理，拓宽市场发展。

（1）控制焊缝间隙在合理范围内，保证船舶焊接质量。焊接对坡口间隙要求较高，船体精度控制差会造成间隙超差，影响船体焊接质量。

（2）能最大限度地减少装焊作业的现场修整工作量，提高劳动效率，降低人力成本。上海地区各船厂通过开展船体建造精度管理的实践，表明可以使装焊工效提高 1 ~2 倍，使船体建造总劳动量减少 10% 左右。

（3）以补偿量代替余量，可减少钢材使用量，提高钢材利用率，降低材料成本。降低现场修割率同时可以减少焊接材料、电力和可燃气体的使用，减少焊材、能源成本。

（4）提高船体总段下船坞（船台）的定位效率，缩短造船周期。按苏联中央造船工艺研究所提供的资料，分段、总段预修整上船台的装配工时将比过去有余量装配减少 30% ~35%，分段吊装工作量约减少 50%。如果使用专门的船用光学检测仪实施分段预修整作业的综合机械化措施，还可以使船体建造总工时缩短 10% 左右，平均缩短船台（船坞）建造周期 10% 左右。

（5）船体精度管理是转换造船模式，实现壳、舾、涂一体化造船的基础之一。只有船体建造精度达到一定的水平，其他先进工艺技术，如总段轴系镗管工艺、盆舾装工艺和单元舾装工艺等才能得以充分地发挥作用。

（6）提高生产技术综合水平。推行船体建造精度管理有利于促进新工艺、新技术的应用，并能有效地推动造船生产技术综合水平的提高。如采用计算机船体三维建模、数控放样技术；采用数控机床与高效生产设备，如数控切割机、肋骨冷弯机和数控弯板机等。

(7)推行船体建造精度管理有利于开展科学管理,对提高船体建造的管理技术将起到有力的促进作用。推行船体建造精度管理,可改变过去船体建造过程中尺寸精度的管理状态。以往,作业中一旦出现精度问题,均有待后续工序通过检测加以修整,直到满足所需尺寸精度的要求为止,但后续工序所耗现场修整工时颇大,以致严重影响船体建造周期。推行船体建造精度管理,将从作业一开始,就对尺寸精度进行有效的控制,通过不断的 PDCA 质量管理循环,使完工的工件尺寸稳定控制在规定的标准范围内。

(8)船体精度管理可以辅助拓宽船舶市场的开发,比如超大型集装箱船甲板边板厚,对船体精度控制要求相当高,有的船企由于船体精度控制达不到要求而痛失订单。

(二)船体精度良好可以提高船舶营运的经济性和安全性。

(1)船体精度良好能够保证船体的主尺度和线型偏差在允许范围内,保证船舶的载重量、稳性、操纵性和航速。船体线型光顺可以减少航行的单位油耗,保证航行的经济性,从而维护船东的利益,树立船厂的质量品牌,对开拓新的船舶市场意义重大。

(2)船体精度良好能够控制船体结构错位在允许范围内,保证船舶的强度和安全。

(3)开展船体建造精度有利于控制船舶自重,从而降低航行的单位油耗,保证航行的经济性,同时降低船厂的钢材成本。

(4)船体精度良好能够减少结构修割,船坞(船台)作业平台做,高空作业平地做,降低劳动强度,改善工作环境,保证造船生产工人的安全和健康。

(5)由于减少修割和返修,节约资源,减少能源消耗,减少排放,减少环境污染,精度管理是建设资源节约型、环境友好型企业的要求。

(三)对国防建设而言,精度管理能保证军舰船体线形和航速,增强国防能力。军舰建造由于使用的钢板薄、变形大,应用精度管理技术尤为重要。

总之,船体建造精度管理对造船企业、船舶营运、造船员工、社会和国防建设都有很大的益处,实施造船精度管理是现代造船发展的必然。

第三节　精度管理的基础理论与基本方法

船舶建造精度管理属于系统工程范畴,精度管理所涉及的基础理论包括精密工程测量技术、系统工程理论、工业工程理论、反馈闭环控制理论、PDCA 质量循环理论、木桶理论、尺寸链理论等。基本方法包括过程控制方法、数理统计方法和有限元方法等。而管理的内容则是健全精度体系、建立精度管理制度、完善精度检测手段与方法、提出精度控制目标、确定精度计划、制定预防尺寸偏差的工艺技术措施等,如图 1－3－1 所示。

一、基础理论

(一)精密工程测量技术

精密工程测量是采用非常规的测量仪器和方法,使其测量的绝对精度达到毫米级以上要求的测量工作。精密工程测量是指以毫米级或更高精度进行的工程测量。从测量方案设计、实地测量到成果处理和利用的各个阶段中,都要利用误差理论进行分析。以毫米级或更高精度进行的工程测量技术主要用于重要的科学试验和复杂的大型工程。

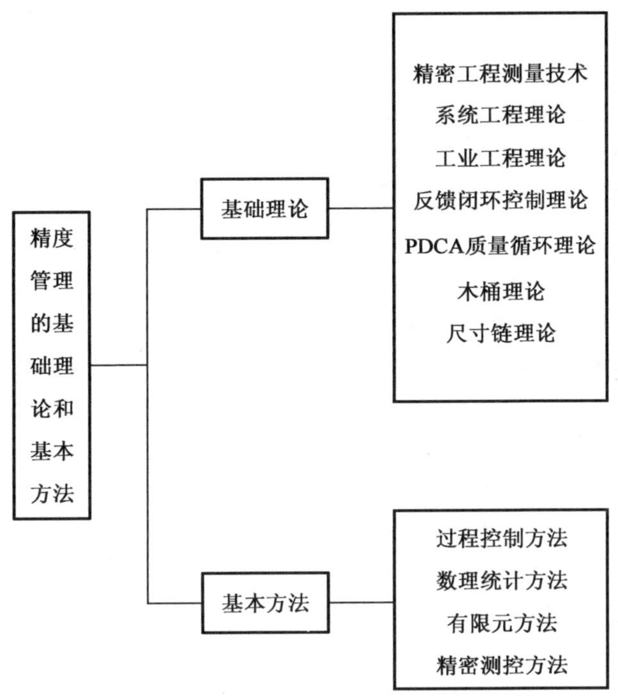

图1－3－1　精度管理的基本理论和基本方法框架图

(二)系统工程理论

系统工程是一个用于实现产品的跨学科方法。通过系统工程能够把每个产品作为一个整体来理解,便于更好地构建产品规划、开发、制造和维护过程。船舶建造企业利用系统工程来对船舶产品的需求、子系统、约束和部件之间的交互作用进行建模分析,并进行优化和权衡,在整个产品生命周期做出重要决策。在整个生命周期,系统工程师利用各种模型和工具来捕捉、组织、优先分级、交付并管理系统信息。系统工程能够在前端就捕捉并对客户要求进行优先分级,然后用功能建模、面向对象方法、状态图表等进行上至替代评估、下至功能和物理划分。

随着科学技术的迅速发展和生产规模的不断扩大,迫切地需要发展一种能有效地组织和管理复杂系统的规划、研究、设计、制造、试验和使用的技术,即系统工程。

(三)工业工程理论

工业工程是对人员、物料、设备、能源和信息所组成的集成系统进行设计、改善和设置的学科。它综合运用数学、物理学和社会科学方面的专门知识和技术,以及工程分析和设计的原理与方法,对系统所取得的成果进行确定、预测和评价。它追求的是系统整体的优化和提高。工业工程理论用于造船精度管理中的工作分析和改进,可以对船体建造精度管理过程进行工作分析,确定工作内容和组织人员,对产生船体精度问题的人员、物料、设备、能源和信息等因素进行工程分析,确定主要因素,以采取必要的船体精度控制措施。

(四)反馈闭环控制理论

控制论是美国科学家维纳于1948年创立的。它的基本含义是:现代的自动机器和人都是由感觉装置(器官)、动作装置(器官)、传递信息的系统(神经系统)所组成的一种系统。自动机器和人都是在接收、处理、传递和存储信息,并利用信息去完成动作,实现与外界的联系。在系统工作中,反馈控制给定控制信号使动作装置(器官)动作。动作结果由感觉装置(器官)检测出来,并反馈回去与给定信号相比较,如果比较有偏差,偏差信号会继续控制动作装置(器官)动作,直到偏差信号消失为止。反馈闭环控制用于船体建造过程精度管理的过程控制和精度补偿量的确定。船体建造过程中根据过程精度控制标准对切割、加工、分段和总组搭载等各工序进行过程控制,发现精度超过控制标准,及时采取预防改进措施,保证船体建造精度。

(五)PDCA 质量循环理论

PLAN——计划、DO——执行、CHECK——检测、ACTION——改进,表示质量管理持续改进的一个循环。PDCA 质量循环理论用于造船精度管理的持续改进的工作方法。制定精度方针、目标和计划,由此确立精度标准,据此进行船体建造过程控制,并检测船体建造中间产品——船体分段、总段的精度,根据检测结果进行统计分析,以找出主要精度问题,分析产生精度问题的主要原因,根据原因采取必要预防、改进措施,修正、完善精度补偿量值,并在设计阶段加放,以持续改进船体建造精度。

(六)木桶理论

一个由许多块长短不同的木板箍成的木桶,决定其容水量大小的并非是其中最长的那块木板或全部木板长度的平均值,而是取决于其中最短的那块木板。要想提高木桶整体效应,不是增加最长的。木桶理论用于确定影响造船精度的关键因素,进行重点控制以保证船体建造精度。

(七)尺寸链理论

船体工件的尺寸及其在装配完工的船体结构中的位置是相互联系的,改变其中一个零件尺寸,会使该结构的另一个零件或好几个零件的位置都发生变化。例如,船底、舷侧和甲板等分段的肋骨框架位置如果没有对准,会使船体上的各肋骨中心线偏差过大。为了保证船体零件的位置精度,必须计算其相连零件的实际尺寸(组成环)和理论尺寸(组成环)的差值,并依此来调整装配间隙尺寸(封闭环)。由组成环和封闭环所形成的封闭尺寸回路,称为尺寸链。尺寸链理论通常用于重要结构拼板和分段总段定位,简单地可用下面的公式表达:

装配间隙尺寸(封闭环) = 理论尺寸(组成环) - 实际尺寸(组成环) + 焊接补偿值(组成环)。

二、基本方法

(一)过程控制方法

根据 2000 年版 ISO 9000 族标准,将活动和相关资源作为过程进行管理,可以更高效地得到期望的结果。任何使用资源将输入转化为输出的活动或一组活动可视为一个过程,为使组织有效运行,必须识别和管理许多相互关联和相互作用的过程。通常,一个过程的输出将直接成为下一个过程的输入。系统的识别和管理组织所应用的过程,特别是这些过程之间的相互作用,称为“过程方法”。过程方法是造船工艺流程精度过程控制的分析方法。

(二)数理统计方法

根据样本数据进行统计分析,得出一定规律性分布或数值的方法称为数理统计方法。数理统计方法用于精度造船中精度测量数据的收集、整理和统计处理,以不断改进、完善船体建造精度补偿量系统。

(三)有限元方法

有限元方法是一种离散化的数值计算方法,以电子计算机为手段,可以分析计算复杂的工程结构。有限元法采取离散、单元分析、总体组集和代数求解等步骤。有限元计算方法用于船体分段、总段吊运时结构加强的确定,避免吊运变形影响造船精度。如果没有有限元计算软件,进行船体分段总段加强工艺多凭经验进行,有时容易发生加强材料规格太大浪费材料的情况,有时发生加强材料规格不够造成船体分段总段吊运、搁置或冲砂变形的情况,影响船体建造精度。

(四)精密测控方法

精密测控方法包括精密直线定线、测量角度或方向、测量距离、测量高差及设置稳定的精密测量标志。从测量方案设计、实地测量到成果处理和利用的各阶段中都要利用误差理论进行分析。

总之,通过上述船体精度管理的基础理论和方法,结合现场精度数据的测量、统计处理,可以逐步改进、完善精度补偿值,并应用系统方法对船体建造过程进行全过程的精度控制,可对影响船体建造的关键因素进行重点控制。

第二章　精度管理体系

第一节　精度管理体系的建立

建立船舶建造精度管理体系的目的是为了指导精度管理技术开展和精度管理体系建设,以确保公司精度管理工作系统有序推进。对船舶建造企业而言,精度管理是一项系统工程,其关键是全面、全过程推行精度控制,核心是实施造船精度设计。船舶建造精度管理的对象为船舶在建造过程中产生的收缩变形、扭曲变形和角变形等。其内涵包括健全精度管理体系、建立精度管理制度、完善精度检测手段与方法、提出精度控制目标、确定精度计划、制定精度标准、制定预防尺寸偏差的工艺技术措施和精度超差后的处理措施等。

造船精度体系作为造船质量体系的一个子系统,精度造船管理体系也与质量管理体系类似,主要包括组织体系、精度标准、资源管理、精度控制、测量改进和信息技术等几个方面。

一、建立精度管理体系的意义

船舶建造精度管理是精益造船的重要特征。在船舶建造过程中,推行精度管理是生产的客观需求,也是确保船舶建造质量,促使科学管理,提高造船生产能力,缩短船体建造周期的重要手段,是造船生产技术的重要组成部分。国内外的生产实践表明,开展船舶建造精度管理,通过对造船生产过程中的加工误差和焊接热变形的精度控制,用补偿量代替余量的办法,减少造船加工、装配和焊接过程中的无效劳动,对造船企业、船东、员工、社会与环境都有重要意义。

二、造船精度管理体系介绍

造船精度管理体系作为造船质量体系的一个子系统,精度造船管理体系与质量管理体系类似,其主要包括组织体系、精度标准、资源管理、精度控制、测量改进和信息技术等几个方面。如图 2 - 1 - 1 所示。

(一)组织体系

为了实施造船精度管理,必须建立精度管理的组织体系。这需要企业高层领导给予足够的支持,配备必要的组织和人员,制订造船精度方针、目标和计划,明确管理职责制度。

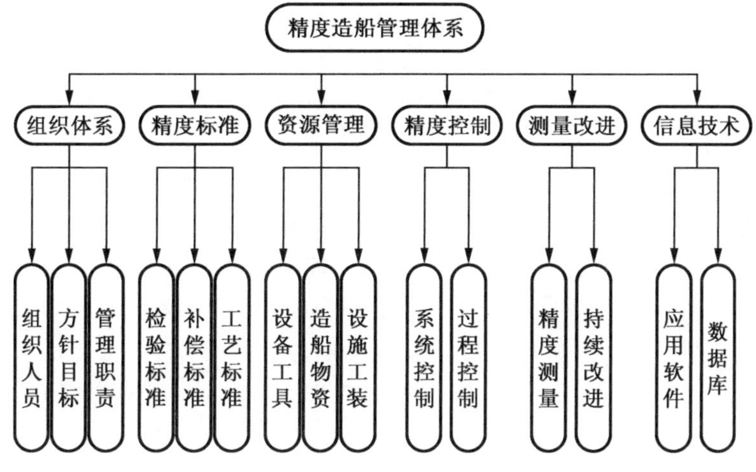

图2-1-1　精度造船管理体系

精度方针是确定造船精度管理的方向和原则。精度方针确定为“精度设计、过程控制、检测改进”，精度设计是精度管理的源头，过程控制是精度管理的核心，检测改进可提高精度水平。精度目标是依据本船厂精度管理水平，分阶段提出精度的合格率，包括拼板、冷热加工、分段的焊前焊后、总组和搭载等。确定精度目标后，就要制订精度计划。船体建造的精度计划，实际上就是对船体建造从精度角度判断的一种工程分析。通过分析，可以对建造全过程的精度状态有一个数量上的全面了解，事先就能发现问题，并采取相应的补偿和控制措施——其中包括加放补偿量、余量与选择余量的切割阶段，以确保船体建造的尺寸精度能控制在允许的范围之内。简单地说，船体建造的精度计划就是对建造全过程的精度分析，在这种分析的基础上建立相应的尺寸精度控制措施。精度分析必须建立在大量的调查研究，掌握足够的实际数据，以及实践与理论相结合的基础上。在编制精度计划前，需要进行大量的数据实测与理论分析的准备工作。经过相当时期的调研、试行、推广和巩固的反复循环的过程及专题研究，才能取得符合本企业的精度分析的实际结果。科学的、符合实情的精度分析，有助于提出有效的尺寸精度控制措施。在精度计划编制过程中，应根据船体结构图确定建造方法和装配工艺流程，分析各个工艺阶段的误差累积过程，决定各个控制阶段的允许误差，按照允许误差值确定施工要领和工艺技术方法，保证船体建造精度符合工艺技术要求。这里所说的施工要领和工艺技术方法，是指在精度分析的基础上，采取各种相应的控制措施。其中，最重要的措施是加放系统补偿量、余量及余量切割时机的合理选择。这些工作都是围绕一个根本目的，就是精度计划的编制。通过提出相应的工艺技术，确保船体建造精度，包括船体主尺度精度，以及形状精度和位置精度。精度计划包括船体建造各个阶段的精度目标、影响精度的主要原因和采取的措施等内容。

（二）精度标准

精度标准包括补偿量标准、精度检验标准、精度控制基准、精度测量表和基准线设计基准等。精度补偿量包括切割补偿量、加工补偿量、装配补偿量和焊接补偿量等方面，一般通过现场多次测量或理论计算得出补偿量数值，通过生产设计反映在船体零件上，然后在主船体完工后测量主尺度来检验补偿量的正确性，通过测量值修正补偿量数值。精度检验标准是根据精度目标细化到船体建造各工序阶段的精度要求。精度工艺标准是对一些精度容易出现问题的工序阶段制定专门的装焊工艺。

（三）资源管理

要进行造船精度管理必须对影响造船精度的各种资源进行管理，这里资源主要包括设备工具、造船物资和设施工装等。这些在下面的精度系统控制的章节中将有详细叙述。

（四）精度控制

精度控制是实施造船精度管理的核心，主要包括精度系统控制和过程控制。精度系统控制指对影响造船精度的人员、精度设计、设备工具和物资进行系统的控制以保证造船精度。过程控制是对船体建造过程各阶段进行过程控制。对各阶段易出现的精度问题采用“人、机、料、法、环和计量”六因素质量分析法进行分析，确定主要因素，采取必要措施，在验证有效后，把这些措施固化为标准，这样逐步提高船体精度，最终以最低的成本控制船体精度在标准范围内。这里的精度控制以施工者自我控制为主。具体的船体精度控制在下面一节中将有详细的介绍。

（五）测量改进

测量改进就是对船体建造过程中的中间产品（分段、总段）进行测量验收，对精度超差的中间产品必须采取修整措施，分析原因，采取预防改进措施，并对相关责任人进行处理。这里的预防改进措施在验证有效后固化为标准，这样就改进了船体建造精度。精度改进还包括低成本控制船体精度的措施。

（六）信息技术

信息技术包括应用软件和数据库技术，如 TRIBON 及 SPD 等船舶设计软件、精度数据处理软件和有限元计算软件。精度信息技术发展非常快，国内也在开发并部分应用。韩国大型船厂也广泛应用精度系统。精度系统的应用大大提高了分析速度和数据分析水平。精度数据完全可以在系统中实施封闭，大大减少了人为因素的干扰。

三、国内外船舶建造企业精度管理体系

船舶建造精度管理，不论在国内，还是在国外，都经历了曲折漫长的发展过程，从人们对它的理解和重视程度来看，对质量和精度控制的研究是从很早就开始的。

早在 20 世纪 40 年代初期，当工业界掀起质量管理活动的高潮时，人们就开始探索公差与配合在造船中的应用问题了。起初，人们只是照搬机械工业的一般方法，按照各个工序分别建立公差，以此作为保障造船质量的技术措施。直到 20 世纪 50 年代初，人们着手对造船中的公差问题进行较为系统的探讨，才开始在一定的理论分析和生产实践经验的基础上逐步形成造船公差的特有内容，但是尚未完全达到在建造过程中上、下道工序之间有效配合的水平。为确保船体建成后的几何形态及其在建造过程中零部件的尺寸精度，目前依然有赖于对零部件装配对接边广泛加放余量，待零部件在安装时就地加以切除。

20 世纪 50 年代末，在船舶建造精度管理的发展过程中出现了两大突破性技术。一是，苏联成功地应用了船舶建造预修整技术，应用经纬仪检测技术对万吨级油船船体分段采取预修整措施，使其得以按净尺寸上船台装配，实现了船台装配的尺寸精度控制，从而有效地减少了船台装配的现场修整作业。二是，在日本，造船界开始接受了质量管理的新思想，也就是统计质量管理方法与群众性质量管理活动相结合的思想，并且很快地发展形成造船质量管理的完整体系，从而从管理上可按公差标准对船体工件在建造过程中进行有效的精度控制。

随着造船数控技术的发展，船体放样、绘图、切割及加工精度的不断提高，又为船体建

造精度管理技术的发展开创了条件。在造船界已经开始运用数理统计方法与尺寸链理论探索造船生产中的最佳余量和公差标准,以便创造更为经济的船体建造方法。随后,精度管理的研究范围,又从船体结构领域扩大到管系互换性安装与机械设备安装等领域。

(一)日本三井造船

三井的精度管理开始于 1984 年,已进行了持续三十多年的精度管理改进,水平已达到较高程度。随着精度状况逐步稳定,三井也淡化了精度管理组的职能。

目前,三井精度管理主要以施工自查为主,不再配备专职精度管理人员,仅安排少数人员进行管理和解决精度问题。

通过对产品物理特性的长期研究,三井完成了大量的数据收集、分析工作,并将各阶段的变形、收缩值确定在设计放样阶段提前预放,其拼板时可严格按构架线、对合线、角度线等作业,完成后即可达到理论值。

(二)韩国某知名船厂

该厂设有专门的精度管理部门,2007 年工厂专职精度管理人员达 73 名,负责从加工至总装的全过程精度监控。其精度管理体系组织如图 2-1-2 所示。

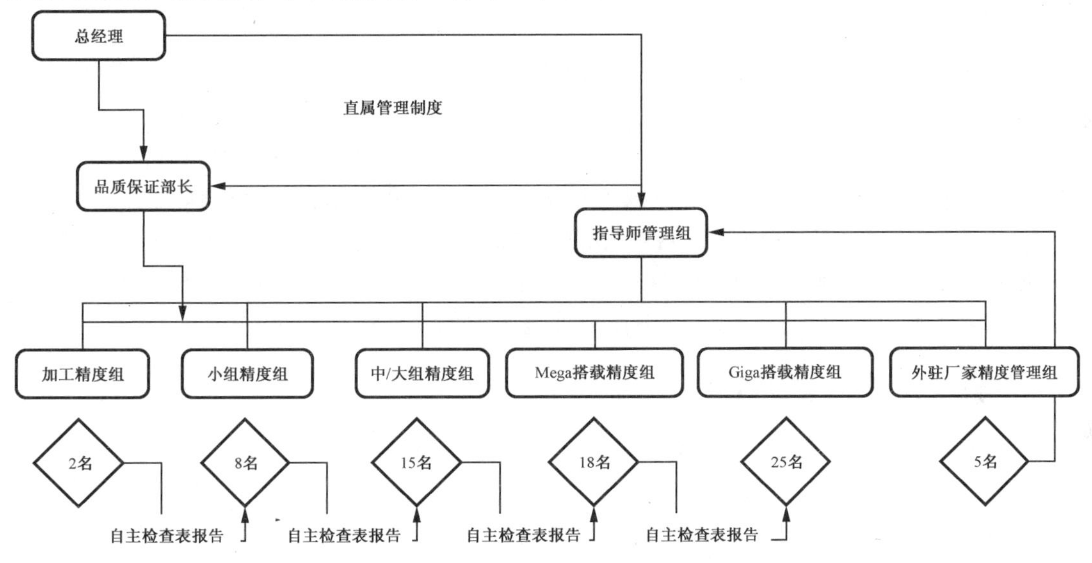

图 2-1-2　精度管理体系组织

(三)上海外高桥造船厂

该厂 2005 年前后成立了专门的精度管理部,拥有 130 余人的专职精度管理员;花巨资购进韩国软件,并购入多台全站仪;聘请资深韩国精度管理专家作为该厂精度管理策划顾问。2016 年公司体制调整后,在质量保证部门内设精度工法科室,专职精度工作。

(四)大连船舶重工集团有限公司

(1)公司成立了精度管理推进组,2008 年引进三维精度管理系统。

(2)各生产部门下设精度管理班组,负责产品的监控。质量保证部门进行精度专检。

(五)上海江南长兴重工有限责任公司

早期该公司精度管理体制与上海外高桥造船厂相同,均属一级精度管理体制,成立了精度管理部,下设分段精度策划室和精度测量室,达到 160 多人;同时聘任韩国专家常驻公司指导,并担任常务副部长。近两年该公司对体制进行了相应调整,职能归属质量保证部,下设精度管理科室。

(六)沪东中华造船厂

(1)2008 年正式成立精度管理科室,隶属于生产管理部,主要负责开展公司精度管理的整体策划及推进工作,公司各有关部门均设有精度专职人员进行协同。

(2)因产业融合,2015 年将原有江南长兴造船精度管理部模式进行全厂覆盖,部门拥有100 名左右员工,对整个船厂的精度的策划、设计、监控进行全面管理,还有部分总组搭载定位职能。

(七)象屿海洋装备有限责任公司(原南通明德)

该公司精度管理归口在质量保证部门,由该部门统一监控生产精度管理工作。该企业在下料、预处理阶段实行实名制,每个人对自己的工作负责。在钢结构制造过程中,实行全部报检,车间精度管理员依据统一要求进行检查,不合格产品不放行至下道工序。

第二节　精度管理体系的实施

船舶建造精度管理体系在船舶企业中通常作为造船质量管理体系的一个子系统,体系主要包括组织体系、精度标准、资源管理、精度控制、测量改进和信息技术等几个方面。同时,为了实施造船精度管理,必须成立精度管理组织体系。这需要企业高层领导给予足够的支持,配备必要的组织和人员,制订造船精度方针、目标和计划,明确管理职责。

精度管理体系的实施,就是针对船体的设计和制作的全过程,通过科学的精度控制方法和必要的精度管理制度,将影响船体建造精度的一切因素控制起来,并通过控制体系的建立和正常运行,使船体建造精度始终在标准范围内的常设工作组织。

一、精度管理部门的职责

(一)精度管理部门的主要工作职责

(1)公司精度工作计划与发展规划;

(2)制定精度管理流程,并且进行部门日常管理及体系管理;

(3)公司各产品各个阶段的精度测量表设计绘制;

(4)各产品的精度测量与检查;

(5)精度测量结果的汇总与问题分析解决;

(6)精度内外场班组考核表编制及对作业日报进行汇总;

(7)各生产部门精度实绩的月度年度考核;

(8)组织公司的精度周例会与月度会议;

(9)各部门精度培训;

(10)现场画线人员培训;

(11)先进船厂精度管理调研;

(12)精度管理部门计划、人事、安全、培训等日常管理工作。

(二)内场(加工至分段阶段)精度管理的主要职责

(1)对切割平台和切割机的监控;

(2)对加工、部装、分段实行精度管理;

(3)对内场所有的产品进行精度管理监控；

(4)对出现的问题提出修正和解决方案；

(5)数据整理、改善作业方法；

(6)现场工作人员的教育培训。

(三)外场(总组、搭载阶段)精度管理的主要职责

(1)对外场所有的产品进行精度监控；

(2)解决外场出现的问题及提出修正方案；

(3)数据整理及改善作业方法；

(4)全面开展全站仪及模拟搭载的使用；

(5)现场工作人员的教育培训。

从以上工作内容来看,上述船体精度体系组织应由公司分管质量或生产的负责人总抓,工作量上需要专职船体精度管理人员或兼职质量管理人员组织管理日常精度工作,并辅以生产一线主要行政管理人员兼职配合,这样的人员结构组成才能保证工作正常开展。针对整个体系运转,精度管理部门内的主要职责分工也应适合体系建立的基本原则,需制定明确的工作划分。

二、各有关部门精度管理职责

(一)精度管理部门与信息技术部门业务之间的关系

(1)根据精度管理信息化要求向信息技术部门提出软件开发需求；

(2)为信息技术部门软件开发提供必要的原始数据和表格形式等支撑；

(3)信息技术部门按照精度管理部提出的软件需求制订开发计划,及时开发软件；

(4)精度管理部门负责精度管理系统的推进应用,如在运行过程中出现有关系统软件问题由信息技术部门解决。

(二)精度管理部门与设计部门业务之间的关系

(1)设计部门进行生产设计时,除依据施工要领指导性要求外,还需将相关精度管理内容体现在生产设计中；

(2)施工中实际发生的精度问题由精度管理部牵头协调,如不良精度问题是生产设计的原因,由设计部门负责解决。

(三)精度管理部门与分段制造部门业务之间的关系

(1)精度管理部门是公司精度管理发展规划、年度计划、精度控制标准、技术研究与推进协调单位,分段制造部门是精度控制实施单位,按精度管理部门颁布的标准和工艺实施并反馈实施情况；

(2)分段制造部门参与公司精度控制标准、精度施工作业指导书等文件的策划、讨论与评审；

(3)根据精度管理部门下达的精度管理实施要求,分段制造部门制定本部门的区域精度管理人员配置、仪器数量、精度管理实施计划等；

(4)分段制造部门应对生产设计深化提出合理的具体要求,对精度实施作业书等内容的编制提供技术支持；

(5)分段制造部门根据生产情况和项目检查内容做好自检、互检工作。

（四）精度管理部门与总装部门业务之间的关系

（1）精度管理部门是公司精度管理发展规划、年度计划、精度控制标准、技术研究与推进协调单位，总装部门是精度控制实施单位，按精度管理部门颁布的标准和工艺实施并反馈实施情况；

（2）总装部门参与公司精度控制标准、精度施工作业指导书等文件的策划、讨论与评审；

（3）根据精度管理部门下达的精度管理实施要求，总装部门制定本部门的区域精度管理人员配置、仪器数量、精度管理实施计划等；

（4）总装部门应对生产设计深化提出合理的具体要求，对精度实施作业书等内容的编制提供技术支持；

（5）总装部门根据生产情况和项目检查内容做好自检、互检工作；

（6）对于产品总组和搭载过程中出现的精度问题，一般问题自己解决，重大问题上报精度管理部门协调解决，并做好统计和总结工作。

（五）精度管理部门与质量保证部门业务之间的关系

（1）对质量保证部门反馈的精度问题，精度管理部门应及时处理，并将处理意见再反馈给质量保证部门，让质量保证部门督促生产单位按照处理建议执行；

（2）在公司内部应秉承精度先行原则，结构精度验收后才允许对外结构验收，因此，两部门之间要充分做好联动。

第三章　精度标准与船体尺寸基准

第一节　精度标准的应用与分类

一、精度标准定义

船体建造精度标准是船舶设计、制造与检验部门为确保船体建造质量而制定的技术文件，又是推行船体建造精度管理，实施尺寸精度控制的依据。

为了正确表述船体精度标准，应对下列名词进行定义。

（一）船体分段

船体分段是为方便船体结构建造而合理划分的结构单元，通常为总组而形成的中间产品。

（二）余量

对零件、工件和中间产品由于加工、装焊和火工校正等多道工序，所产生的变形和收缩进行定性分析后，加放的比实际变形和收缩值略大的工艺量值，余量在指定的工艺阶段切除。

（三）补偿量

对船体零件、工件和中间产品通过加工、装焊、火工矫正等多道工序，而产生的变形及收缩进行定量分析后，加放相当实际变形和收缩的工艺量值，一般不需再切割。

（四）分散延长

分散延长是指结构的内部构架在进行装焊和火工校正等多道工序后，造成主板材收缩及因收缩造成的构架间距减少的现象，通过进行合理的定量分析后，为其加放的工艺量值，使该量值在分段建造过程中消耗，避免了部分分段完工后尺寸不良的精度问题发生。

（五）基本尺寸

基本尺寸是指图面上标注的理论尺寸，它是描述零件、工件和中间产品（部件、分段和总段）的几何形状、外形尺寸及所处位置的量值。

（六）实际尺寸

实际尺寸是指零件、工件和中间产品完工后测得的尺寸。

（七）尺寸公差

船舶建造过程中，零件、工件和中间产品尺寸允许偏差的范围。

（八）标准范围

标准范围是指正常控制、检验尺寸偏差满足精度造船的偏差范围。

(九)允许极限

允许极限是指检验尺寸偏差时,允许少数偏差超出标准范围的最大偏差值。

二、行业标准

行业标准是指同行业共同制定的标准。作为造船行业的船体建造精度标准,既要反映国内整个造船业船体建造精度的质量水平,又要满足国外有关标准的要求。行业标准是船厂为了满足船级社和船东要求必须遵守的技术文件。

军用舰船的船体建造精度要求,必须满足舰艇建造的有关规范(《中华人民共和国军用规范》和《中华人民共和国海军规范》)。

国外有关船体建造精度的行业标准有:《日本造船精度标准》《德国造船加工标准》和《俄罗斯船体制造精度标准》等。

我国船舶标准化技术委员会于 1983 年颁布 CB/3136—83《船体建造精度标准($L \geqslant 90$ m)》和 CB/3195—83《中小型船舶船体建造精度标准》。1995 年根据新技术的应用,修订了这个标准,以 CB/T 3136—1995《船体建造精度标准》和 CB/T 3195—1995《中小型船舶船体建造精度标准》代替原有标准。2005 年根据新工艺技术的应用,以 CB/T 4000—2005《中国造船质量标准》的第三篇第一章代替 CB/T 3136—1995 和 CB/T 3195—1995,2016 年又对《中国造船质量标准》进行了全新改版。

三、企业标准

企业标准是本企业制定的标准。作为造船企业的船体建造精度标准,既要反映本企业船体建造精度的质量水平,又要满足行业标准的有关要求。企业标准是船厂为确保产品建造精度达到行业标准要求而制定的一种“内控标准”。对于船体特殊结构的建造精度,可在企业标准的基础上予以补充,或另行编制某产品建造的专用精度标准。目前,江南船厂、沪东船厂、外高桥船厂和大连船厂等大型船厂都有自己的企业精度标准。企业标准是制定行业标准的基础,行业标准又是制定企业标准的依据。

四、作业标准

作业标准是船厂为确保船体建造精度能控制在企业标准范围内,而制定的作业要领与作业精度标准。作业标准是船厂长期以来在船体建造中实施精度控制的经验总结,作为船体建造的作业标准既要反映优秀操作人员的最佳作业方法与所应控制的精度数值,又要满足企业标准的有关要求。

作业标准内容包括船体建造各工种或工序的通用工艺、各作业准备工作要求(设施与工具等)、作业顺序和方法、报验阶段与精度目标值等。制定与贯彻作业标准是确保船体建造精度的有力措施,也是推进精度管理深入开展的基础工作。

精度标准是整个精度管理工作的出发点、基本点和归结点,贯穿于整个精度管理的始终。

第二节　精度管理标准的制定原则与方法

船体建造质量包括材料、精度、焊接、密性和涂装等系列指标，其中外形尺寸精度是评定建造质量的主要指标值。船体建造精度标准是从放样工序开始到船体建造完工结束，因此船体建造精度标准可作为船体建造各工艺过程的工序控制指标值，并成为评定船体建造质量的基本准则。

一、标准制定原则

船体建造精度标准既要满足船舶结构强度和设计性能要求，又要满足建造过程中，将船体零件、部件、分段和总段在各工艺阶段的有效配合，以便控制和掌握各道工序的完工质量。船体建造精度行业标准或企业标准的制定均需遵循下列原则。

(一)满足船体结构强度与性能要求

制定船体建造精度标准的基本原则应满足船体结构强度要求，也就是规定船体建造的精度以允许界限内其强度下降不超过10%为原则。这个原则应用于对接接头或十字接头错位的精度标准中，这种偏差范围称为允许极限。在满足强度要求的同时，还必须注意满足船体设计性能上的各种要求。如船体完工主尺度精度将直接影响船舶航行时的排水量、稳性和快速性。艉柱分段的安装精度又直接影响轴系与舵系的效用和航向稳定性。

(二)符合有关规范、规则与国标、船标的规定

船舶建造规范、规则与国标、船标均是为确保船舶性能、航行安全和建造质量制定的，必须严格执行。对其中涉及船体建造精度的有关项目与内容，必须作为制定精度标准的依据。

(三)切合船厂的工艺技术水平

制定船体建造精度标准必须考虑船厂设施条件和工艺技术水平，否则标准脱离实际，造成无法执行。企业在制定精度标准时，还要参照企业的主要产品，将某些船体特殊结构的精度要求纳入企业标准。

(四)具有先进性和经济性

制定船体建造精度标准，既要考虑标准应具有一定的先进性，以促进船厂工艺技术水平的提高；又要在保证船体建造质量的前提下，考虑工艺技术的可行性与经济上的合理性。

二、标准制定的依据

(一)参考国内外有关船体建造精度标准

我国要成为造船强国，必须向国外造船先进标准靠拢。作为衡量船体建造质量水平的船体建造精度标准，同样要遵循这一原则。例如，我国的船舶行业标准(中国造船质量标准)中，船体主尺度的标准范围有个别部分内容就是参考了日本、韩国的精度标准而确定的。在制定企业标准时，除参考国外有关精度标准外，还要收集国内有关船厂的企业标准作为参照。

(二)强度的分析论证

在制定精度标准确定允许界限数值时，采用强度分析论证的方法是标准制定的科学依

据，也是使精度标准保持先进性和经济性的必要手段。强度分析可以通过疲劳强度试验证实，例如应用于对接接头或十字接头错位的精度标准。为经济、合理、可靠地制定精度标准值，随着条件许可，逐步扩大对强度的分析论证将是必然的趋势。

（三）设备精度的测定

船体建造精度受设备精度的影响，特别是数控切割机对零件加工精度影响很大。这就需要测定切割机的加工精度，将设备的固有精度作为制定切割精度标准的依据。

（四）数理统计分析

通过大量实测数据证实，船体建造精度的分布规律，最常见的是符合正态分布的。对于放样、画线和加工精度的制定，不宜采用强度分析论证的方法，可通过对实测值做数理统计后按正态分布律确定建造精度的标准值与允许值。这些数值一般能满足生产要求。

（五）经验估算

通过数理统计方法得到的精度标准，虽然是一种以实践为基础的科学统计值，但由于各船厂的设备、生产条件和施工工艺不同，要确定能满足生产实践所需要的最佳标准范围，必须对数理统计值进行经验估算，做适当的修正。

三、修订标准的方法

船体精度标准制定后不是一成不变的，它随着科学技术的发展与船体结构力学理论水平的提高及船体建造工艺装备的更新，将不能适应新技术的需求，因此应定期对其进行修订，使精度标准逐步完善并保持一定的先进性、合理性和可行性。

修订船体建造精度标准的方法如下：

（一）国内外有关精度标准、规范和规则的情报资料；

（二）精度对结构强度影响的程度，需进一步通过强度分析论证，以取得科学的结论；

（三）新设备、新材料、新技术、新工艺的应用，必将对精度标准的项目和内容提出新的要求；

（四）船体建造工艺技术的提高；

（五）船体建造精度的行业标准一般两年修订一次，企业精度标准可根据自身条件定期进行修订。

标准修订的原则和依据与前面的标准制定类似。

第三节　船体结构的尺寸基准

尺寸基准是指在测量工作中用作起始尺度的标准。在工程领域，基准是机械制造中应用十分广泛的一个概念，机械产品从设计时零件尺寸的标准，制造时工件的定位，检验时尺寸的测量，一直到装配时零部件的装配位置确定等，都要用到基准的概念。基准就是用来确定生产对象几个关系所依据的点、线或面。

船体是一个复杂的空间曲面体，船体构件的形状、尺寸和位置各式各样。为了正确测量船体结构的精度，必须明确统一的尺寸基准。只有确立了尺寸基准，才便于在工艺过程中测量和检验船体构件、部件和分段等的形状与尺寸，分析产生误差的原因，采取精度控制措施，以达到提高船体建造精度的目的，以此实现分段建造到总装定位全船基准统一，减少现场开刀,从而最终实现总装快速搭载定位,提升搭载吊装效率,缩短船坞建造周期。

一、主船体的尺寸基准

主船体又称船舶主体,是指上甲板(或强力甲板)以下船体,由甲板及船壳外板组成的一个水密的船舶主体,其内部被甲板、纵横舱壁等分隔成许多舱室。

在船舶设计和建造阶段,确定船体形状与位置的尺寸基准采用的是三基面体系。三基面体系是由三个相互垂直的平面组成,分别为基平面、中线面和中站面。基平面是过船体龙骨线与中站线的交点所作的水平面。中线面是沿着船舶纵向中线垂直于基平面的平面。中站面是过垂线间长的中垂线作垂直于基平面的平面。基平面是船体高度方向的基准,中线面是船体宽度方向的基准,中站面是船体长度方向的基准(为方便计算,现多用艉垂线作为船体长度方向的基准),如图 3－3－1 所示。

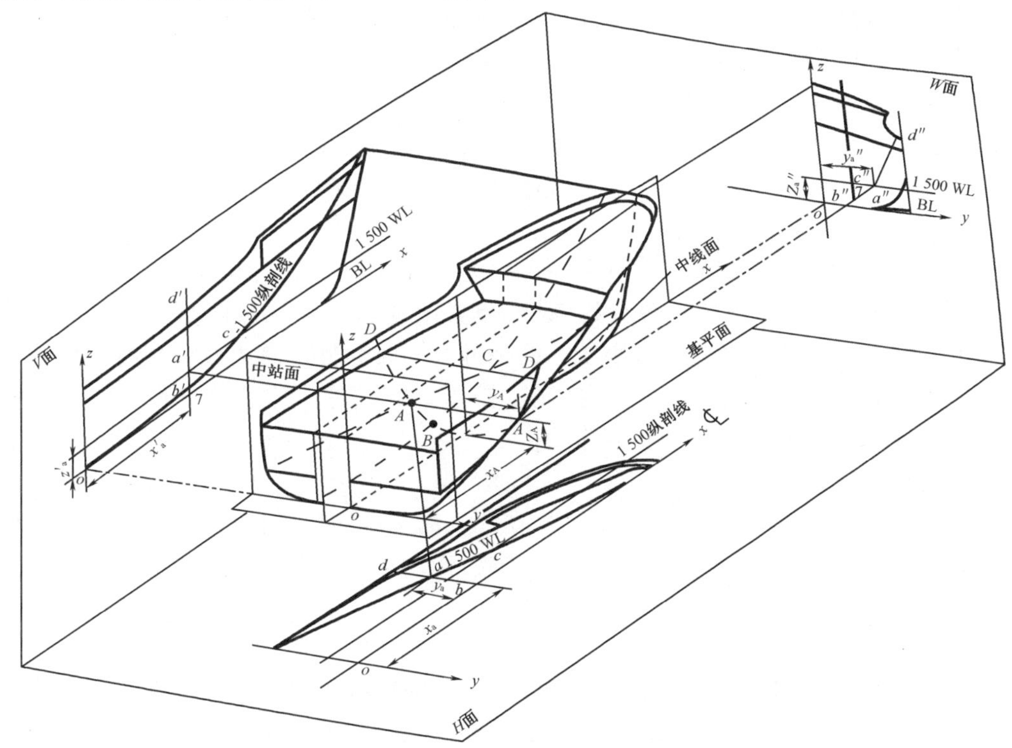

图 3－3－1　三基面体系

二、船体零部件的尺寸基准

船体零部件有的由型钢、钢板单独加工而成,有的由型钢、钢板组合而成。它们的形状位置不同,尺寸基准也不同。

(一)型钢构件、组合型材的尺寸基准

构件理论线作为其外形的基准,理论线上某一点的垂线作为其长度基准,理论线与垂线组成的平面是型材平直度的基准,工艺上用样板或平台作为型钢平直度的基准。

(二)板材的尺寸基准

平直板材以相互垂直的两根直线作为板的基线,两直线组成的平面作为板平面度的基准，工艺上以平台作为板平面度的基准面。曲面板材的形状是由加工样板或样箱确定的，它的尺寸基准就是样板或样箱。

（三）肋骨框架的尺寸基准

肋骨理论线作为形状基准线，肋骨平面作为其平面度的基准面，船体中线作为其宽度方向的基准，某一水线作为其高度方向的基准。

（四）主机座的尺寸基准

机座中心线作为机座宽度方向的基准，主机轴线作为其高度方向的基准，机座中某一横隔板作为其长度方向的基准。

三、船体分段的尺寸基准

（一）平面分段的尺寸基准

相互垂直的两直线作为尺寸基准，由这两根直线组成的平面作为其平面基准，工艺上用平台做分段平面度的基准面。

（二）曲面分段或立体分段的尺寸基准

它们的尺寸基准就是胎架的尺寸基准，即以胎架基准面作为高度基准，基准面上两根相互垂直的直线——胎架中心线与某一肋位线作为分段宽度方向和长度方向的基准。

四、船体基准线的应用

对分段的外形尺寸控制确立统一的基准，分段内部的画线统一以基准线进行施工作业，装配的时候以线对线进行施工确立统一的基准。同时为分段总组及搭载时提供统一的基准线便于装配对位，以及总段尺寸的控制。船体基准线是船体建造过程中的重要控制线，从零部件对接到全船搭载均有重要作用。

（一）基准线定义

在船体作业时先把各零件、加工或分段，在统一的基准边以相同的尺寸先进行画线，用来指导正确的分段及搭载阶段测量所做的基准线，作为现场作业指导和精度管理确保制造出良好的船体所设定的线。

（二）基准线的目的

对分段的外形尺寸控制确立统一的基准线，分段内部的画线统一以基准线进行施工作业，装配的时候以线对线进行施工确立统一的基准。同时为分段总组及搭载时提供统一的基准线便于装配对位，以及总段尺寸的控制。

（三）基准线的施工方法

（1）根据基准线位置进行施工；

（2）现场各阶段施工范围和施工位置根据实际情况再设立；

（3）通过教育强调基准线的重要性；

（4）现场施工指导与运用管理，保证施工的准确性；

（5）进行施工状态和使用状态的调查报告。

（四）基准线的分类

基准线的分类见表 3 – 3 – 1。

表 3-3-1　基准线的分类

名称	图示	内容
基准线		用于精度管理及总组和搭载的基准线
辅助基准线		以基准线为基准，用于精度管理及总组和搭载的基准线

(五)基准线的用途

(1)分段装配及总段合龙时尺寸控制基准；

(2)搭载时尺寸控制基准；

(3)各阶段装配焊接时收缩值的测定；

(4)精度管理的基准。

(六)船体主要区域基准线施工位置

船体主要区域基准线施工的位置根据工作的需要大致按照以下部位进行施工：以机舱前舱壁为界在船首方向以船尾为基准，在船尾方向以船首为基准施工，如图 3-3-2 所示。

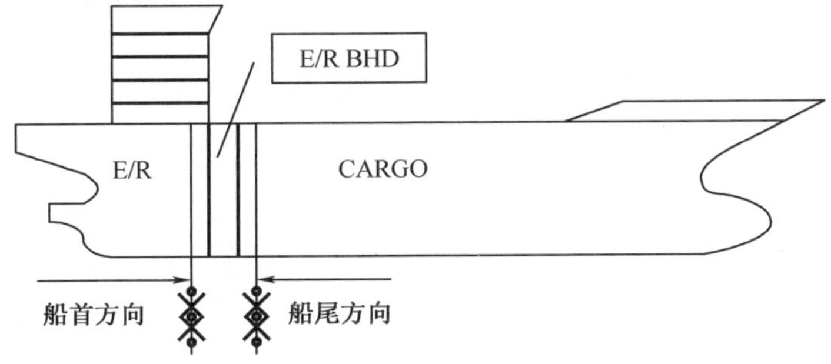

图 3-3-2　以船首为基准施工

船左右方向的分段(甲板、双层底等)以中线和艉部为基准施工，如图 3-3-3 所示。

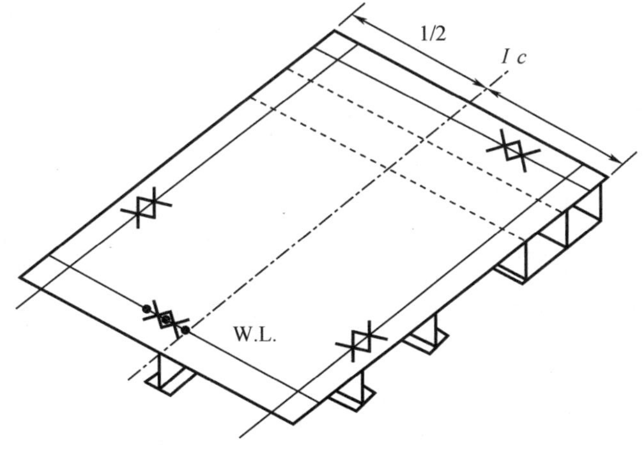

图 3-3-3　以中线和艉部为基准施工

船上下方向的分段(舷侧、舱壁等)以底部和艉部为基准施工，如图 3-3-4 所示。

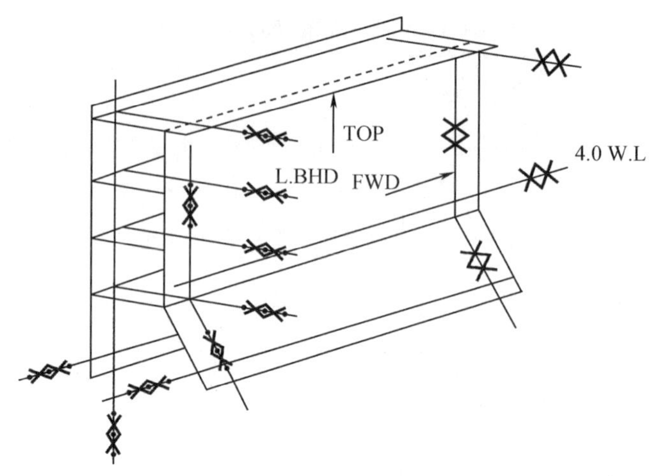

图 3-3-4　以底部和艉部为基准施工

（七）基准线施工流程

如图 3-3-5 所示，在进行基准线施工前应对零件的状态进行确认，从而确定最佳施工尺寸。基准线施工的时候，确认基准线实施的阶段，对于延续使用到最终工作的基准线，应进行样冲施工。各阶段基准线施工时，应与下道工序对应，以便装配时形成统一的基准。基准线施工应考虑装配人员的便捷性，基准线的尺寸一定要正确。对于到总组、搭载阶段使用的基准线，根据情况必要时在零件的背面施工，并标记尺寸和进行样冲施工（涂装时进行保留）。

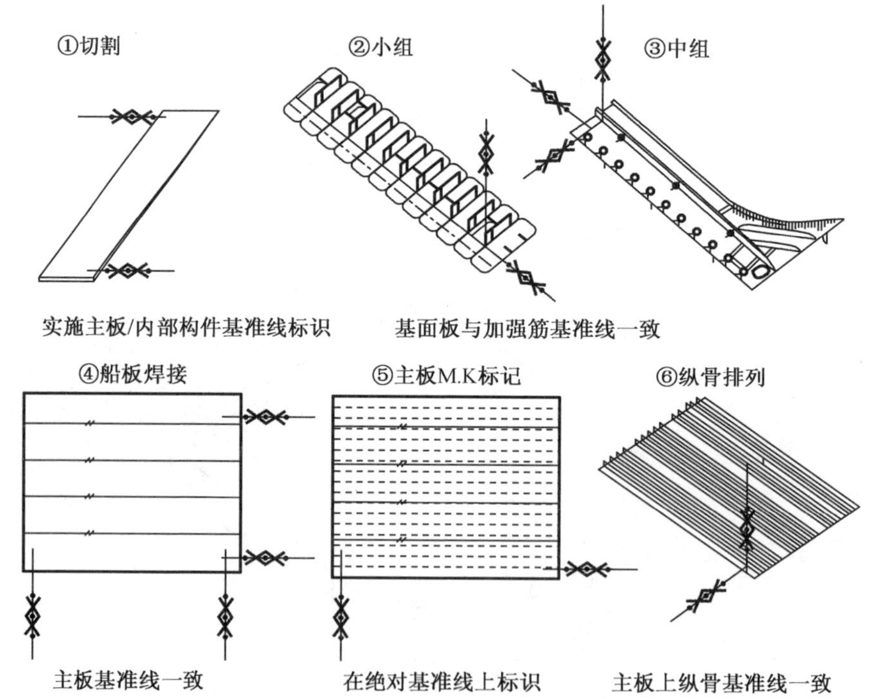

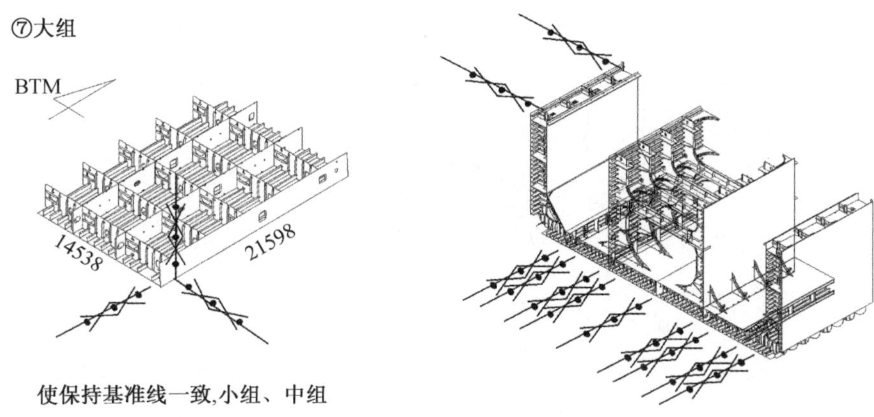

图 3－3－5　基准线施工流程

(八)基准线的施工阶段及作用

1. 基准线应用

基准线应用见表 3－3－2。

表 3－3－2　基准线应用

区分	名称		用途
部装基准线	100MK	小部材	切割精度检查
		零件对合线	曲加工及装配精度检查
		主板及纵骨	主板对接与纵骨装配用
	贯通线		肘板及扶强材装配基准
分段装配基准线	基准线	主板 100MK	确认主板形态、画线基准
		中心线	内部构件装配用
		纵剖线	分段装配左右对称保证
		肋骨检验线	分段装配长度保证
	100MK		装配对位及涂装保留
分段搭载基准线	基准线	中心线	分段总组及搭载基准
		纵剖线	总组及搭载左右对称保证
		肋骨检验线	总组及搭载长度保证
	100MK		搭载对位管理
	水线		搭载高度与水平管理

2. 曲面地线施工

(1)地线是提供曲面主板对接的基准,使主板弧度较好地与胎架线形重合,特别是第一张曲面主板的定位,如图 3－3－6 所示。

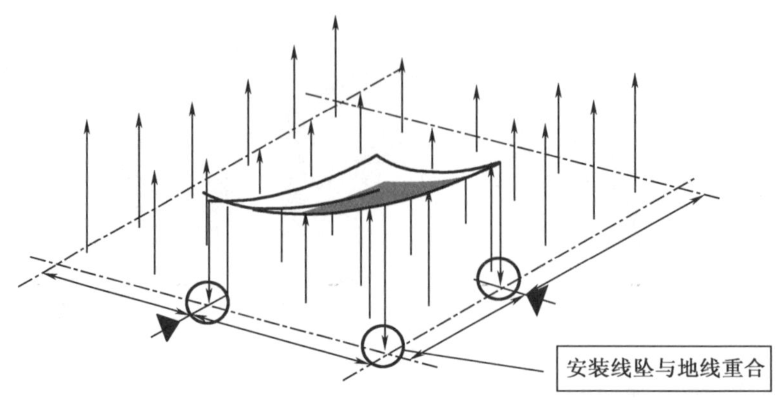

图 3－3－6　第一张曲面主板定位

（2）主板对接完应保证与地线重合（±5 mm）。基准线画线施工时，所有内部构件画线以基准线为基准进行施工，如图 3－3－7 所示。

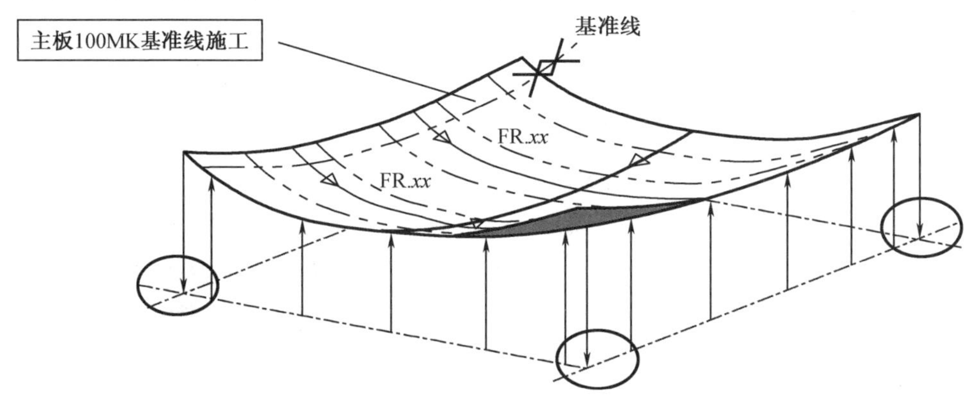

图 3－3－7　内部机件基准线画线

（3）确保内部构件基准线对齐后装配，将主要肋位的水平度调整好，并进行固定，如图 3－3－8 所示。

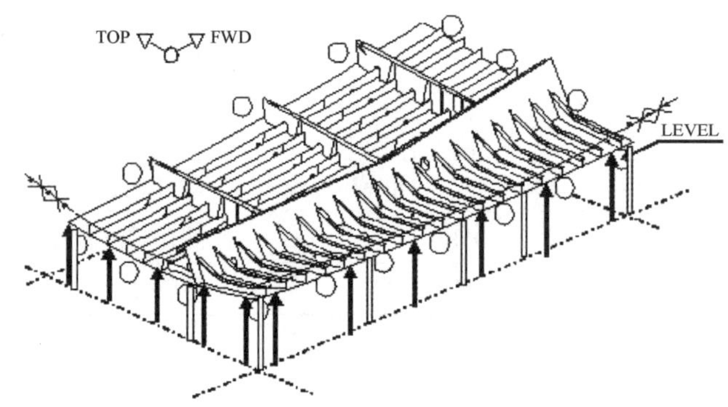

图 3－3－8　基准线及水平检测示意图

（九）基准线的施工方式

1. 单边基准线施工

单边基准线施工选取分段端部两条相互垂直的无余量边作为基准边，艏艉均无余量以艉端为基准边,根据基准边以100MK作为基准线,利用勾股定理确定基准线角尺度,保证基准线角尺在3 mm以内,大于3 mm位置时对基准边进行修割,同时保证基准线距基准边97 mm,通过100MK基准线确定辅助基准线。

100MK的定义:为了在全船施工中将基准线形成统一的标准并且方便施工人员进行分段装配、总组和搭载施工,设定统一的100 mm基准线,本尺寸为理论值。在实际工作中按照100 mm减去相应的坡口间隙值后进行施工(注:本文以CO_2焊接标准间隙为6 mm的情况为例进行说明)。在总组、搭载时将基准线之间的尺寸控制在200 mm,从而对整个总组和搭载进行控制。在实际工作中为了方便使用而统一名称即100MK,如图3-3-9所示。

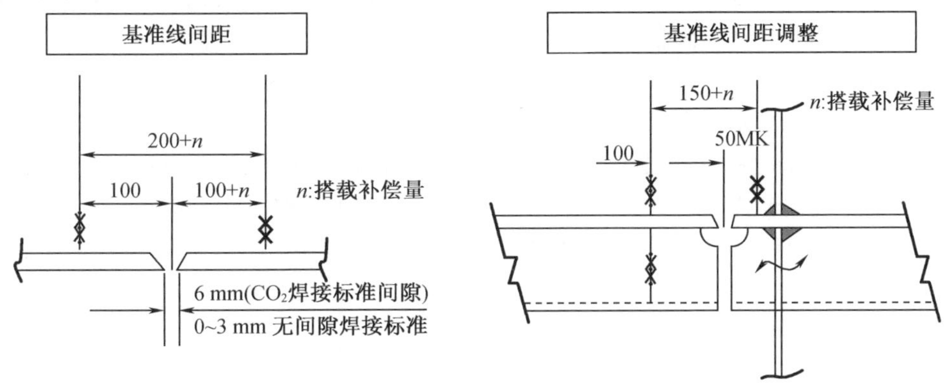

图3-3-9　100MK施工说明

注意事项:

(1)基准线施工以100MK线作为全船基准应用,结构有冲突时在50~300 mm之间(50 mm、100 mm、200 mm、300 mm等)使用,调整后要在画线处标记调整尺寸并进行样冲施工;

(2)基准线施工实际尺寸为100 mm减去单边坡口间隙值,基准线的数值为基准线到基准边距离的净值;

(3)辅助基准线施工时应加上总组、搭载阶段的端部补偿量。

2. 十字基准线施工

十字基准线施工以分段两条相互垂直的中心线作为基准线,根据中间纵向构架线,即胎架中心线,利用等分法,确定中间肋位检验线,确保十字线角尺度,同时,要保证中间肋位线距无余量尺寸完好,误差在1 mm以内。

胎架中心线在与肋位检验线在胎架建造前勘划的基准线,作为分段铺板、画线基准线的投影线。

3. 效果对比

在实际生产过程中,由于加工精度偏差、焊接收缩等不可控因素,造成拼板角尺度不良,通过基准线对分段角尺进行调整。两种基准线施工方式均存在优缺点,具体分为以下几点:

(1)单边基准扣除坡口间隙,提高板材利用率,后道工序无须修割,减少后道工作量,同时保证基准边无余量及基准边同面度。但由于分段建造时,分段内外壳板焊接收缩不一致,非基准边同面度易出现偏差,需要大量统计数据及经验加放分散延长。

(2)十字基准线施工将分段精度偏差向四周分摊,易达到分段精度标准,减少分段修正量，但在总装阶段，易造成累计误差，分段四周均要进行精度修正。

五、总组搭载的尺寸基准

作为船厂而言，生产资源决定了其利润空间，如何调配有限的资源建造出更多的产品是所有船企不断追求和研究的共同话题。尤其在船市寒冬的今天，如何突破建造瓶颈提高建造利润，已成为各大船厂争相研究的重点课题。而一个船厂最为核心的固定资产为总装区域的船坞和吊车资源，因此缩短船坞建造周期和提高建造精度是各船厂提升自身竞争力的根本使命所在。船舶总段总组和搭载的精度控制在船体建造总装过程中发挥着重要的作用，若这一阶段精度不良出现的后果和单个分段精度不良后果相比影响面更广、破坏性更大，总组搭载时精度控制对船舶合龙时周期和建造质量影响深远。

(一)基准线总装实际应用

分段吊装到位首先调整分段水平，分段水平定位结束后，按照单边基准进行定位(铲除涂装胶带找出单边基准样冲)：一是开挡尺寸拉到规定距离(如 205 mm)；二是直线度按照单边基准定位成一直线；单边基准尺寸拉到位后开始测量挡距尺寸、舱容尺寸、总长尺寸，以此来复查单边基准；单边基准与主尺寸产生冲突时以主尺寸为准。如图 3－3－10 所示。

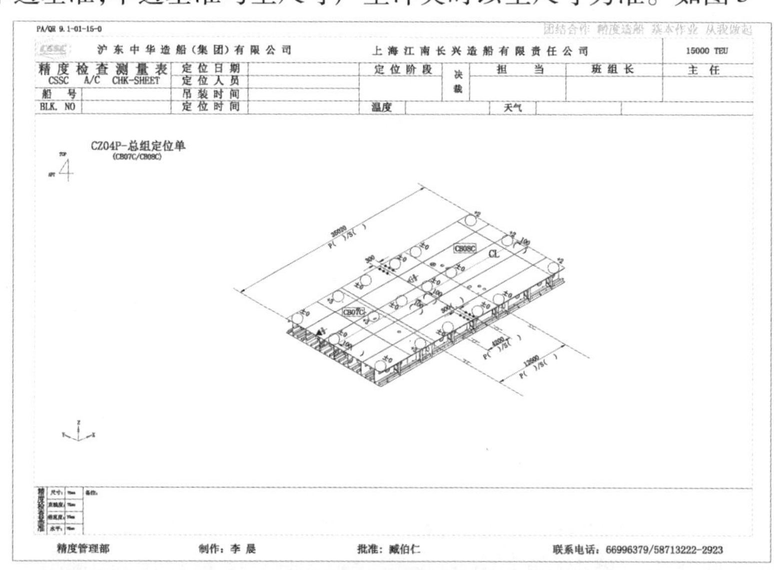

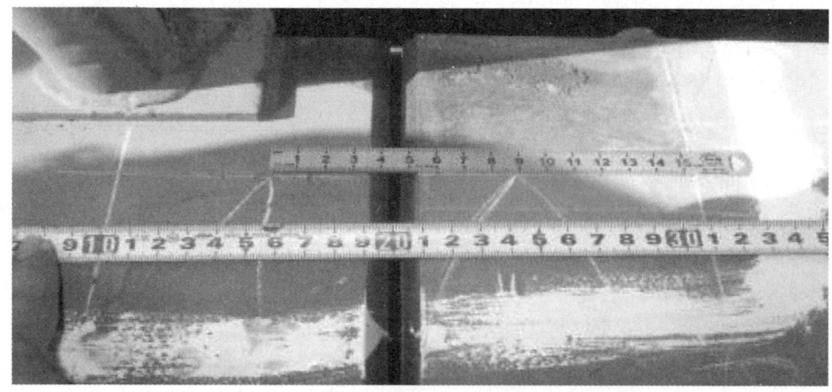

图 3－3－10 现场基准线的实际应用

1. 装配基准线的定义

在装配作业时，为设定组装好的构架位置而做的装配基准线，其次为防止错位，在两边肋位理论线处偏移 100 mm 的位置，或者在理论线相反面上追加肋骨部材厚度(100 + t，t：厚度)处进行画线，如图 3 - 3 - 11 所示。

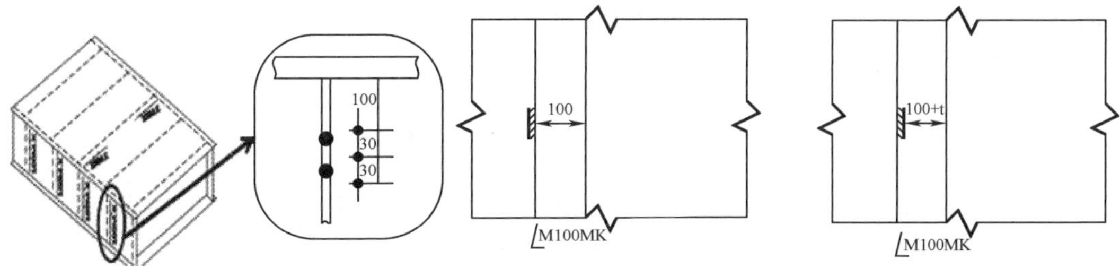

图 3 - 3 - 11　装配基准线画线说明

2. 装配基准线现场实际应用

总装阶段严格按照 100MK 来进行定位，构架与样冲线进行对合，方便现场劳务队施工及方便检查确认构件对接情况。应用示意图如 3 - 3 - 12 所示。

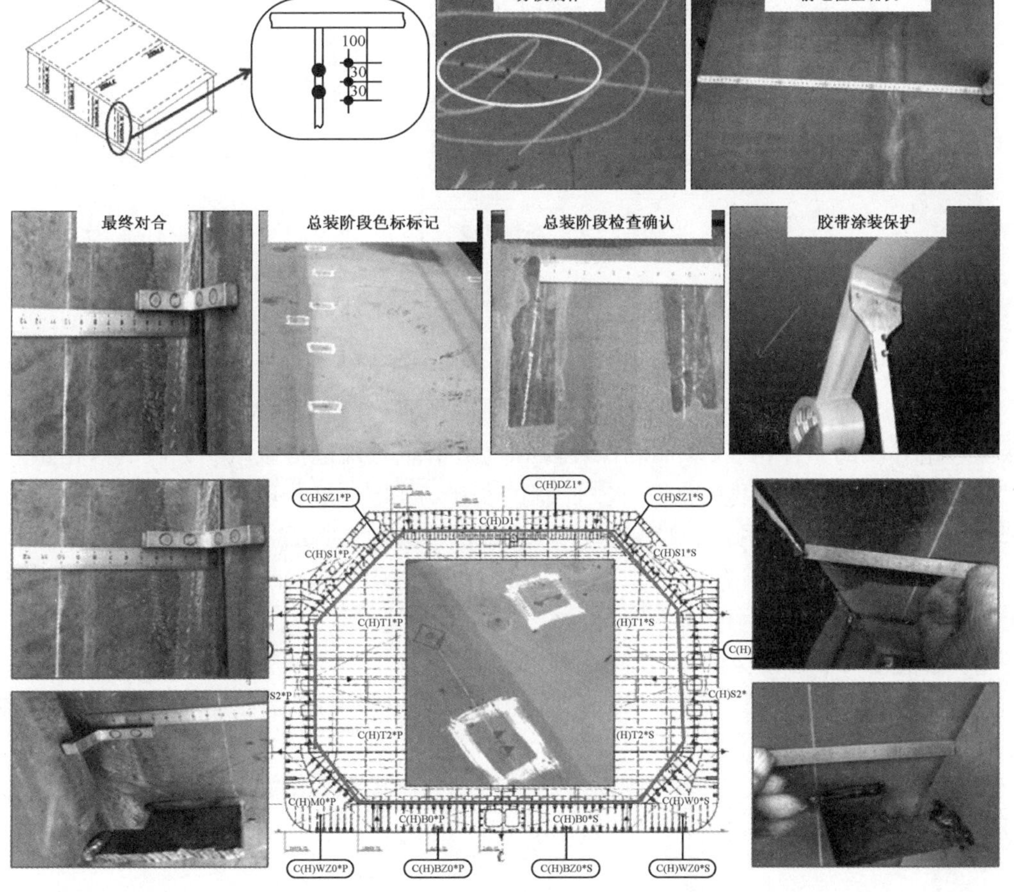

图 3 - 3 - 12　装配基准线现场实际应用情况

（二）总组基准管理应用

1. 总组定位基准（地样线）线管理

总组定位基准线（地样线）包括中心线、半宽、长度和肋位线等，其主要是为了控制总段的精度而设置的。分段总组时第一个分段为基准分段，一定要与总组定位基准线重合，以保证其余分段的定位，从而确保分段能够准确放置在搁墩的位置上，确保总组的精度，如图3－3－13所示。

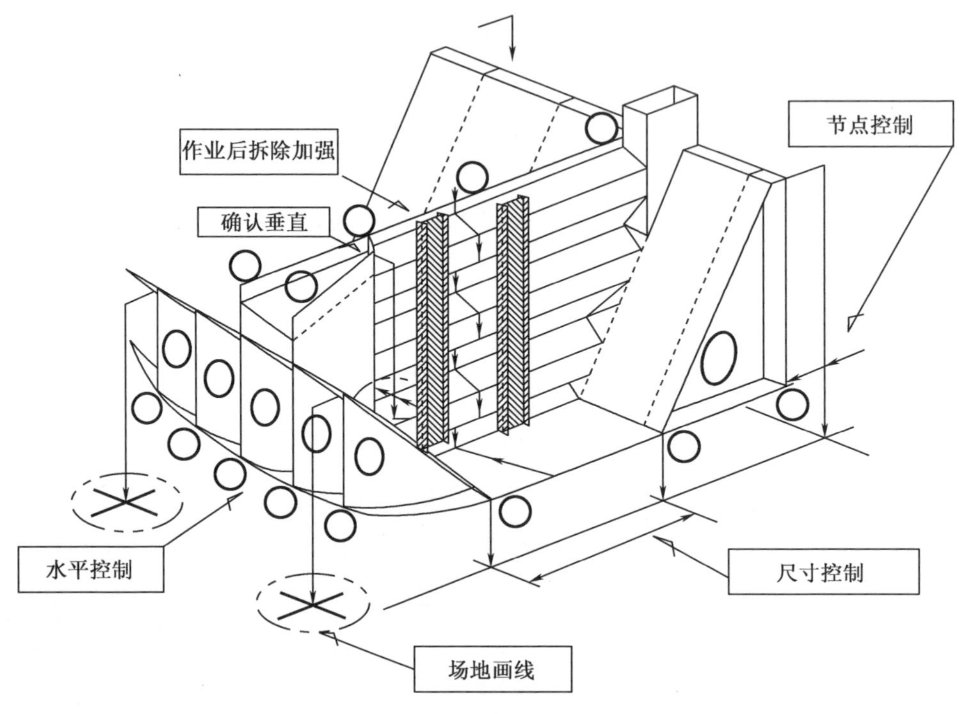

图3－3－13　总组地样线设置

2. 总组精度管理控制要点

总组是将几个分段组装在一起，因此在总组时要将分段的问题在总组时进行消除，但要保证总组环段的整体精度，从而确保环段到坞道搭载时快速搭载减少分段的修正量。

（1）水平管理。水平度是总组分段控制的基础，因此总组分段的基准分段的水平进行管理，必要时分段要适时的地行反变形控制，如图3－3－14所示。

（2）断面的重合度、平整度管理，其主要是指保证分段对接面的各个控制点是在一个平面上，从而确保分段总组时断面不修正，如图3－3－15所示。

（3）总组分段中心度保证。

（4）总组分段最终用三维检测技术进行测量，确保总组的基准点的位置的精度，如图3－3－16所示。

（5）总组整体尺寸保证。在总组阶段将分段的总组阶段设置的余量进行消除从而保证分段在搭载阶段的整体尺寸。

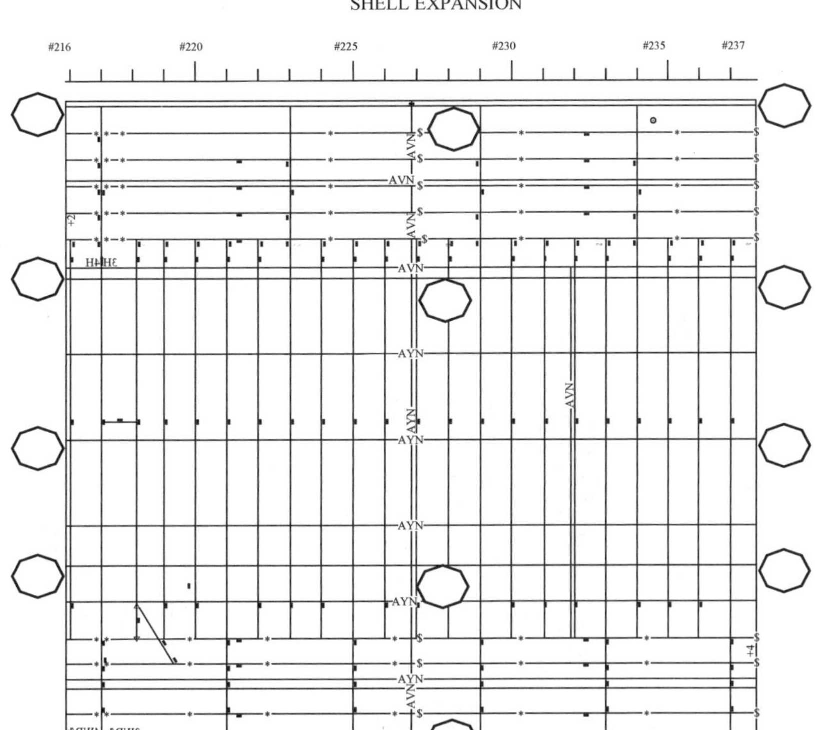

图 3-3-14 总组水平管理

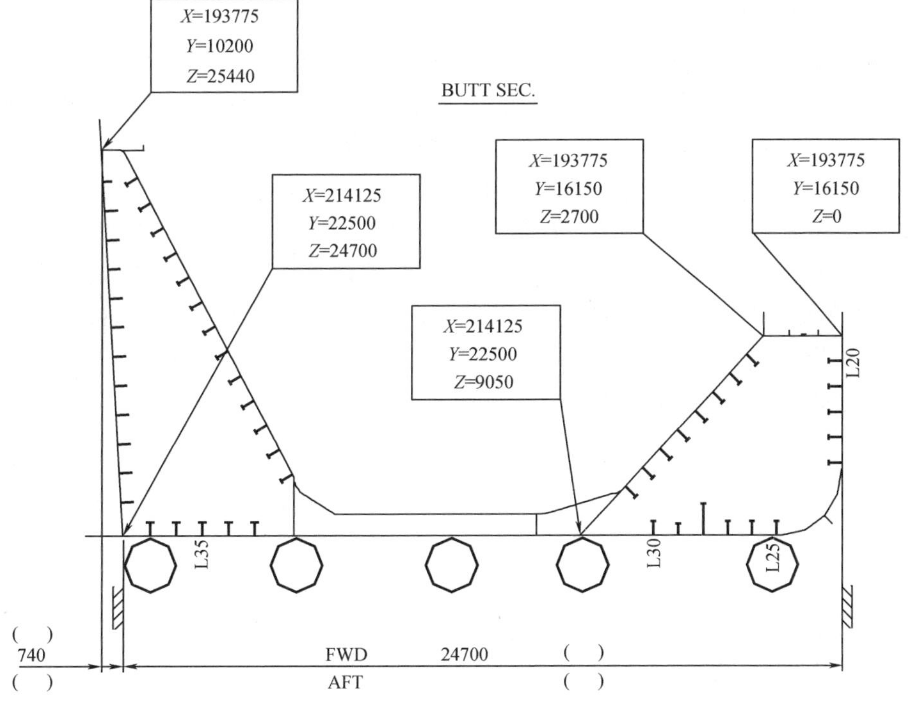

图 3-3-15 总组对接面管理

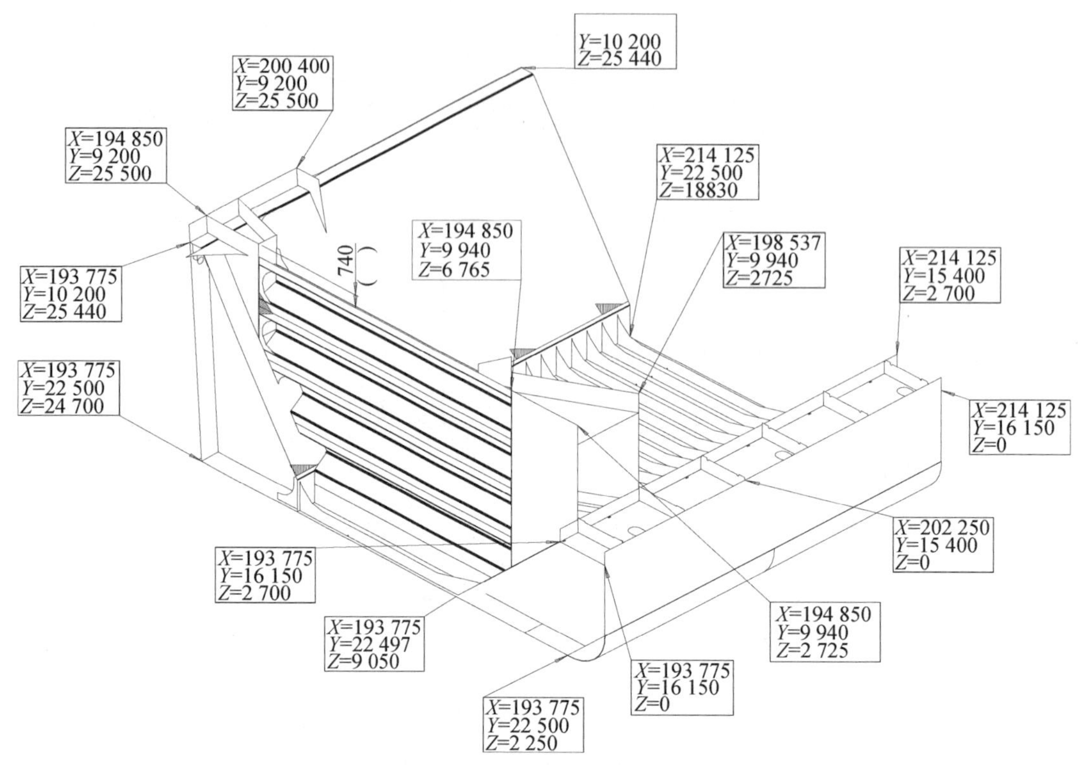

图 3 – 3 – 16　总组三维检测管理

（三）搭载基准管理应用

1. 船坞搭载地样线管理

对于各类船型，船坞地样线施工基准的设置，是以船体中心线、横向 0#肋位开角尺，在坞壁平台上作辅助中心线并作好样冲基准点，设置水平基准线作为以后的高度基准。搭载的分段定位时要严格按照地样线进行，并适当加放大合龙缝的收缩量。

目前，国内大中型船厂都配备了三维测量工具——全站仪，并将全站仪使用在船坞合龙定位中。使用全站仪进行搭载定位时，需具备船坞中心线或半宽基准线，肋位线和船坞高度基准线。测量中心线或者半宽线确定为 X 轴，Z 轴默认垂直，定位时通过 Y 值来确认宽度方向，Z 值确认高度方向。分段前后位置与高低位置需通过相应的肋位线的 X 值与高度基准线的 Z 值来确认。所有的基准线必须在可视范围内，否则需根据基准线重新划出可视的基准，画线精度控制标准 ±2 mm 以内，如图 3 – 3 – 17 所示。

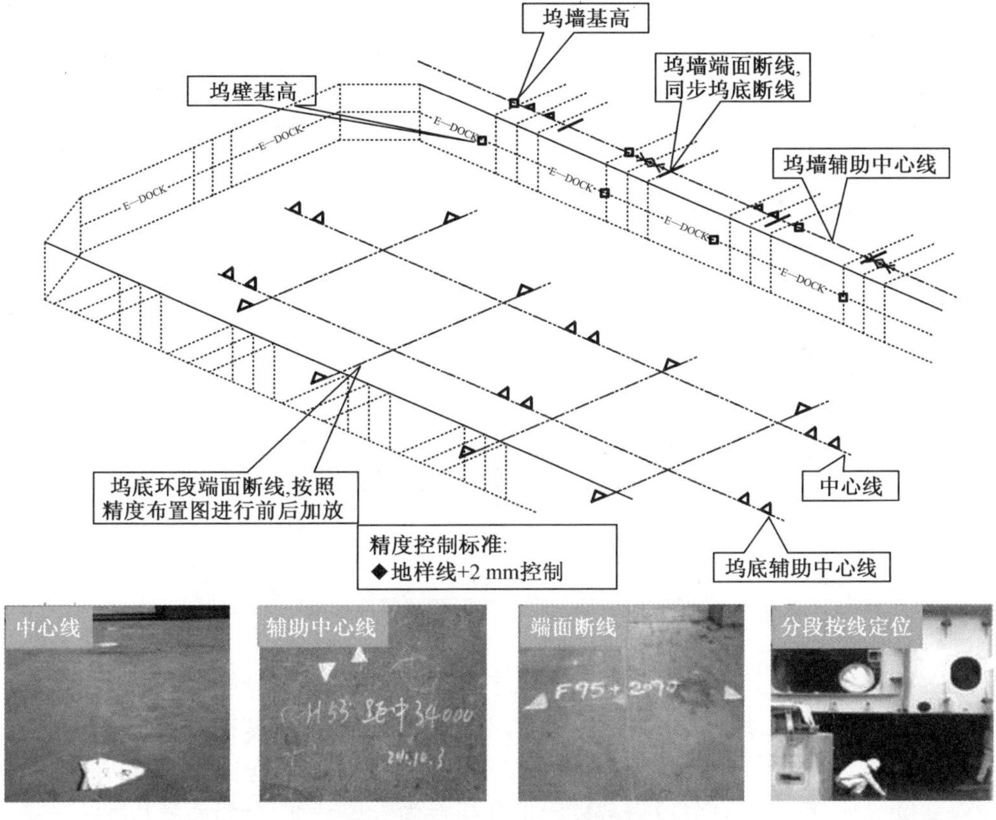

图 3－3－17 船坞地样线画制

2. 搭载分段精度管理控制要点

入坞船舶的首只定位分段需严格按照地样线来进行定位,所有分段定位基准来源于船坞地样线,船坞地样线贯穿整船搭载过程。搭载总段定位作业过程中,作业人员必须按照工艺要求对总段的端面同步度、半宽、基高、垂直度等进行控制。总段定位到位后及时进行定位焊作业,并用牛腿、支撑、过桥等进行及时固定,如图 3－3－18 所示。

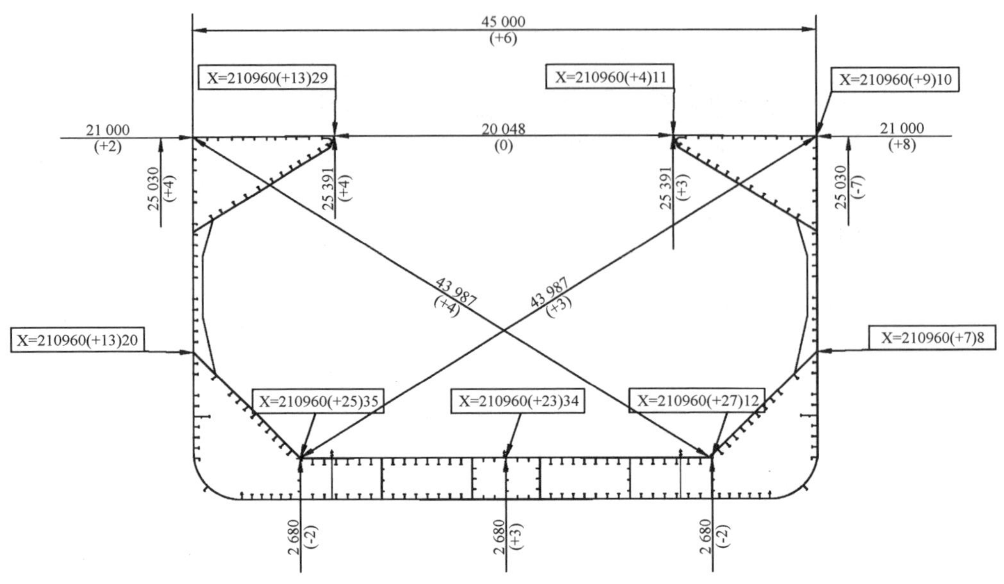

图 3－3－18　现场实际搭载精度控制

(1)宽度尺寸管理,所有分段搭载以船坞中心线为管理基准,全船中心统一搭载。

(2)前后尺寸管理,所有分段搭载以船坞端面断线为管理基准,控制上下及左右端面度。

(3)高度尺寸管理,所有分段搭载以船坞基高点为管理基准,全船高度基准统一搭载。

3. 典型分段总组搭载基准统一管理控制

(1)双层底总组基准管理(如图 3－3－19 所示)

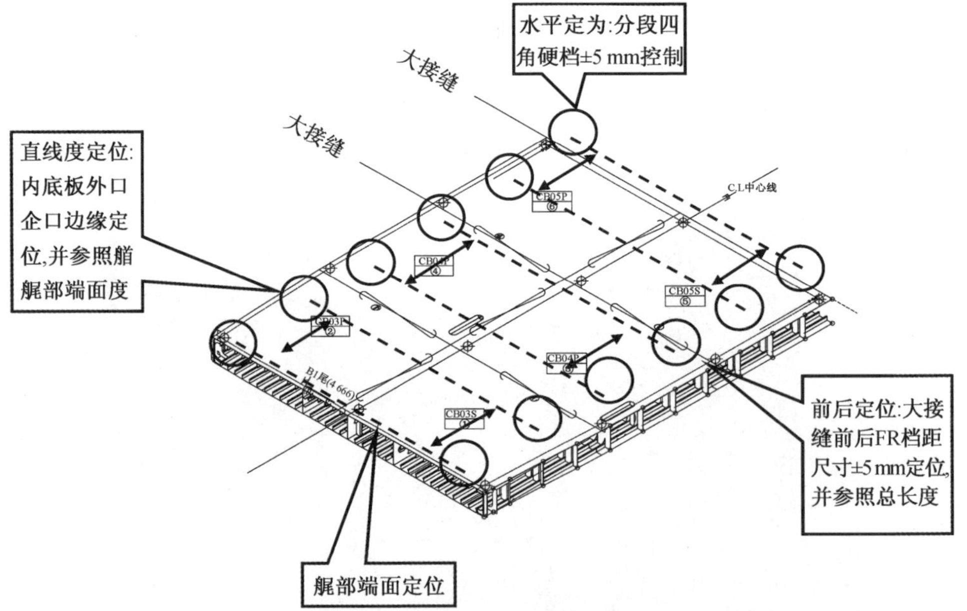

图 3－3－19　双层底总组基准管理

(2)舭部总组基准管理(如图3-3-20所示)

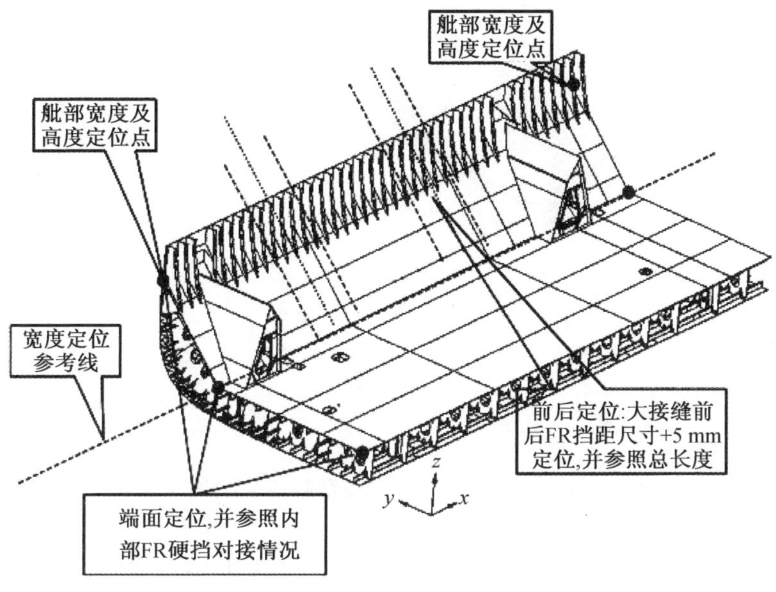

图3-3-20　舭部总组基准管理

(3)舷侧总组基准管理(如图3-3-21所示)

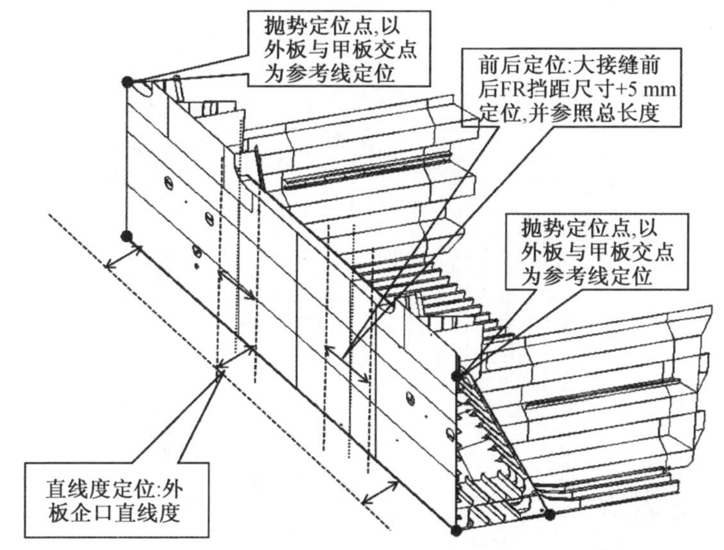

图3-3-21　舷侧总组基准管理

(4)首只总段搭载基准管理(如图3-3-22所示)

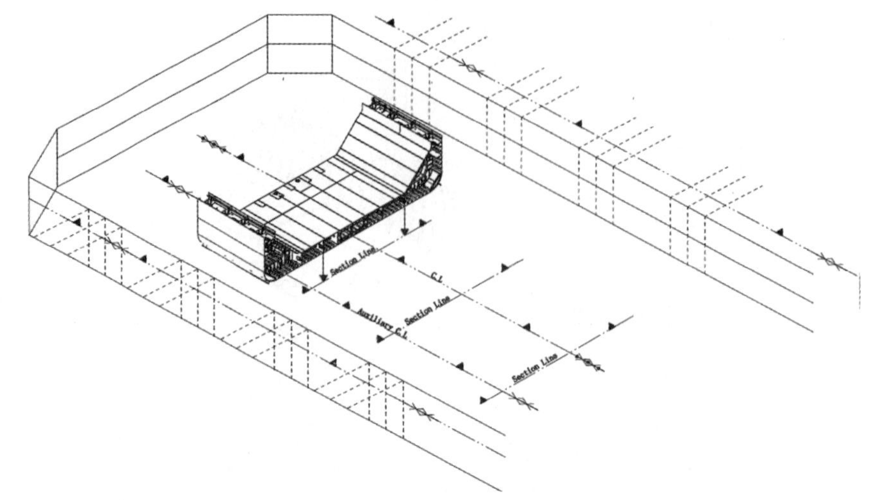

图 3-3-22　首只总段搭载基准管理

定位注意事项：严格按照船坞格子线来进行定位，定位后总段加槽钢进行固定。

(5) 总段搭载基准管理(如图 3-3-23 所示)

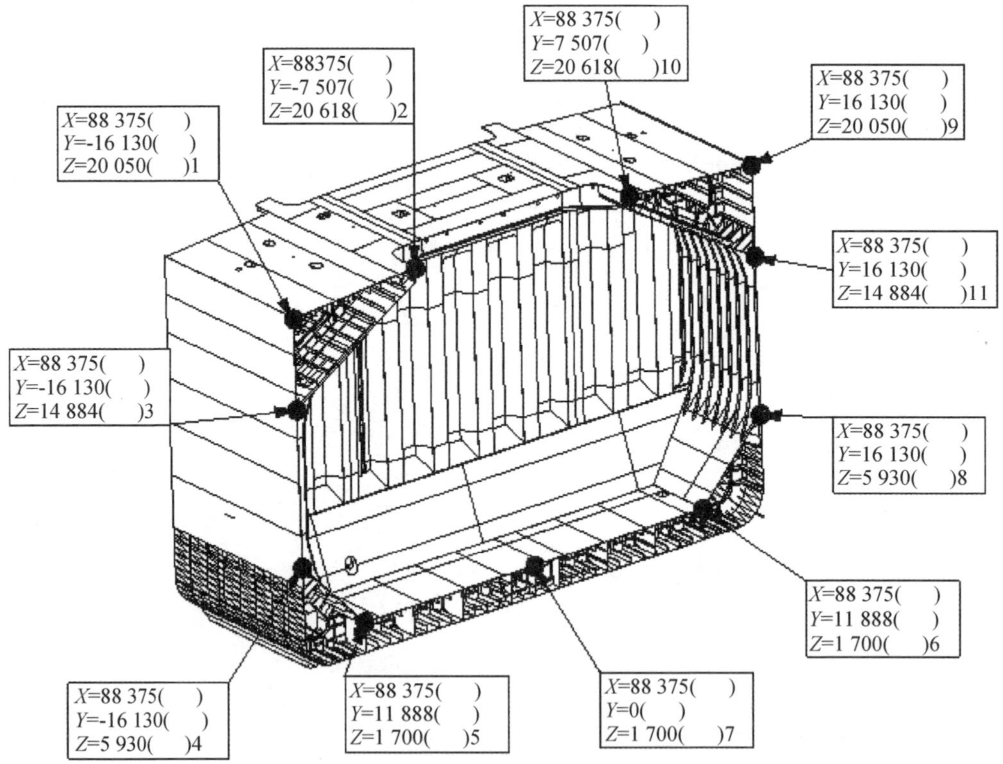

图 3-3-23　环形总段搭载基准管理

定位注意事项：严格按照船坞格子线来进行定位。

①宽度：以船坞中心线/辅助中心线来进行定位。

②高度：以坞壁/坞墙高度基准来进行定位。

③端面:以船坞端面断线/坞墙端面断线来进行定位。

第四节　余量、补偿量的加放基准

一、术语和定义

(一)余量

余量是指零件、工件和中间产品由于加工、装焊和火工校正等多道工序,所产生的变形和收缩进行定性分析后,加放的比实际变形和收缩值略大的工艺量值。余量在指定的工艺阶段切除。

(二)补偿量

补偿量是指对船体零件、工件和中间产品通过加工、装焊、火工矫正等多道工序,而产生的变形及收缩进行定量分析后,加放相当实际变形和收缩的工艺量值,一般不需再切割。

二、加放符号及含义

加放符号及其含义见表3-4-1。

表3-4-1　加放符号及其含义

序号	符号	含义
1	±5 >	系统补偿量,正值为放大,负值为缩小
2	10/30 ▷	零件弯曲加工余量,零件弯曲作业结束后才能割除
3	10/30 ▷	部件装配余量,部件装配时才能切割
4	10/30 ▶	分段装配余量,分段装配时才能切割
5	10/30 ▷	分段完工余量,分段完工才能切割
6	10/30 ▷	总段装配余量,总段装配时才能切割
7	10/30 ▶	总段完工余量,总段完工后才能切割
8	10/30 ▶	搭载装配余量,搭载装配时才能切割
9	5 ◣	三角补偿量,数值表示加放焊接收缩补偿量
10	SHR:X=1/800	分散延长值,表示每800 mm加放1 mm的焊接收缩补偿量

注:1. 上述数值均为示例,实际数值应根据需要确定。

2. 2~8项分母、分子数值不同时,分母表示放样余量,分子表示切割后需保留的后续阶段补偿量。

3. 2~8项分母、分子数值相同时,该数值表示本阶段的补偿量,无须割除。

4.2～8 项只有分母没有分子时,分母为放样余量,表示本阶段切割余量后工作。

示例:序号 1,如果 $X=5$,表示设计建模和放样时,在理论尺寸基础上,已经加放了 5 mm,用来补偿总组或搭载阶段焊接引起的收缩。切割作业时无须额外加放,而且切割作业完成后,不得切除该补偿量。

三、余量补偿量加放基准

(一)构件边缘余量和补偿量

1. 构件边缘加工余量加放原则

(1)卷板机预弯板,边缘最小剩余直边 75 mm,否则加放 $2 \times t$(t 为板厚)压头余量;

(2)一般仅需少许冷加工和火工成形的钢板,边缘不加放加工余量;

(3)小曲率火工艏柱、艉柱板上下(前后)各加放 50 mm 工艺余量,宽度方向不加放;

(4)大曲率艉柱、艏柱样箱板上下(前后)各加放 100～300 mm 余量,宽度方向不加放;

(5)艏艉柱纵向曲率大于等于 300 mm 以上,钢板宽度围长最佳不超过 1 500 mm;

(6)采用肋骨冷弯机加工的型材,型材端头加放 150 mm 加工余量;

(7)T 型材面板、腹板装焊加放焊接收缩补偿量 0.5/1 000;

(8)对特殊零件的加工余量加放由设计结构信息组考虑。

2. 构件边缘装配余量加放原则

该余量集中在分段完工后、总组完工后和搭载阶段修割,原则上余量加放不超过 20 mm,具体修割阶段和数值与精度管理部门联合确定。

3. 构件端部补偿量加放原则

(1)船长方向补偿量加放原则:

①船坞基准定位分段,前后端环形接缝全部正足(内部构架相同);

②船坞搭载的其余分段,向艉端设有补偿量,向艏端正足。

(2)船宽方向分段侧端全部正足,向中线端设补偿量;

(3)所有分段上端全部正足,下端设补偿量。

4. 构件边缘三角形补偿量

一般内部构架焊接变形补偿量为零,下面几种情况需加放三角形补偿量。

(1)棱形板及端头补偿量 n 加放(如图 3－4－2 所示)

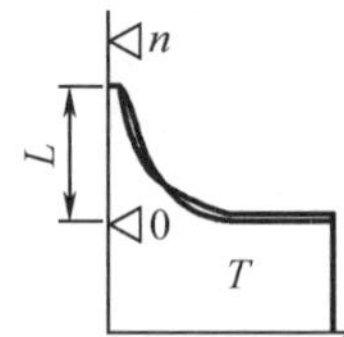

板厚 T/mm	补偿量 n/mm	备注
$T \leq 15$	$L \times 2.0/1000$	当 $L \leq 700$ 时,不加放三角补偿量
$15 < T \leq 20$	$L \times 1.5/1000$	
$T > 20$	$L \times 1.0/1000$	

图 3－4－2　棱形板及端头补偿量加放说明

(2)肘板及端头补偿量 n 加放(如图 3－4－3 所示)

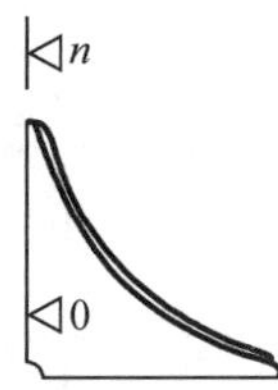

板厚 T/mm	补偿量 n/mm	备注
$T \leqslant 20$	$L \times 1.5/1000$	适用于大型肘板且自由边为曲形
$20 < T$	$L \times 1.0/1000$	

图 3－4－3　肋板及端头补偿量加放说明

(3)机舱大肋骨(如图 3－4－4 所示)

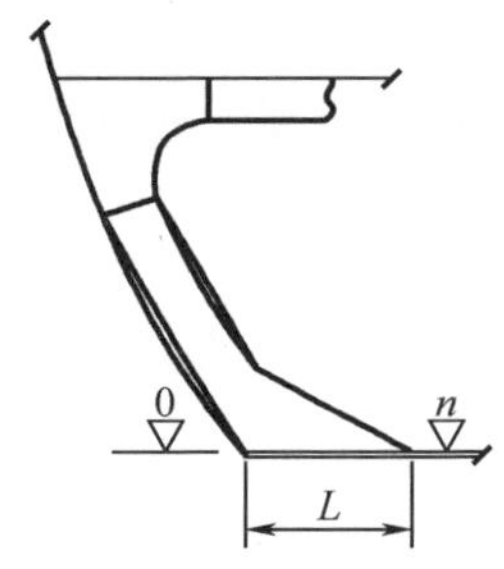

图 3－4－4　机舱大肋骨补偿量加放说明

(4)机舱双层底分段反造(如图 3－4－5 所示)

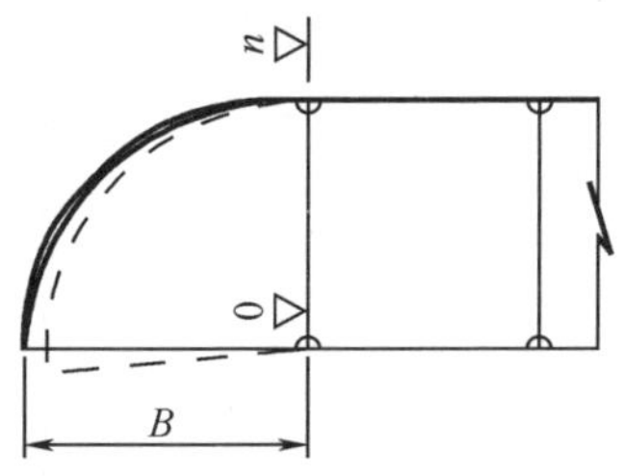

图 3－4－5　机舱双层底分段反造补偿量加放说明

(5)散货船普通肋骨(如图 3－4－6 所示)

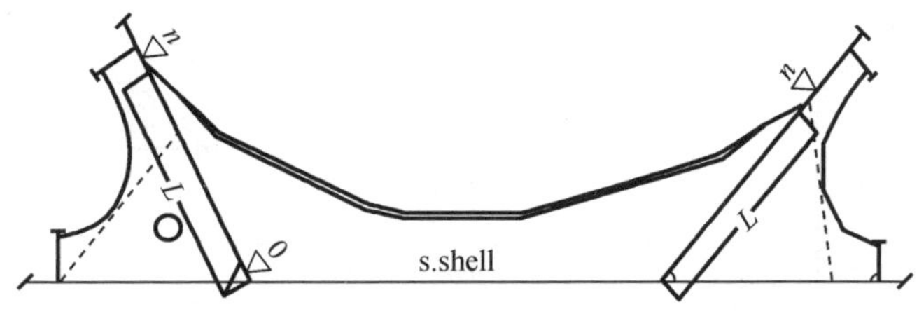

图 3－4－6　散货船普通肋骨补偿量加放说明

5. 构件边缘变坡口补偿量

变坡口补偿适用于艏艉线型变化较大的区域，如图 3－4－7 所示其 β 值随线型变化而变化，为方便装配，减少修割，要求板的边缘坡口角度 β 须相应变化，即变坡口建模。

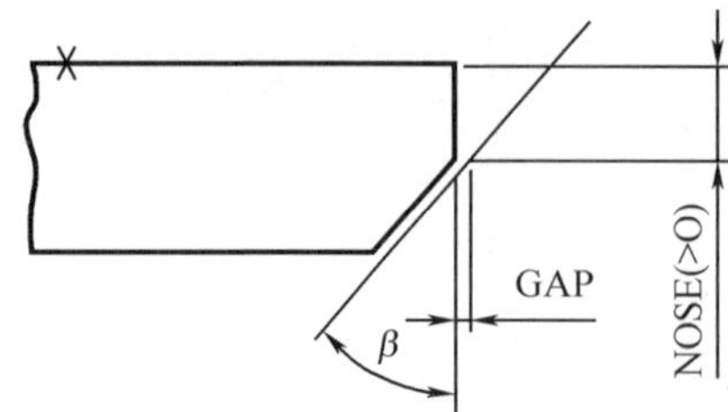

图 3－4－7　构件边缘变坡口补偿量加放说明

6. 构件边缘装配负余量

原则上一般内部构件装配补偿量为零，下面几种情况需加放装配负余量。

(1) 间断肋板和肋板加强大肘板（如图 3－4－8 所示）

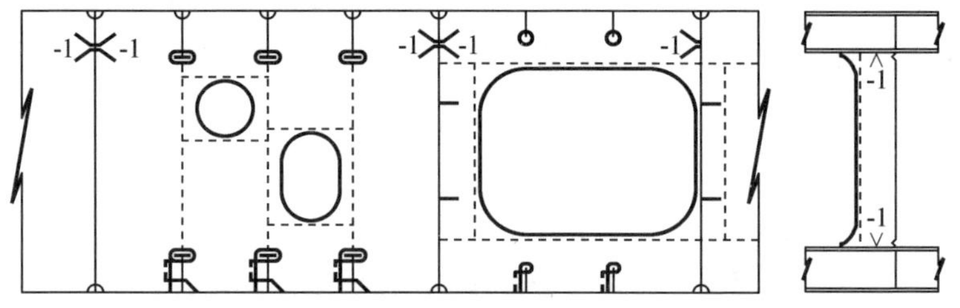

图 3－4－8　间断肋板和肋板加强大肋板负余量加放说明

(2) 角隅肘板（如图 3－4－9 所示）

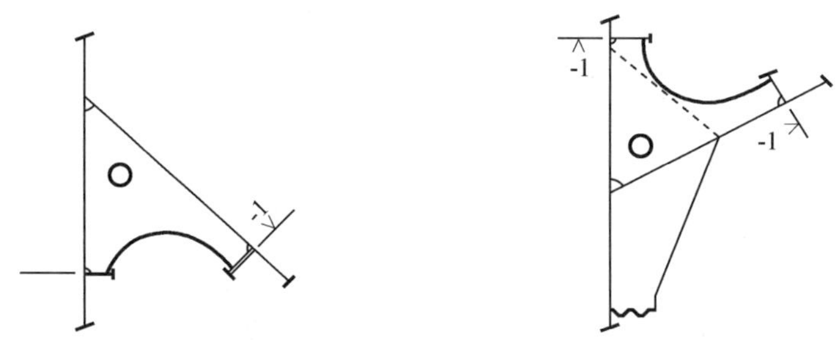

图 3－4－9　角隅肘板负余量加放说明

(3) 艏艉水平、垂直隔板（如图 3－4－10 所示）

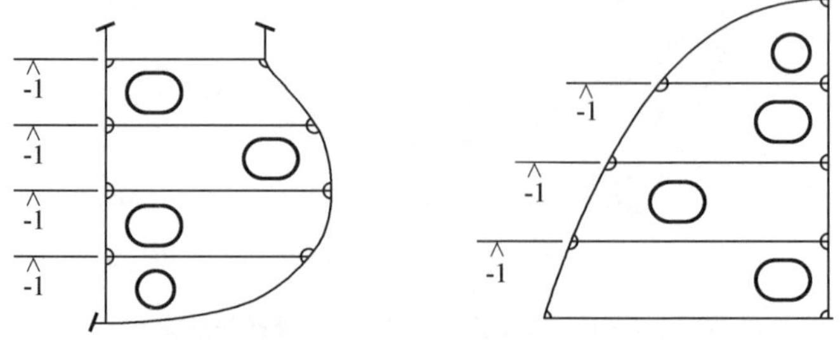

图 3－4－10　艏艉水平、垂直隔板余量加放说明

7. 构件内部收缩补偿量

（1）对接焊缝焊接收缩补偿量加放

分段内部对接焊缝收缩补偿量按板厚区分，厚薄板对接以薄板板厚为基准加放，如图 3－4－11 所示。

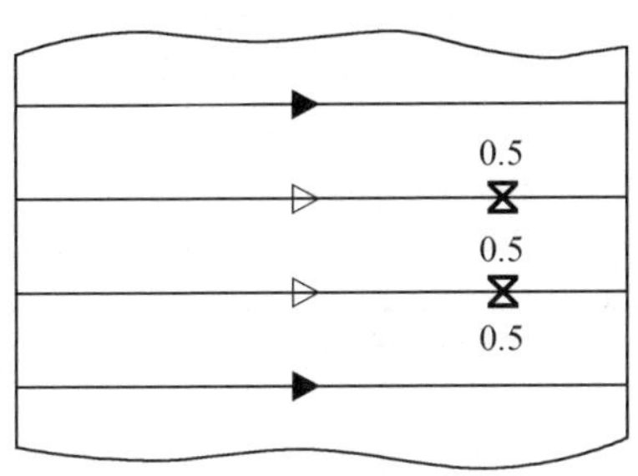

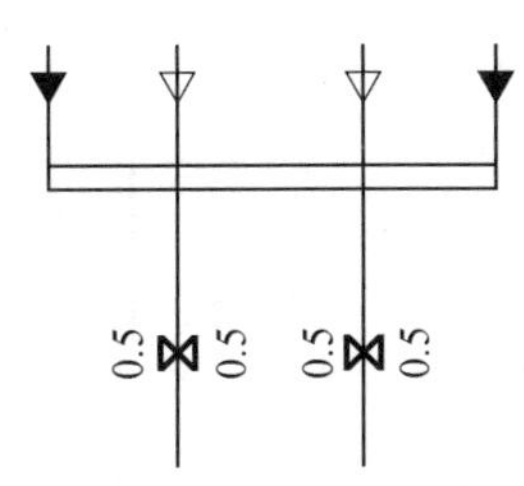

板厚	拼板缝单边收缩值/mm
5～14*T*/mm	0.5
15～24	1.0
25～32	1.5

图 3－4－11　对接焊缝焊接收缩补偿量加放说明

（2）手工角焊缝收缩补偿量加放原则（如图 3－4－12 所示）

板厚＼焊脚	4	4.5	5	5.5	6	6.5	7	7.5	8	8.5
5										
6										
7						0.4				
8										
9~10						0.3				
11~12										
13~15					0.2					
16~20										
21~25					0.1					
26~30										
31~35		0.05								
36~40										

注:1.角焊焊脚超过9 mm,参照8.5 mm焊脚收缩量加放补偿量。
2.角焊开坡口,参照上一挡的焊接收缩量加放补偿量。

图 3－4－12　手工角焊缝收缩补偿量加放原则说明

(3) CO_2 角焊缝板材收缩补偿量加放原则如图 3－4－13 所示

板厚/焊脚	4	4.5	5	5.5	6	6.5	7	7.5	8	8.5
5										
6										
7						0.4				
8										
9~10						0.3				
11~12										
13~15					0.2					
16~20										
21~25					0.1					
26~30										
31~35		0.05								
36~40										

注:1.角焊焊脚超过9 mm,参照8.5 mm焊脚收缩量加放补偿量。
2.角焊开坡口,参照上一挡的焊接收缩量加放补偿量。

图 3－4－13　CO_2 角焊缝板材收缩补偿量加放原则说明

三、分散延长的定义及作用

船体分散延长是指结构的内部构架在进行装焊和火工校正等多道工序后,造成主板材收缩及因收缩造成的构架间距减小的现象,通过进行合理的定量分析后,为其加放工艺量值,使该量值在分段建造过程中消耗,避免了部分分段完工后尺寸不良的精度问题发生。

(一)分散延长符号表达形式

(1)分散延长值符号:SHR:$X=1/800$。

(2)定义:表示每 800 mm 加放 1 mm 的焊接收缩补偿量。X:沿船长方向,Y:沿船宽方向,Z:沿船高方向,没有字母表示沿箭头方向。

(二)分散延长的加放说明

(1)分段分散延长的加放按照不同类型的构件分别加放,一般分为外板、内壳板、纵横舱壁板、纵桁、肋板、纵骨等类型构件进行加放。

(2)加放原则:分段制作完成后与图纸理论尺寸一致,在分段阶段各种构件在组装时有完全一致的长度,因此根据不同类型构件在制作时的收缩量分别给予对应的分散延长。

(3)分散延长一般按照每挡肋距或纵距进行标示。

例如:0.3 mm/F. S(纵向),0.4 mm/L. S(横向),遇到分段处于肋距变化的位置,若肋距变化较大,则分段在肋距变化的肋位处将主板划分为两个区域分别加放。肋距相差不大时,一般取平均值一致加放。

(4)分散延长的加放就是将零件按照比例在纵向和横向对零件进行放大。如:0.3 mm/1 000 mm(纵向),0.4 mm/1 000 mm(横向)的分散延长,就是将零件按照纵向(1＋0.3‰)、横向(1＋0.4‰)的比例放大。

(三)分散延长加放的画线作业要求

(1)明确构件的尺寸,图纸尺寸标注分段表示的要计算出构件主尺寸及连续画线尺寸;

(2)计算构件总的分散延长量,例如:20 挡 F. S 和 20 挡 L. S 的主板,分散延长:0.3 mm/1 000 mm(纵向)、0.4 mm/1 000 mm (横向)主板总分散延长量为纵向:$0.3\times20=6$ mm;$0.4\times20=8$ mm;

(3)画线前要检查构件的主尺寸,主尺寸超过管理标准,根据相关工艺进行调整,一般尺寸偏大超过标准的,在画线后划出余量线并切割值标准。

构件画线主尺寸 = 理论尺寸 + 总分散延长量 + 端部补偿值(余量)

(4)画线按照基准边进行画线,基准边的确定原则如下:

①分段无补偿量(余量)边为基准边,另一端为非基准边;

②跨中分段以中心线为基准进行画线(跨中分段主尺寸偏大超过标准的,以一侧为理论值校验中心线,相应偏移);

③高度方向以上端为基准边,下端为非基准边;

④两端均加放补偿量的:一般按照所处区域船体分段,无余量边设置一端为基准边,横隔舱分段以船舯方向为基准边。

(5)按照基准线画线工艺先校验主板的方正度,使基准线符合工艺标准;

(6)从基准边一端开始进行画线,分散延长以 1 mm 为单位进行加放,该肋位(纵骨号位)分散延长累计达到 1 mm 则该肋距(纵距)增加 1 mm。一般根据分散延长值从基准边开始在相应的肋位(纵骨号位)处加放分散延长。

例如:0.3 mm/F. S 在 3#、6#、9#、12#、16#、19#肋位处相应增加 1 mm 分散延长;0.4 mm/L. S在 2#、5#、7#、9#、12#、14#、17#、19#纵骨号处相应增加 1 mm 分散延长;画线时为连续标注,在上述位置及后面的肋位(未到下一分散延长加放位置)相对理论尺寸相应增加 +1 mm/ +2 mm/ +3 mm/ +4 mm/ +5 mm/ +6 mm/ +7 mm/ +8 mm 标示画线位置,如图 3 -4 -14 所示。

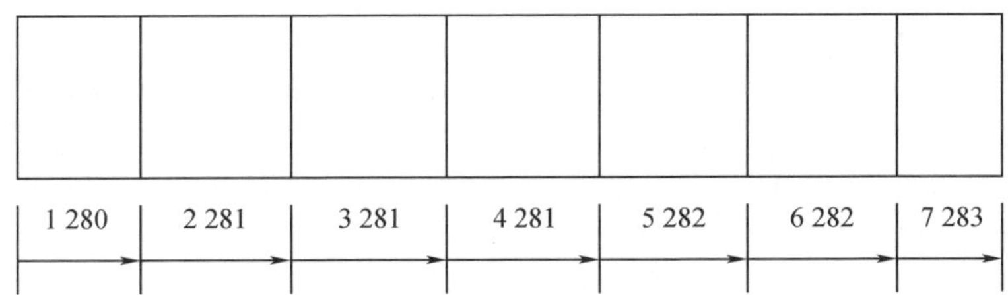

图 3 -4 -14 分散延长加放的画线读数说明

第四章　精度管理流程

第一节　精度管理的控制程序

为了强化船体建造过程中精度控制事项和控制基准，制定精度作业控制程序，其旨在通过对应的程序运行加强生产部门自主管理、完善精度体制、强化精度意识、提升精度品质。精度作业控制程序从生产流程上可分为策划阶段、加工阶段、分段制造阶段、总组阶段、搭载阶段及整船阶段。

一、精度策划阶段控制程序

精度策划是全船精度控制的源头和基础，策划阶段的精度控制内容可以大幅减少后续实际生产过程中的修正、废返作业，最大限度地实现精度管理，提高造船效益，降低材料与人工的浪费，促进企业整体实力提升。

精度策划的内容应结合产品的实际结构特点，按照不同船型的分段结构形式、材质、板厚及焊接方式、特殊精度控制要求等进行细化，从而保证船舶的各项精度尺寸及关键精度控制指标，能够全面满足船舶产品的技术规格书要求。同时精度策划的内容应该方便现场的实际施工，精度策划的要求与精度控制的工艺相结合，保证策划内容的现场实现。精度策划的内容主要包括以下几个方面。

（一）全船整体精度策划

全船整体精度策划内容包括分段划分、分段建造方式的确定、总组搭载形式、全船余量、补偿值加放等内容。全船精度策划应根据船舶制造企业的实际建造能力合理安排，综合考虑企业的加工能力、建造场地、起重能力等，尽量避免精度不可控因素对产品精度造成的不良影响。在满足船体建造条件的基础上，精度策划的一般性原则应满足以下几点：

（1）分段划分尽量做到断缝平直，避免插入、嵌补等分段的划分形式对产品精度的不良影响；

（2）全船节点等精度控制难点应尽量提前在分段阶段完成，在前道解决精度难点问题，减少总装阶段的搭载难度；

（3）全船应策划统一的精度基准线，使用阶段覆盖拼板、分段、总组、搭载等各道生产工艺，统一各阶段的精度控制标准和要求，实现上下道工序的精度衔接；

（4）分段建造、驳运、总组过程中应尽量减少翻身、驳运、二次起吊等环节，如有相关需要的，应加放合理的分段加强，吊环布置等；

（5）分段焊接变形是现场最常见的精度问题之一，所以分段建造过程中应适当增加反变形，并严格控制焊接顺序、电流、电压等控制工艺；

（6）各项船舶的精度策划应重点参考船型的特殊精度控制要求，如集装箱产品的导轨架间距、箱脚尺寸控制，LNG 船的货舱舱容及内壳平直度控制，涉军产品的薄板精度控制、外板型线等，有针对性地开展精度策划，解决船舶产品的精度控制难点问题；

(7)合理加放全船的余量、补偿值数据,在精度基础数据汇总的基础上,尽可能地使用补偿值代替余量,减少现场的余量修割,提高钢材利用率,余量的加放应与船舶的总组、搭载顺序相结合。

(二)施工过程精度策划

(1)加工阶段主要包括板材切割、型钢加工、冷热弯板等环节,应当在策划阶段明确各道工序的精度控制标准,现场检验方式等相关要求。针对发现精度问题的中间产品要求本道工序进行修正,避免流入后道工序。

(2)分段阶段主要包括胎架、铺板画线,焊前、焊后精度测量,收尾项目验收等环节。策划阶段应明确每个分段的精度检验环节、检验项目及精度标准。针对分段的结构特点,明确各类型分段的精度控制基准点,统一分段匹配分析的精度原则。同时参考各分段的特殊精度控制要求,对分段进行专项的精度检查,如箱脚开档、内壳平整度等特殊项目。

(3)总装阶段主要包括总组、搭载精度控制、轴舵系精度控制、船坞定位基准线设置、模拟搭载等内容。精度策划应尽可能减少船坞阶段的工作量,提升吊装效率,减少搭载阶段的余量修割。同时策划阶段应该在精度可控的前提下,大力推进舾装件预装项目的前移,实现壳舾涂一体化的精度造船模式,缩短船坞建造周期。

二、加工部装精度检测程序

(一)加工阶段

1. 切割设备管理

(1)定期检查数控切割机轨道水平度、直线度等,确保平整度满足精度控制标准,填写检验表4－1－1。

(2)定期检查切割平台平整度,确保平整度满足精度控制标准,实行定时清渣、修整管理制度。

表4－1－1　轨道平台精度检验表

部门	车间	设备场地	设备编号	测量人员	测量日期	设备气体压力

导轨间距	
B1	
B2	
备注:导轨平台水平用水准仪测量导轨直线度,间距用全站仪测量	

切割平台
切割机导轨

项目		1	2	3	4	5	6	7	8	9	10	11	12	13	14	15	16	17
导轨直线度	A																	
	B																	
导轨水平度S	A																	
	B																	
平台平整度	A																	
	B																	

(3)数控切割设备在每班次作业前切割检测试样和测试画线空跑，进行复零位和切割精度检查，试样标明尺寸和切割日期，填写记录表 4－1－2。

表 4－1－2　数控切割机精度检验表

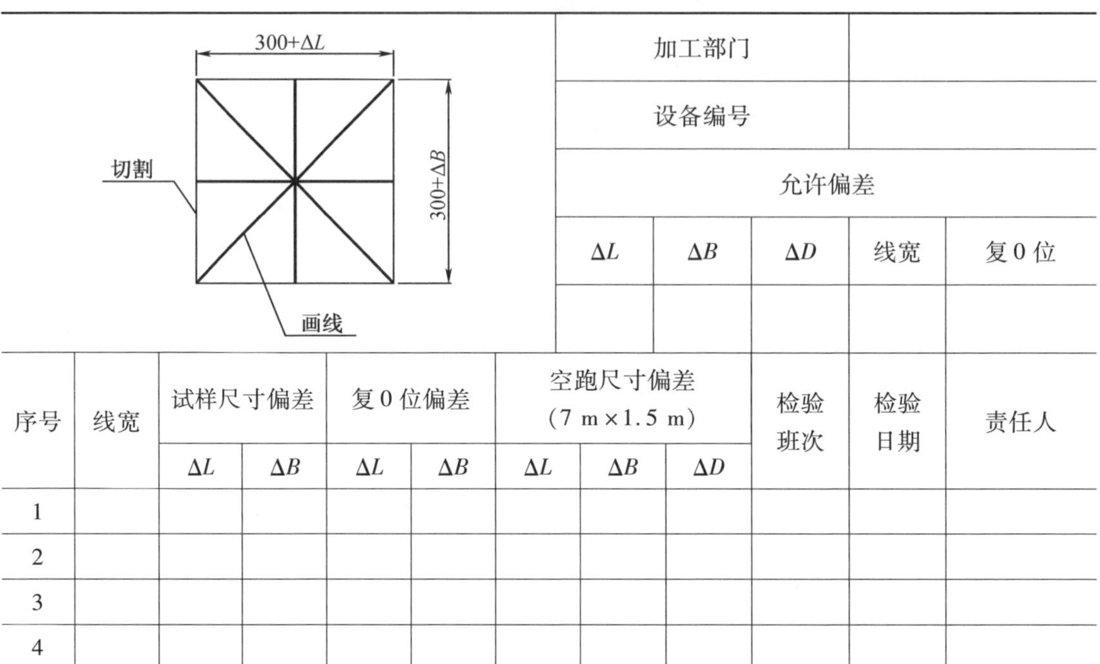

加工部门				
设备编号				
允许偏差				
ΔL	ΔB	ΔD	线宽	复 0 位

序号	线宽	试样尺寸偏差		复 0 位偏差		空跑尺寸偏差（7 m×1.5 m）			检验班次	检验日期	责任人
		ΔL	ΔB	ΔL	ΔB	ΔL	ΔB	ΔD			
1											
2											
3											
4											

2. 画线

(1)画线时锌粉喷线的线条宽度应满足精度控制要求（≤1 m），定期检查更换喷嘴，保证画线精度，且锌粉应烘干保存，如图 4－1－1 所示。

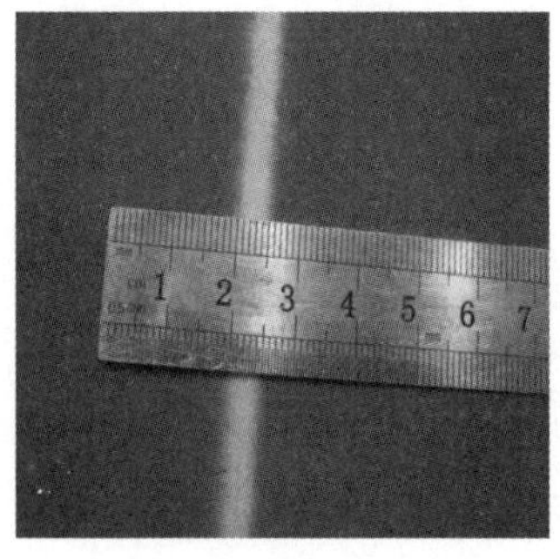

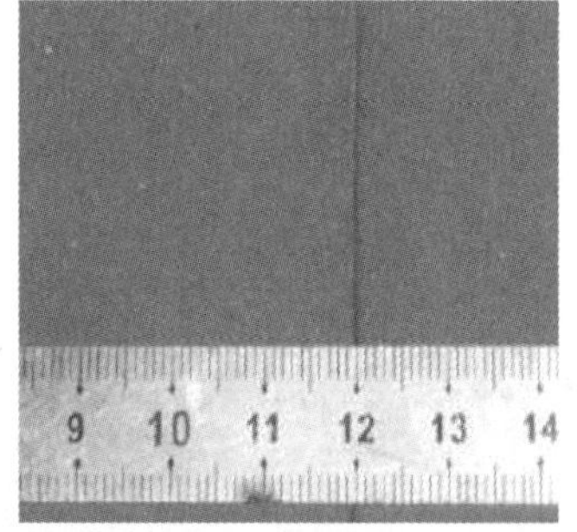

图 4－1－1　锌粉喷线的线条宽度实际对比图

(2)画线前板材均需经过整平、矫直处理，确保其符合平整度要求。

(3)数控划制板材四周检验线，画线偏差应符合精度控制标准，画线结束后根据号料图，在钢板上标明边缘加放余量值。

(4)$t \geq 30$ mm 高强度超厚板材画制切割线，画线后要求检验包括长宽、对角线等精度，合格后方可切割作业。

(5)部装件的安装位置线需要手工画制的，应根据图纸画制。

(6)型材切割作业前应画制切割线和检验线,数控加工型材无检验线可通过测量全长进行检验。

3. 板材切割

(1)切割前应确认板材的平整度,如发现大量超差现象,及时反馈。

(2)板材切割应按盘片程序要求作业,样台对切割坡口程序根据工艺要求加放切割补偿量。

(3)切割后的板材参照加工阶段精度控制标准自检,填写自检记录表4-1-3,专检过程中发现弄虚作假和超差严重的,应扩大到当天该项目专检范围并记录,重新校验设备或报修。

表4-1-3　等离子矩形主板切割检验

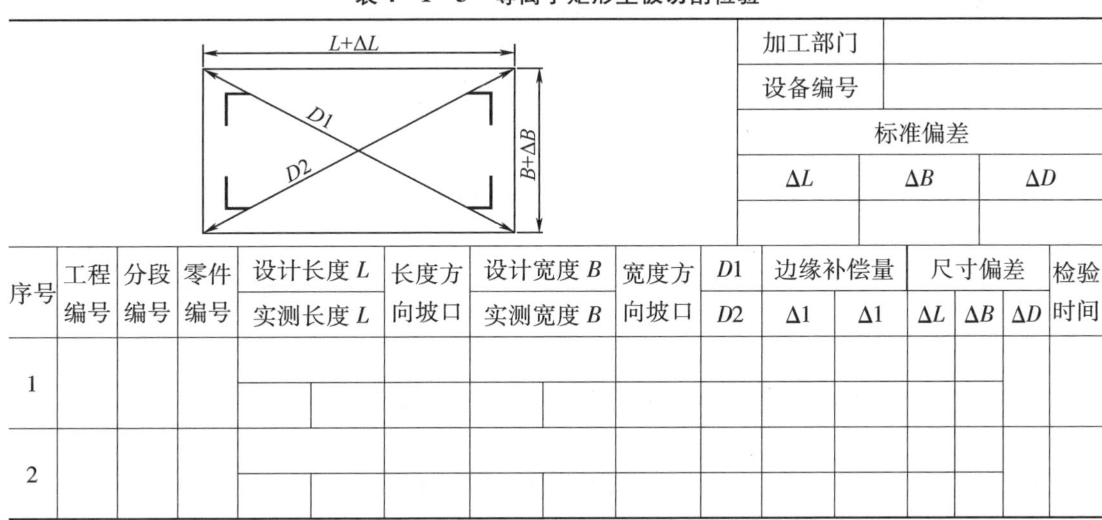

加工部门		
设备编号		
标准偏差		
ΔL	ΔB	ΔD

序号	工程编号	分段编号	零件编号	设计长度 L	长度方向坡口	设计宽度 B	宽度方向坡口	$D1$	边缘补偿量		尺寸偏差			检验时间
				实测长度 L		实测宽度 B		$D2$	$\Delta 1$	$\Delta 1$	ΔL	ΔB	ΔD	
1														
2														

4. 板材加工

(1)刨/铣边后检测板材宽度偏差和加工边直线度,坡口角度等尺寸应满足各船型“焊接坡口形式”标准。

(2)冷、热加工零件,在加工过程中要用检验样板检测到样间隙,滚轧板件应无明显压痕热加工的零件周边余量应切割完整,加工结束后应复测加工精度,并填写精度记录表4-1-4。

表 4－1－4　等离子矩形主板切割检验

加工部门			
加工方法			
标准偏差			
Δh_1	Δh_2	蝴蝶边	拉线与样板基准偏差 Δh

序号	工程编号	分段编号	零件编号	肋位方向样板最大间隙 Δh_1	与纵向样板最大间隙 Δh_2	与样箱最大间隙 Δh_1	拉线与样板基准偏差 Δh	蝴蝶边	样板/样箱	自检/日期
1										
2										
3										
4										
5										
6										

5. 型材加工

（1）型材切割前检验其宽度须满足精度要求，并填写精度记录表 4－1－5。

表 4－1－5　型材切割加工精度记录表

加工部门	
设备编号	
标准偏差	
ΔL	ΔB

序号	工程编号	分段编号	零件编号	设计长度 L	切割后长度 L	设计宽度 B	实测宽度 B	尺寸偏差		自检/日期
								ΔL	ΔB	
1										
2										
3										
4										

（2）平直段纵骨应先进行校直，后加工。

（3）型材冷/热加工的闷头余量和直边余量加放按图纸要求进行。

（4）型材零件的流水孔、透气孔、焊道孔、密性孔切割应使用靠模，切割后其长度应满足精度要求。

(5)型材加工按照样条或铁样对逆直线度进行复检,并填写记录表4-1-6。

表4-1-6　型材弯曲加工记录表

逆直线				加工部门	
				加工方法	
				标准偏差	
				逆直线度 ΔH	ΔH

序号	工程编号	分段编号	零件编号	加工后逆直线度	与铁样的贴和度	自检/日期
1						
2						
3						
4						

(二)部件装配阶段

1. 母材拼焊

(1)测量与对接缝相邻的两个纵骨开孔或检验线的开挡尺寸,偏差应满足标准要求。

(2)母材焊接结束之后,测量所选两个对接缝的跨焊缝的开挡尺寸,并填写记录表4-1-7。

表4-1-7　母材拼接

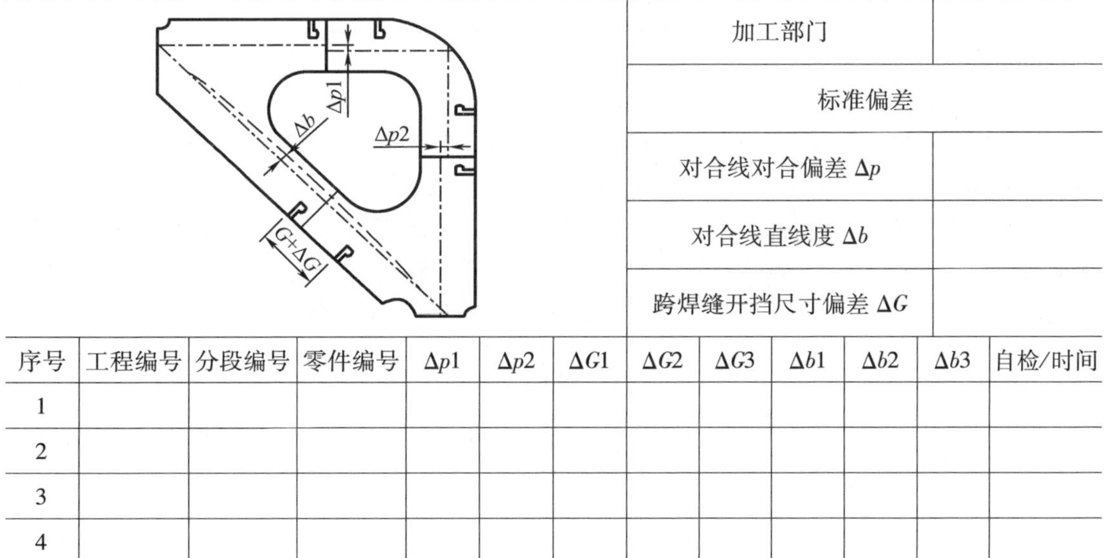

	加工部门	
	标准偏差	
	对合线对合偏差 Δp	
	对合线直线度 Δb	
	跨焊缝开挡尺寸偏差 ΔG	

序号	工程编号	分段编号	零件编号	$\Delta p1$	$\Delta p2$	$\Delta G1$	$\Delta G2$	$\Delta G3$	$\Delta b1$	$\Delta b2$	$\Delta b3$	自检/时间
1												
2												
3												
4												

2. 母材画线

构件线位置与理论位置的偏差应满足部装构件线精度控制标准要求。

3. 子材安装

(1)子材位置与构件线的对线度偏差不超过 ±0.5 mm,避免点焊引起的偏移和倾斜。

(2)焊接时要注意焊接引起的倾斜变形,焊后子材与母材垂直度偏差不超过 ±2.0 mm,抽测所选两个子材的垂直度偏差。

(3)对于并排有很多个零件(例如成列的肘板)的情况,安装时要注意其纵向位置偏差不超过 ±1.0 mm,抽测所选两个子材的纵向位置偏差。

(4)子材焊接后对母材施行背烧,确保母材平整度偏差不超过 3.0 mm/每挡扶强材。测量母材的平整度偏差,并填写记录表 4-1-8。

表 4-1-8　子材安装记录表

<table>
<tr><td colspan="6" rowspan="6">子材罐头理论位置</td><td colspan="3">生产部门</td><td></td></tr>
<tr><td colspan="4">允许偏差</td></tr>
<tr><td colspan="3">子材对线度偏差 ΔP</td><td></td></tr>
<tr><td colspan="3">子材与母材的垂直差偏差 Δa</td><td></td></tr>
<tr><td colspan="3">子材安装的纵向位置偏差 ΔF</td><td></td></tr>
<tr><td colspan="3">Δ 背烧之后的母材平整度 S</td><td></td></tr>
<tr><td rowspan="2">序号</td><td rowspan="2">工程编号</td><td rowspan="2">分段编号</td><td rowspan="2">零件编号</td><td>ΔP1</td><td>Δa1</td><td>ΔF1</td><td>ΔS1</td><td>ΔS2</td><td rowspan="2">自检/时间</td></tr>
<tr><td>ΔP2</td><td>Δa2</td><td>ΔF2</td><td>ΔS3</td><td>ΔS4</td></tr>
<tr><td rowspan="2">1</td><td rowspan="2"></td><td rowspan="2"></td><td rowspan="2"></td><td></td><td></td><td></td><td></td><td></td><td rowspan="2"></td></tr>
<tr><td></td><td></td><td></td><td></td><td></td></tr>
<tr><td rowspan="2">2</td><td rowspan="2"></td><td rowspan="2"></td><td rowspan="2"></td><td></td><td></td><td></td><td></td><td></td><td rowspan="2"></td></tr>
<tr><td></td><td></td><td></td><td></td><td></td></tr>
</table>

4. T 型材制作

(1)对于弯曲的 T 型材,制作前目测面板的弯曲情况,判断其是否有明显的偏差。

(2)面板与腹板安装之前,在面板上画出腹板位置线。

(3)安装时确保腹板位置偏差不超过 ±0.5 mm,确保腹板与面板的垂直度符合要求。腹板与面板的端头密贴度偏差不超过 1.5 mm,面板直线度偏差不超过 ±1.0/10 m,腹板直线度偏差不超过 ±3.0/10m。注意控制焊接,减少对腹板垂直度的影响。

(4)制作完成后,检测 T 型材的各种精度对象,并填写记录表 4-1-9。

表 4-1-9　T 型材制作记录表

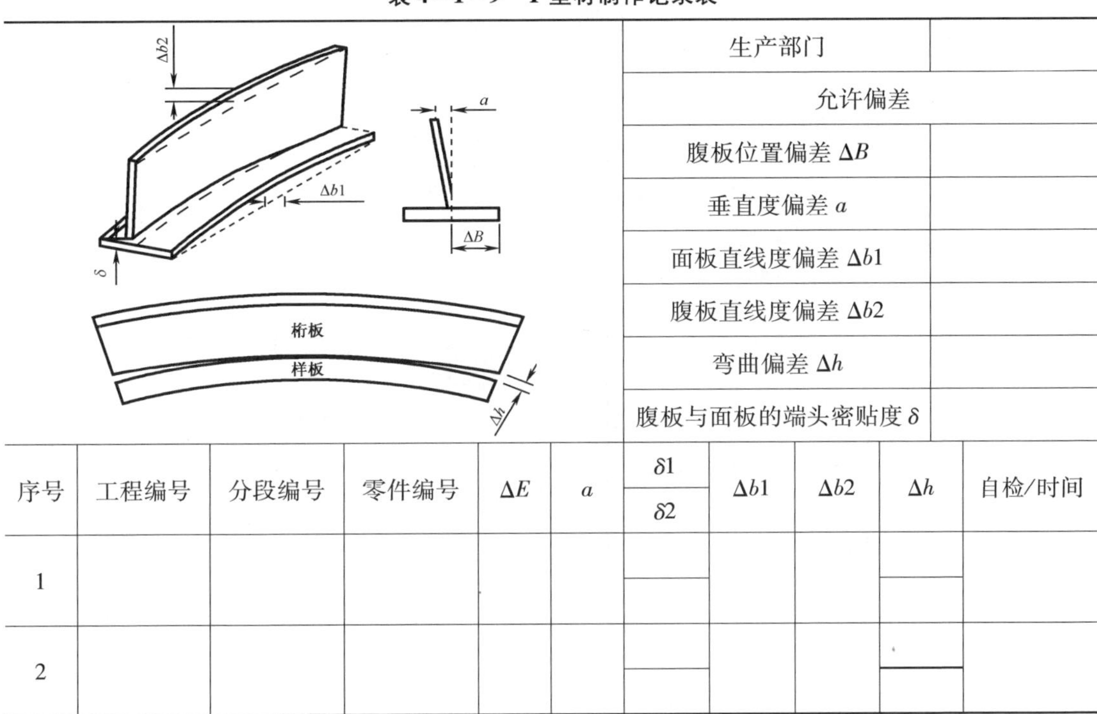

项目	
生产部门	
允许偏差	
腹板位置偏差 ΔB	
垂直度偏差 a	
面板直线度偏差 $\Delta b1$	
腹板直线度偏差 $\Delta b2$	
弯曲偏差 Δh	
腹板与面板的端头密贴度 δ	

序号	工程编号	分段编号	零件编号	ΔE	a	$\delta1$ / $\delta2$	$\Delta b1$	$\Delta b2$	Δh	自检/时间
1										
2										

5. 吊装及运输过程

(1)部件翻身时,吊点的设置必须合理,翻身前须做好必要的加强,减少起重变形,落地翻身应做好下口边缘的保护。

(2)部件运输时,应采用合理的放置方法,尽可能地保证控制变形。

(3)部件堆放时,原则上应垂直放置于专用的料架上;在无专用料架而需平放时,重叠的部件应用木板等垫平,保证每块部件平整不变形。

(4)部装件的变形情况主要用目测观察。

三、分段制造精度检测程序

(一)胎架制作

(1)胎架施工前勘画地线,如图 4-1-2 所示,手工开角尺应采用等分法,不少于 3 点。经纬仪转角为十字线准点,若其大于 1 mm,查明原因再定十字线,确认无误后在关键位置做好样冲标记。

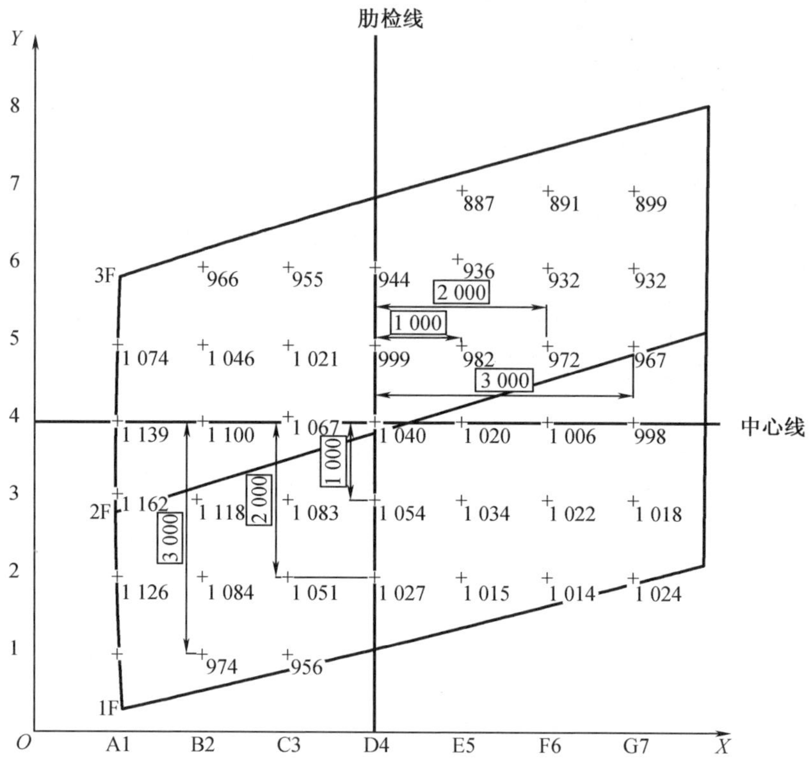

图 4-1-2　胎架生产设计图

(2)以基准线为基准,严格遵守《船体精度控制标准》,依次画出胎架图要求的其他直剖线、断缝线等,依次画出胎架立柱的位置,并安装好立柱。

(3)用水准仪在胎架立柱上扫出一水平面作为丈量基准点,依据该基准点逐个量取各个立柱的高度并气割,气割的尺寸偏差应不大于1.5 mm,气割后应打磨光顺,如图4-1-3所示。

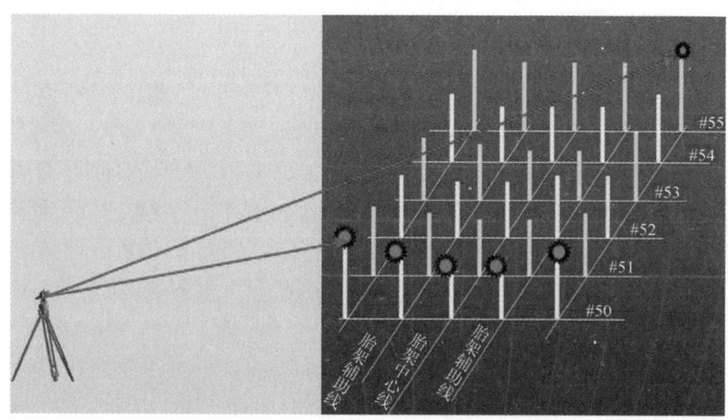

图 4-1-3　使用水准仪扫出一水平面

(4)胎架完工进行自检,自检合格后,再进行互检、专检。

(5)利用旧胎架必须重新复测、修正后,进行互检,定期进行专检。

（二）主板部装拼接

（1）以零件无余量边为基准作为拼板依据，同时必须检验主尺寸、直线度、对角线及周界坡口朝向等，装配结束后提交精度管理组，合格后方可焊接，焊接后精度管理组进行最后外形尺寸确认。

记录相关精度数据信息（见表 4－1－10），以备追溯。

表 4－1－10 精度数据信息

主板对接检查表		生产班组		裁决	担当	班长	主任
		施工人员					
船号		精度管理					
分段号		检查日期					
示意图	是否检查：是□ 否□		水平情况：□合格/□良好/□不合格				
焊前尺寸						检测结果	
项目	编号	焊前尺寸	自检数据	检查数据	偏差	自测人/日期	
长	AB					精度员/日期	
	CD					备注	
宽	AC						
	BD						
对角线	AD						
	BC						
焊后尺寸						检测结果	
项目	编号	焊前尺寸	自检数据	检查数据	偏差	自测人/日期	
长	AB					精度员/日期	
	CD					备注	
宽	AC						
	BD						
对角线	AD						
	BC						
检查基准	项目	基准	备注				
	长						
	宽						
	对角线		断差				

(2)对大拼板进行必要的吊运加强,防止变形。

(三)铺板、画线

(1)在平面胎架上铺板时,铺板基准线与胎架地线位置相对应,板与胎架保持密贴,不吻合度不大于3.0 mm,如图4－1－4所示。

图4－1－4　在平面胎架上铺板

(2)在曲面胎架上铺板时,除了需满足上述要求外,还必须要求每列板的板缝位置与胎架上的相应位置线一一对应,确保板缝不错位。

(3)铺板装配结束后,用点焊固定或用专用工装对铺板进行固定来防止焊接变形。

(4)铺板焊接结束后,用激光经纬仪(或挂锤线法)把胎架中心线、肋骨检验线等驳至铺板上,并在线的两端进行样冲标记,作为结构画线的基准线,如图4－1－5所示。

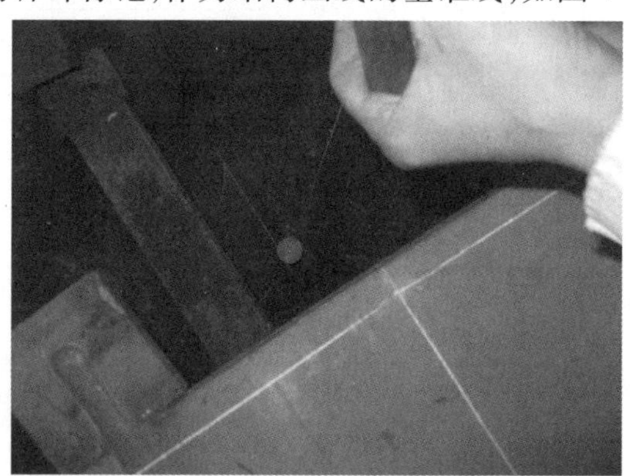

图4－1－5　样冲标记

(5)平面胎架铺板画线时,弹线痕迹应清晰容易辨别,发现错误及时修改并在有效的线上做出标记。

(6)曲面胎架铺板画线时,先根据电算胎架图数据找出坐标点,再用钢条连出光顺的结构线。

(7)画线作业结束后进行自检,再进行互检、专检。

(四)分段装配阶段

(1)纵骨上胎架吊装定位必须对准位置线,垂直度偏差不大于0.5 mm,用三角尺靠样检验。

(2)纵骨上胎架吊装定位时,当其安装角度为非90°时,用专用装配尺进行靠样检验,如

图4－1－6所示。

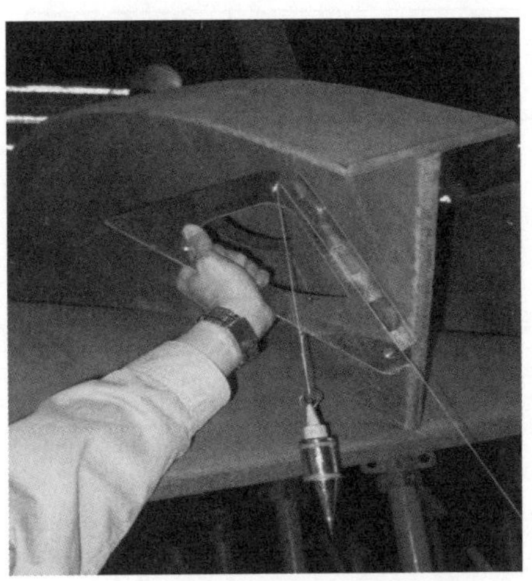

图4－1－6　纵骨安装角度检测

(3)肋板、纵桁板等部件的吊装定位须用水平尺或荡锤线的方法靠样检验，肋板及纵桁安装保证其垂直度在－2～2 mm以内。

(4)肘板等小零件的安装必须注意安装节点的准确性。

(5)大接头处板材与构架的同面度控制在－2～3 mm范围以内。

(6)舷侧小分段的吊装定位必须测量每挡肋位处的定位半宽、高度，定位尺寸由设计提供。

(7)在片状小分段翻身上胎架合龙之前，对合龙处的构架开挡尺寸、垂直度进行抽检，外形尺寸自检、互检，对不合格部位进行返修，使其满足片段吊装合龙的精度需求，并填写记录表4－1－11。

(8)双斜切和单斜切胎架类型分段，须按设计图纸提供尺寸定位和检验。

(五)分段完工测量

(1)分段装配结束后应进行自检，一般根据“分段二维检测单”的要求，测量分段的主尺度、水平度、垂直度和同面度等数据，并及时记录测量信息，信息填写要求真实、完整，对于线型较大、角度较难控制等类型分段，可采用三维自检。自检完成后进行专检，专检合格后开始焊接，其中对于重点控制部位及较难控制部位，施工方要在过程中控制，以免造成完工后无法弥补的损失，见表4－1－12。

(2)分段焊接结束后，须在吊离胎架之前即自由状态下，进行专检，对分段长度、宽度、同面度及垂直度等精度信息进行确认，并关注分段焊接收缩及焊接变形情况。测量工作不得提前、滞后，专检确认无误后脱胎上门架。

(3)要求无余量下胎架的分段完工时不准留有未切割的余量。分段在脱胎前必须按施工图的要求做好必要的加强。

(4)为预防船体变形和消除焊接时产生的残余应力，修正变形，需在焊脚背面进行火工矫正，具体标准参照《精度控制标准》。

(六)分段收尾精度检验

(1)分段收尾阶段主要对分段背烧情况、断差、搁墩、牛腿、100MK、涂装保留、焊接保留、T排角度、基座加强、腹板、水线等11项内容最终确认，该阶段测量方式主要通过目测法，根据分段工艺图进行确认，见表4－1－13。

表 4 -1 -11　片段精度检查测量表

精度检查测量表 CSSCA/C CHK - SHEET		施工单位		检查阶段	精度管理	担当	班组长	主任
		施工负责人						
船号		测量者						
BLK. NO		校对日期		焊接率		测量结果		

基座加强		水线		牛腿		胎架接触率		100M. E		复板安装		焊接保留	

PORT
AFT
17 785
1 385　3 360　6 720　10 080　13 440　16 400
11 070　9 020　5 740　2 460　2 330　13 400
92　92　92　92　92
FR72　FR74　FR76

注：水平管理点设置在非构件面

X　Y　Z
1　2　3　4　5　6　7　8　9

断差	误差 / 方向	±2 mm	±2 mm 以上
	APT		
	FWD		
	PORT		

垂直度	测量点	1	2	3	4	5
	设计值	100	100	100	100	100
	测量值					
	测量点	6	7	8	9	
	设计值	100	100	100	100	
	测量值					

精度检查基准	长/宽/对角线		“D”精度	结果		备注：
	端差/断差			签字		
	直线度					
	垂直度		角度（$H<1$ m）			
	LEVEL		重合度			

表 4-1-12　分段精度检查测量表

精度检查测量表 CSSCA/C CHK-SHEET		施工单位		检查阶段	精度管理	担当	班组长	主任
		施工负责人						
船号		测量者						
BLK. NO		校对日期		焊接率		测量结果		

基座加强		水线		牛腿		胎架接触率		100M. E		复板安装		焊接保留	

PORT
AFT

17 785 (　)
1 385 (　)　3 360 (　)　6 720 (　)　10 080 (　)　13 440 (　)　16 400 (　)
CV-2
11 070 (　)　9 020 (　)　5 740 (　)　2 460 (　)　2 330 (　)　13 400 (　)
CV-2　CV-2　CV-2
92　92　92　92　92
1 385 (　)　3 360 (　)　6 720 (　)　10 080 (　)　13 440 (　)　16 400 (　)
17 785 (　)
#72　#74　#76

注:水平管理点设置在非构件面

Y Z X
内底水平
a　b　c　d　e　f　g　h
2 990
重合度

	方向 \ 误差	±2 mm	±2 mm 以上
断差	APT		
	FWD		
	PORT		

	测量点	a	b	c	d	e	f	g	h
重合度	设计值	100	100	100	100	100	100	100	100
	测量值								

精度检查基准	长/宽/对角线		“D”精度	结果		备注:
	端差/断差			签字		
	直线度					
	垂直度		角度($H<1$ m)			
	LEVEL		重合度			

表 4-1-13　分段收尾阶段精度管理项目

________ BLOCK 精度收尾项目自主管理 LIST								
船型：	船号：		施工班组：		负责人：		最终确认：	
序号	项目	型号	数量	施工位置	自主检查	备注	检查确认	备注
1	背烧							
2	断差							
3	搁墩							
4	牛腿							
5	100M. K							
6	涂装保留							
7	焊接保留							
8	T 排角度							
9	基座加强							
10	腹板							
11	水线							

(2)100MK 及涂装保留工作，其中分段端部 100MK 根据分段焊后完工测量数据进行划制，保证 100MK 与分段焊后尺寸一致，且保证 100MK 角尺度，在相应位置做好样冲标记。分段在总装阶段对接位置，均要做好涂装保留工作，根据涂装保留图，将结构理论线反驳至光面，专检确认后进行样冲标记，构架理论线反驳主要通过理论尺寸进行距初步检查；涂硬挡及测量硬挡距板缝距离可作为检验过程中的参考手段；通过测量主板边缘距构架距离反驳至光面进行最终检验(图 4-1-7)，后续由涂装部门进行涂装保护。

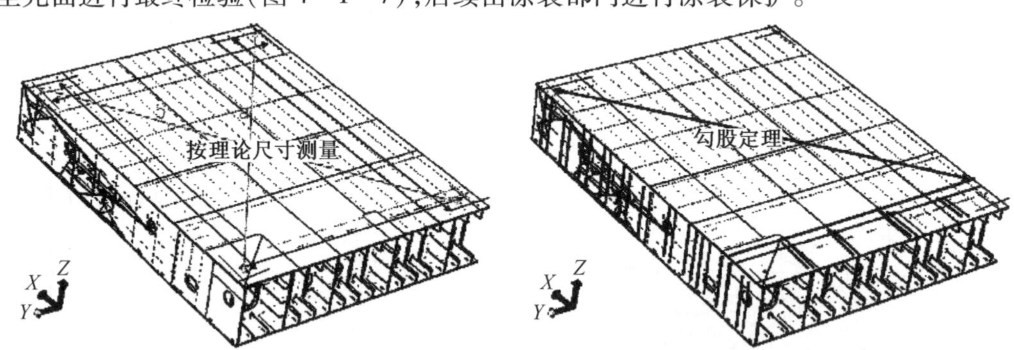

图 4-1-7　分段 100MK 画制及角尺度确定

(3)分段艏艉工作结束后，分段阶段精度检验项目完工。

四、总组阶段精度检测程序

(一)各类总组形式精度控制

该阶段精度控制程序主要包括四种形式，即艏艉(前后)方向总组、宽度(左右)方向总组、高度(上下)方向总组和大总段(立体)方位总组。具体形式的划分取决于各造船企业的实际现场生产要素（现场起重能力、总组场地大小、现场工装及配套设施等）和分段的结构特点（平直或立体）而决定。随着当今世界船舶制造业的发展，许多现代化大型船舶企业拥有良好的软、硬件设施，对推进大型总段快速造船模式起到重要作用。

1. 艏艉（前后）方向总组

将相邻总组分段吊至总组胎位进行水平调整，根据《总组定位图》进行直线度调整及长度测量，为确保定位准确与牢固采取刚性固定支撑等辅助工装。进行大接头装焊时要求采取措施控制焊接变形，总组完工后根据《总组完工测量图》，测量总段的主尺寸、水平度等数据进行登记汇总，如图 4－1－8 所示。

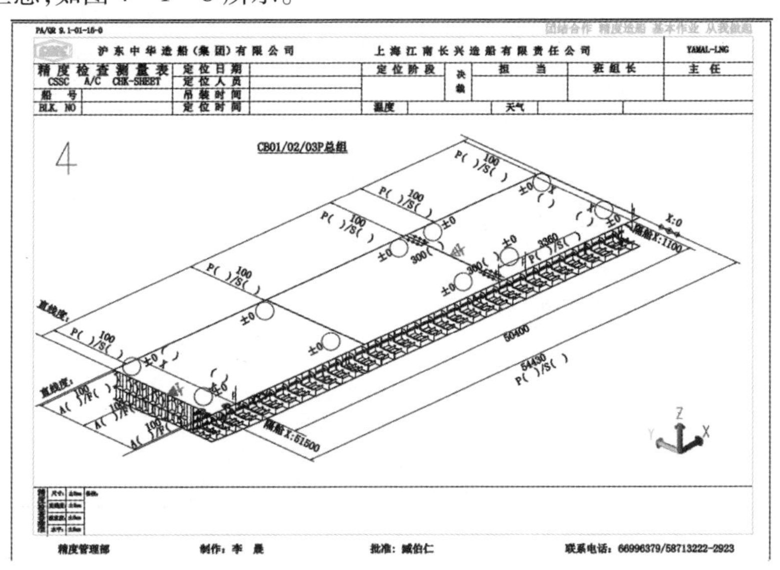

图 4－1－8　总组完工测量图（一）

2. 宽度（左右）方向总组

将相邻总组分段吊至总组胎位进行水平调整，根据《总组定位图》进行端面（肋位）直线度调整及宽度测量，为确保定位准确与牢固采取刚性固定支撑等辅助工装。进行大接头装焊时要求采取措施控制焊接变形，总组完工后根据《总组完工测量图》，测量总段的主尺寸、水平度等数据并进行登记汇总，如图 4－1－9 所示。

3. 高度（上下）方向总组

先将下层总组分段吊至总组胎位进行水平调整，对其进行刚性固定支撑，将下层分段上的中心线或肋位线驳至地面作为辅助测量线，再将上层分段吊至下层分段上进行水平调整，运用辅助测量线来调整上层分段的中心线和肋位线确保上下分段同步。根据《总组定位图》进行高度测量，为确保定位准确与牢固采取等辅助工装。进行大接头装焊时要求采取措施控制焊接变形，总组完工后根据《总组完工测量图》，测量总段的主尺寸、水平度等数据并进行登记汇总，如图 4－1－10 所示。

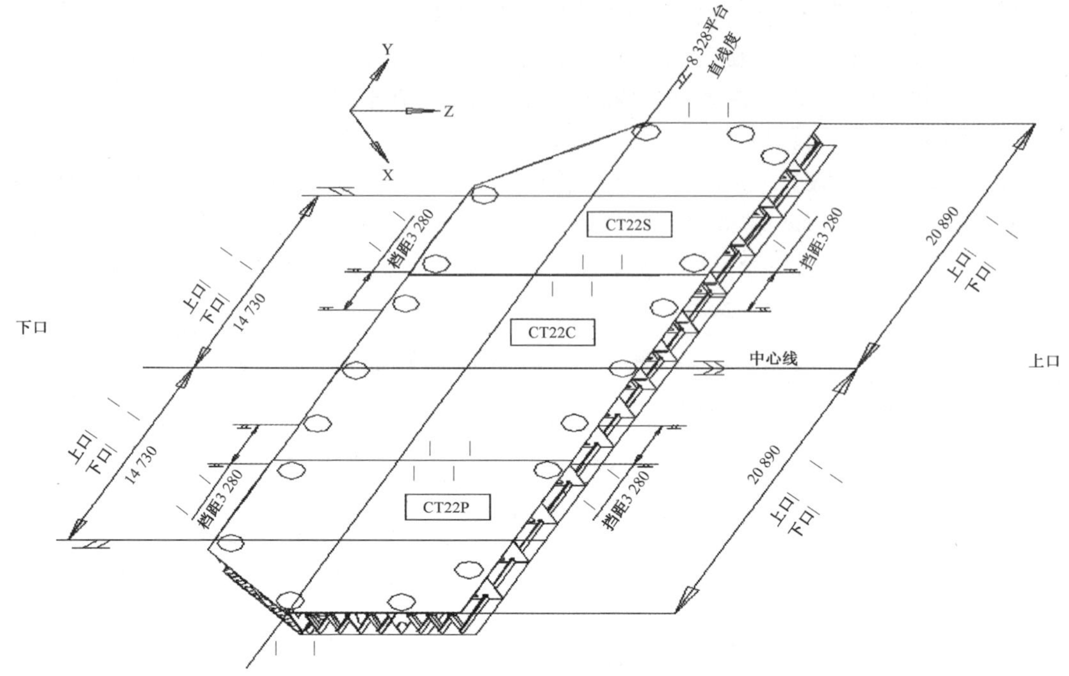

图 4-1-9　总组完工测量图(二)

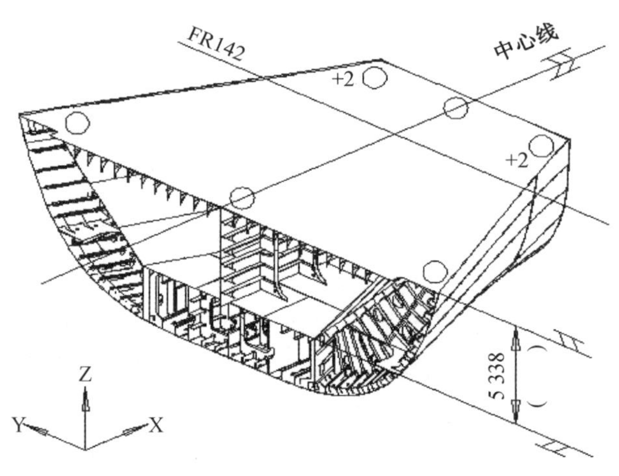

图 4-1-10　总组完工测量图(三)

4. 大总段(立体)方向总组

先将下层相邻总组分段吊至总组胎位进行水平调整,将其前后、左右方向进行总组,对其进行刚性固定支撑,同样将下层分段上的定位基准中心线或肋位线驳至地面作为辅助测量线,再将上层分段逐一吊至下层分段上进行总组,运用辅助测量线来调整上层分段的中心线、宽度线和肋位线确保上下分段同步,根据《总组定位图》进行高度测量,为确保定位准确与牢固采取等辅助工装。进行大接头装焊时要求采取措施控制焊接变形,总组完工后根据《总组完工测量图》,测量总段的主尺寸、水平度等数据并进行登记汇总。另外由于该总段是大型立体总段,可通过三维测量的方式对其整体测量进行数据分析,可对相邻总段对接情况进行预模拟,也可为后续总段建造提供数据支持,如图 4-1-11 所示。

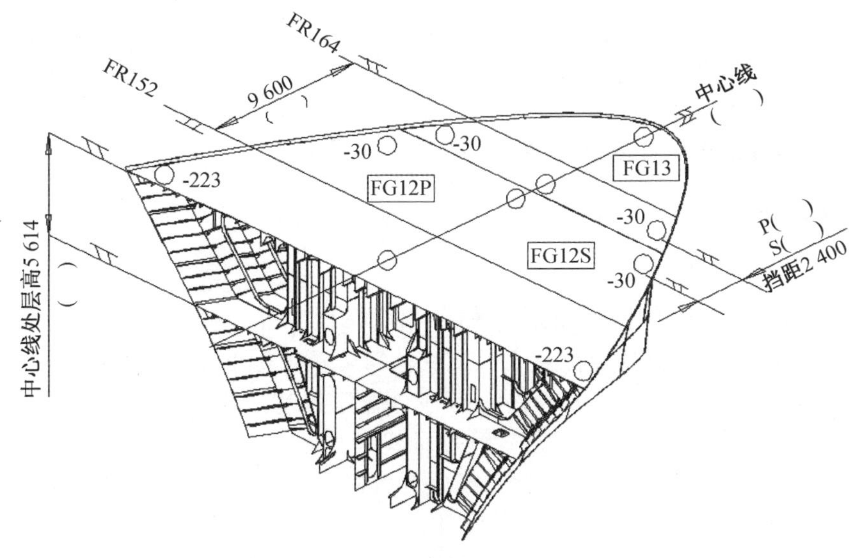

图4－1－11　总组完工测量图(四)

(二)总组精度控制方法

(1)总组定位原则上以分段上的中心线、肋检线、对合线(水线、直剖线)及单边基准线等作为定位基准,使用测量仪器选取对应的基准线作为定位测量辅助线,从而确保总段的定位满足长度尺寸、宽度尺寸、高度尺寸和直线度、同面度的要求。

(2)分段前后、左右总组时,先用测量仪器调整好分段水平度,然后再依次测量相邻分段之间的肋检线、直剖线及水线的重合度,待分段调整到测量挡距尺寸(定位时尺寸控制严格根据总组定位单要求的公差范围进行施工)。

(3)分段上下总组时,先用测量仪调整好分段的水平度,然后再依次测量两者之间的水线距离、肋检线及直剖线的重合度,另外需复测型高尺寸(定位时尺寸控制严格根据总组定位单要求的公差范围进行施工)。

(4)分段总组结束后,依据上述基准线用测量仪器测出总段的环缝端面情况,有条件的情况下可采用全站仪三维测量结合三维分析软件对总段进行模拟,并根据坞内已搭载的相邻分段的定位尺寸对总段端面余量值进行匹配,按照最终余量值对其进行画线、修割。

(三)总组完工报检

(1)根据《总组完工测量图》的要求对总段进行装焊前后各阶段报检,主要以生产部门根据《总组完工测量图》采用传统二维的测量方法进行自检测量总段的主尺度、水平度、垂直度和同面度等数据,并及时记录测量信息,信息填写要求真实、完整,由精度管理组负责对报检数据进行核对或提出整改要求,必要时精度管理组可对总段进行整体三维检测,质保部最终验收确认。施工方及精度管理组对于重点部位要在过程中共同控制,以免造成完工后无法弥补的损失。

(2)完工测量要严格按总段装焊顺序进行,总段完工后须在吊离胎位之前即自由状态下,测量和记录本表所列内容,即分段长度、分段宽度及其他相关尺寸。测量工作不得提前或滞后。

(四)总段精度考核项目

(1)初级总段精度考核项目包括主尺度、开挡尺寸、断差、垂直度、水平度、基准线重合度、自由边平整度、样冲标记等。

(2)总段精度考核项目包括总组定位及完工报检。总组定位报检精度考核项目包括主尺度、开挡尺寸、断差、垂直度、水平度、基准线重合度等;总组完工报检精度考核项目包括自由边平整度、搭载前预修整未修正、样冲标记、三维测量等。

五、搭载阶段

(一)船坞/(台)画线

1.船坞(台)线(以下均用船坞来代表船台和船坞)

为确保每个总(分)段合龙定位及主尺度交验符合精度标准要求,在船坞(台)表面上依据产品主尺度和船坞铺墩要求画出的总(分)段合龙定位基准线(包括船坞(台)中心线、辅助中心线、型宽线、肋位线、端缝线、基高线、舵轴线等)。

依据设计提供的《船坞格子线图》及《坞位布置图》使用全站仪在船坞内画出船坞地样线,如图4-1-12所示。

根据《坞位布置图》找出艏艉两点中心线距离坞壁的宽度 B 确定出该船中心线的位置,然后使用全站仪设这两点为参考线将船体中心线画出,粉线弹出进行油漆标示。

将《坞位布置图》上FR0的实际位置在中心线上画出FR0,使用全站仪从FR0向艏延伸,在中心线上开出各个分段的大接缝线和肋检线,使其与船体中心线角尺,用粉线弹出,做好油漆标记。

根据船体中心线使用全站仪在左右两边各做出一条平行于船体中心线的辅助中心线,并在这条辅助中心线上做好定位基准参考点(包括五道隔舱位置线记录 X、Y、Z 坐标)。

2.作业前提

(1)画线前应检验各种量具是否符合精度要求。

(2)画船坞半宽线时,应检查船坞底部及坞墙画线位置是否合适,有不合适或画线有困难,可适当调整半宽线(必须有明确标注说明)。

(3)系列船建造时,每条船出坞后,都应对船坞格子线进行检查,如有不清或被破坏的应重新画线补全。

3.画线控制内容

(1)船坞(台)场地清理后,按船坞(台)格子线图画出船体中心线、辅助中心线、肋检线、分段接缝线、基高线、艏艉端线、轴系中心线、舵系中心线及船中半宽线。

(2)船坞(台)中心线和肋骨检验线的垂直度、肋骨检验线间的长度、总长等尺度必须复核,提交验收,用色漆做上标记。

(二)总(分)段船坞(台)合龙定位

1.船坞/(台)定位

依据船坞装配方法和精度要求,将总(分)段进行船坞装配的过程为船坞(台)定位。为确保每个总(分)段船坞合龙定位及主尺度交验符合精度标准要求,在船坞底表面上画出分段定位基准线(包括船台中心线、型宽线、肋位线、基高线等)。

2.作业要求

(1)应熟练掌握施工图纸和型值表,了解分段船坞定位的精度标准和船体的主要技术参数。

(2)应熟练掌握运用各种船坞装配工具和检测设备。

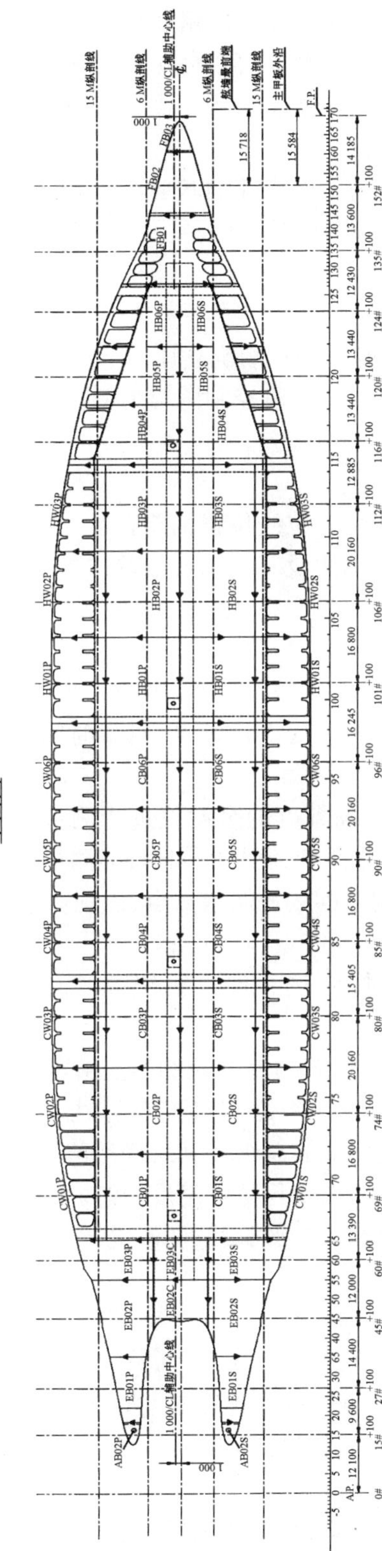

图 4-1-12　船坞格子线图

(3)查阅总(分)段完工测量数据,结合相邻总(分)段的船坞搭载定位数据,找出关键精度控制点,结合《搭载定位测量图》制订搭载定位方案。

(4)在船坞(台)已搭载的总(分)段上画出结构参考线供新搭载总(分)段定位之用。

3. 基准总(分)段控制内容

基准总(分)段下船坞,作为全船搭建的基准段,其中心线、水平度、肋检线、端缝线与船坞格子线应相吻合。定位精度偏差应符合公差要求,船坞中心线须准确驳到总(分)段内底板上。

4. 搭载总(分)段控制内容

底部、舷侧、甲板、纵横隔舱、机舱、艏艉立体及上层建筑总(分)段的精度控制要点略有差异,不尽相同。以艏艉立体总(分)段控制内容为例:

(1)总(分)段中心相对中心线偏差;

(2)总(分)段定位水平偏差;

(3)艏端(或艉端)相对船坞肋位线位置偏差;

(4)艏端(或艉端)相对船坞假设基线高度偏差;

(5)大接缝处对合线偏差。

5. 控制方法

(1)传统的控制方法:采用吊线锤、拉卷尺等的二维测量方法,控制搭载的关键节点位置的主尺度,保证搭载精度。该方法操作烦琐,测量时间较长,且只能单向坐标值测量,误差也较大。

(2)新型的控制方法:采用高精度的全站仪进行测量搭载的关键节点位置的三维坐标值,提高搭载精度。该方法操作便利,测量时间短,能测量三维空间坐标值,误差较小。

(3)不同的总(分)段采用不同的控制搭载点,以顶边水总(分)段为例。

6. 控制要求

(1)测量控制定位尺寸时,应注意理论线位置,特别是有理论线过渡问题的要标记清楚。

(2)每个总(分)段定位之前,都应将分段胎架上给定的合龙基准线重新标画清楚。

(3)对特殊总(分)段船坞(台)定位,应对船体基线、中心线进行定期检测。

(4)各部门可根据实际经验加放总组搭载反变形值。

(5)根据不同船型的技术要求实行特殊精度控制。

(6)根据搭载汇总积累数据,并反馈后续船改进。

六、整船阶段

(一)主尺度精度控制

1. 搭载作业的补偿值按照全船精度管理图上的理论补偿量进行加放,并控制总长 L_{OA}、两柱间长 L_{BP}、型宽 B、型深 D、基线挠曲 BL。

2. 船体主尺度交验

设计所绘制的《船体主尺度交验图》作为检验船体主尺度的依据,指导现场施工人员控制船体主尺度在公差范围内,交验时运用船坞格子线作为测量参考线进行数据测量,并填写实际建造总长、两柱间长、型宽、型深尺寸。

计算长度 = 当前长度(mm) × 热膨胀系数 × 温度变化(钢的热膨胀系数 = 11.5×10^{-6})

例　钢板长 40 000 mm,钢板温度为 50 ℃,常温为 20 ℃

尺寸长度 $=40\ 000\times(11.5\times10^{-6})\times(50\ ℃-20\ ℃)=13.8$ mm

3. 基线提交(见表 4-2-27)

根据基线测量表上的测量肋位确定该型船基线测量位置,由于该船舶为双艉型船,因此确定基线测量仅在船体中心线上的肋位处。原则上一个分段选取一个测量点,该点距离焊缝最近。

先使用全站仪在坞底船体中心线附近坞墩上作出一条水平线(假定基线),用全站仪设水平线(假定基线)为参考线。测量相应外板肋位距离水平线(假定基线)高度值,并将所有基线测量点高度数值记录到测量表内。

对基线测量表内的测量值进行计算整理,由于基线在外板内侧,并且部分测量点在船体起翘区域,因此计算方法是将测量值加上对应处板厚值并减去理论起翘值得出该点实际高度值(无起翘区域的测量点直接加板厚值得出实际值),将基线测量表内的所有测量点实际值计算好,再把所有实际值相加后除以测量点数,得出平均基线值(计算数据要仔细),根据 CSQS(中国造船质量标准)规范确定船体基线挠度公差范围。

表 4-1-14　基线测量表

肋位	舵孔	轴孔	FR15	FR35	FR55	FR66	FR71	FR76	FR82	FR88
板厚	/	/	25.5	23	19	20.5	20.5	21.5	18.5	21.5
超翘	/	/	8136	4246	1087	181	/	/	/	/
测量值	/	/								
实际值	/	/								

肋位	FR93	FR98	FR104	FR109	FR114	FR118	FR122	FR126	FR145	FR161
板厚	21.5	18.5	21.5	21.5	20.5	22.5	23.5	23.5	23.5	23
超翘	/	/	/	/	/	/	/	/	/	875
测量值										
实际值										

Measure man and date:________　　QC man and date:________

Class man and date:________　　Owner and date:________

(二)水线、水尺字画制(如图 4-1-13 所示)

全船水线的画制工作要在全船分段搭载完成后进行操作。由于货舱平直区域的水线已在分段建造阶段完成,现场所画水线区域涉及艏艉线型分段。画制时使用全站仪设货舱区域水线为参考线向艏艉顺延画制。

全船水尺的画制工作要在全船基线测量提交完成得出平均基线值后才进行操作。根据设计所提供的《水尺标记》图纸在外板上找到具体肋位,以该肋位为中心首尾各 150 mm 区域画出水尺打磨位置,待打磨完成后使用全站仪画出水尺位置线,用粉线弹出,再设平均基线高度为基准开始在位置线上测画水尺点,用粉笔标注对应数字(按图纸要求画制水尺字,测量及画点精度必须小于 1 mm),水尺点画好后用水平尺对准水尺点画出水平线敲上样冲。

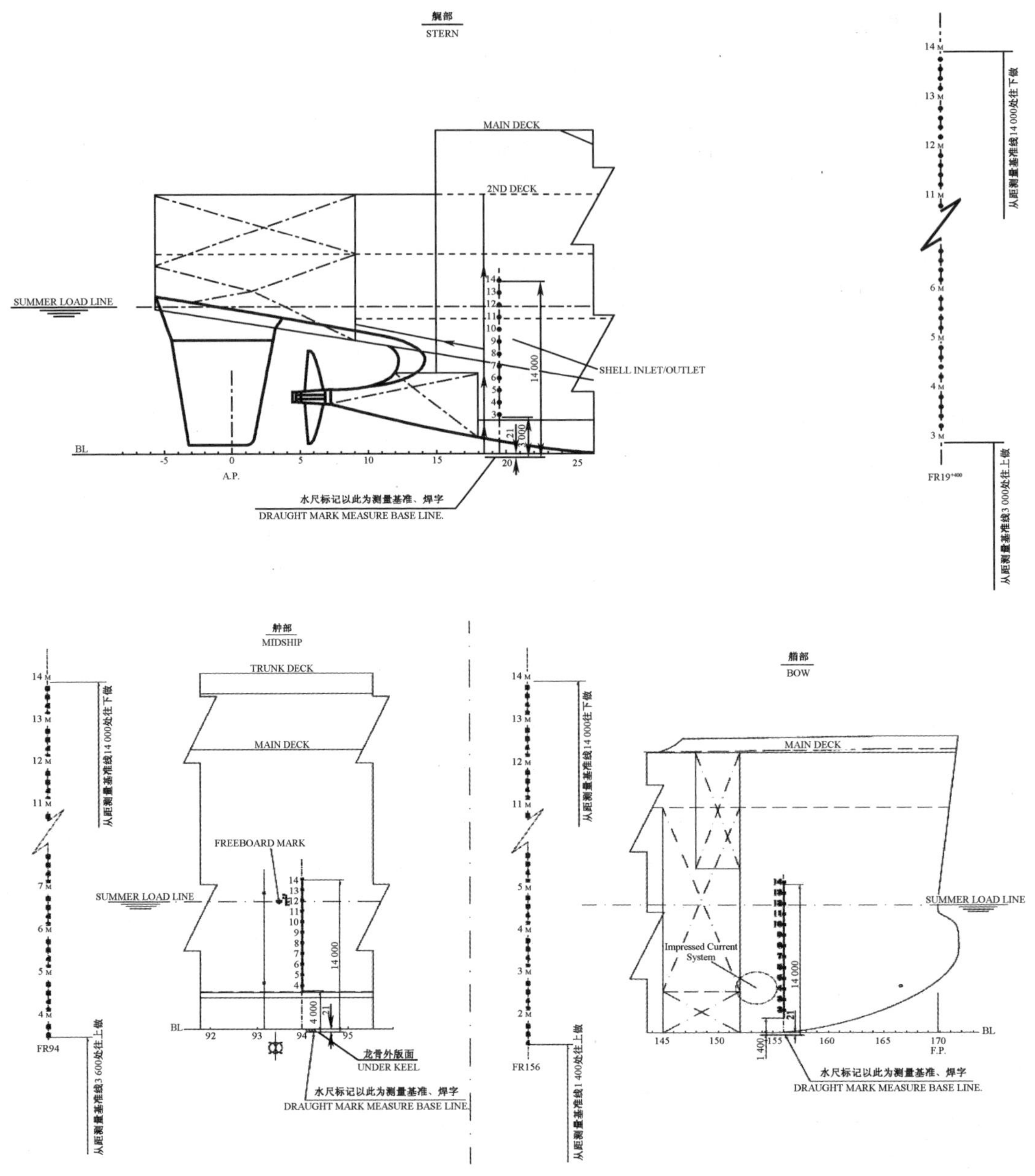

图 4－1－13　水线、水尺字画制

（三）全船开刀率统计

全船开刀率是公司精益管理课题重点推进的衡量指标。统计区域为总组和搭载，统计方法为对开刀分段的个数进行统计。分段开刀主要原因是间隙超差和结构错位超差，主要表现形式是主板和内部构件的开刀或换板，出现以下几种超差情况之一即可认定为开刀分段：

（1）8 根遇上结构线型错位 15 mm 以上分段；

（2）3 挡遇上肋板或纵桁等大结构错位 15 mm 以上分段；

（3）5 根以上结构型材间隙超过 20 mm 以上分段；

（4）两挡以上肋板或纵桁等大结构间隙 20 mm 以上分段；

(5)主板间隙超过 20 mm 以上,且换板超过 1 m 的分段。

此项目为必检项目,自分段总组开始直至搭载完毕为检查范围。总装、搭载施工完毕后,现场按照精度管理部对开刀分段的定义进行准确自检。一旦满足条件,需第一时间填写现场问题开刀反馈单并上交记录,且将检查结果按整船为统计单位统计。

全船开刀率按照单船统计,统计方法为总组及搭载阶段的开刀分段个数/全船分段总数(备注:一个分段开刀只算一次,无论是总组还是搭载开刀,若两个阶段同一个分段都开刀,则只算一次)。

(四)全船原始坡口保留率统计

原始坡口保留率是衡量精度管理水平的重要指标之一,搭载阶段施工应尽量保留分段原始坡口,并以此提高船坞搭载自动焊接率。此项目为必检项目,自分段总组开始直至搭载完毕为检查范围,精度管理员自行检查每一分段的坡口保留率(排除设计有余量分段),并将检查结果按整船为统计单位反馈给搭载。

原始坡口保留率的统计方法是按单船统计,统计总组或搭载阶段主板原始坡口的切割长度/分段主板理论总长度(注:分段按照《精度管理图》有余量的部分不纳入切割长度统计)。

$$原始坡口保留率 = \frac{理论坡口总长度 - 坡口破坏长度}{理论坡口总长度} \times 100\%$$

第二节　精度管理的考核方法

为了有效推行企业造船精度管理,加强和完善对各单位的精度绩效考评管理工作,需依照自身企业情况及条件,建立健全精度管理考核体系,并制定有关考核办法。同时研究以产品精度为合格标准的物量考核体制,并以此改进与劳务队的结算方式,增加竞争机制,并更切实地推行精度管理。

一、生产各阶段精度考核项目及其权重

为对船体建造各相关过程精度进行有效控制,并在相关组织月度考核中体现精度指标,需要研究和制定考核统计数据方法和精度管理内容。

(一)加工

加工阶段的考核项目及其权重分配比见表 4-2-1。

表 4-2-1　加工阶段的考核项目及其权重分配比

序号	考核内容	权重
1	设备管理	10%
2	主板切割	30%
3	型钢、T 排	15%
4	冷、热加工	5%
5	部装件	30%
6	精度专检	10%

（二）分段

分段阶段的考核项目及其权重分配比见表 4－2－2。

表 4－2－2　分段阶段的考核项目及其权重分配比

序号	检查项目	权重
1	平台管理	5%
2	MK、基准线	5%
3	B 精度	30%
4	C 精度	35%
5	D 精度	15%
6	涂装保留	10%

（三）总装阶段

总装阶段分为总组和搭载两个区域，考核项目及其权重分配比如下。

1. 总组（见表 4－2－3）

表 4－2－3　总组考核项目及其权重分配比

序号	检查项目	权重
1	地线施工	10%
2	胎架的管理	10%
3	B 精度	30%
4	C 精度	30%
5	合龙基准线施工	10%
6	涂装保留	5%
7	火工背烧	5%

2. 搭载（见表 4－2－4）

表 4－2－4　搭载考核项目及其权重分配比

序号	检查项目	权重
1	船台/船坞地样线	20%
2	首只总段定位精度	15%
3	搭载定位精度	40%
4	轴、舵系总段精度	15%
5	全船主尺寸管理	10%

二、职能部门的考核要求

(一)设计部门

根据精度管理部门所制定的精度策划内容,在图纸及结构模型中表达分段补偿量、余量及结构延长值等精度信息。精度管理部门针对设计部门出具的精度相关图纸、三维模型进行精度考核。设计部门承担精度相关图纸、三维模型的设计优化工作。

(二)信息研发部门

信息研发部门负责精度平台及精度分析软件的编写和更新。精度相关信息系统出现重大错误,且信息所未做出及时反应,影响精度管理部门及现场部门精度工作开展的,视影响严重程度对该部门进行考核。

(三)生产保障部门

生产保障部门承担加工设备的精度维护和保养管理职责。当设备使用部门反馈机械或设备精度不良问题,且部门二级设备管理无法解决,向生产保障部门提出报修申请时,生产保障部应及时协调维修调试,在合理的时间内使设备达到精度要求。

编制完善相关设备的日常维护、保养、使用手册等设备管理文件,督促使用部门现场设备的正确使用。如存在因管理缺失疏于督促,导致设备使用不当,引起精度问题的,对生产保障部进行连带考核。

(四)质量保证部门

依照分段精度报检流程优先于船体结构报检原则,精度报检通过后质量保证部门方可进行对外结构报检。如违反相关规定,对其进行考核。

三、精度名词说明

(一)“P”阶段精度检验

指在主板拼接阶段的精度的检验,主要检验拼板主尺寸、对角线等数据,分焊前和焊后两个阶段。

(二)“MK”阶段精度检验

指主板二次画线阶段对画线精度进行的检验,包括构件装配线、150M. K 线等。

(三)“B”阶段精度检验

指分段、片段或总段装配完成后焊前状态的精度检验,常规情况下,整体电焊实施率小于 30% 。

(四)“C”阶段精度检验

指分段、片段或总段完工阶段焊后状态的精度检验,常规情况下,整体电焊实施率达到 70% 以上。

(五)“D”阶段精度检验

指分/总段完工后针对背烧(火工)作业及相关收尾项目开展的精度检验。

(六)精度报检评级划分

(1)精度报检“AA”:表示精度检查结果优良,全面达到精度标准。

(2)精度报检“AC”:表示精度检查结果合格,不会给后道工序造成修正作业。

(3)精度报检“RC”:表示精度检查结果不合格,但只会对后道工序造成局部少量修正作业,要求生产部门修正后复检。

(4)精度报检“NA”:表示精度检查结果不合格,且对后道工序造成大量修正作业,精度管理部门严禁在修正结束前流入下道工序。

第三节 精度管理信息化应用

现代造船模式是以“中间产品”为导向的专业化生产,中间产品由各种零部件组装而成,具有相对的独立性和完整性,再装配成一艘现代化的船舶。精度控制,即在船舶建造过程中,将零件、部件、分段、总段和全船的建造尺寸,控制在规定范围内的工作方法和管理制度。其应用数理统计分析的原理和方法,制定出各工序中每个零件、部件、分段直至总段的最合理的精度标准,以控制和掌握零件与分段的尺寸精度,使加工好的零件、部装和分段等中间产品不留余量,无须进行二次定位、画线和切割,缩短造船周期,提高造船生产效率和同类零件的互换性,以实现船舶建造全过程的精度控制,使最终主船体精度达到标准要求或顾客需要。

精度管理方法包括精度标准的制定、信息传递及精度检验方式方法等,具体而言分为:①精度标准、补偿量余量标准及焊接收缩标准等;②船舶建造过程中产生的精度问题的流转流程以便承制工位分析原因并制订改进措施或下道工位预制修正方案;③精度报检工作的开展包括报检项目的制定、报检时机的把握以及报检的简易可靠的测量手段等。

一、精度信息平台运用需求

基于软件开发平台,根据造船精度管理的要求开发出精度数据管理平台,通过信息化的手段实现精度数据信息的开放共享,就可以实现各阶段精度数据的相互关联,能够使无论数据对象还是内容都具备了充分的扩展性,能够集成化地收集各道工序的测量数据,实现工程应用上的推广普及,同时将现有的精度设计、匹配分析等软件加以整合联动,推动企业信息化精度管理水平的不断提高。

(一)传统精度管理存在的问题

传统精度造船管理缺乏信息化软件(即本书所述“造船精度信息平台”)配合使用,仅依靠书面纸质或传统办公软件为媒介记录,及人工传送、电子邮件的“点对点”传输模式等。对现代精度造船管理来说,现有模式存在以下问题。

1. 文件和数据收集、流转的烦琐性

在精度造船管理过程中,各项过程中间产品精度数据收集如果以纸质和电子文件的形式简单记录,由现场测量人员以人工传送或电子邮件方式转移至管理人员手中,将记载大量数据文件,需要耗费大量人力、物力归类整理。精度问题的信息反馈及精度检验数据亦如此,总体上流程烦琐、效率低下,造成资源浪费,与降本增益的发展目标背道而驰。

2. 精度数据分析的高难度性

数据收集已较复杂,但更困难的是对浩如烟海的数据进行有效的整理和数理分析,发现其中的规律,确定相对合理的补偿量余量标准和焊接收缩标准,提供工艺和设计改进的依据,修正精度控制标准。

对于船舶建造过程中产生的精度问题和精度完工报检情况,传统的精度管理模式无法对精度问题进行有效的统计归类,难以按照发生率对主要精度问题提出改良方法和改进目标。

由于在传统精度管理模式的体制下，精度信息收集传递的烦琐性及滞后性、数据分析的高难度性及不便利性，限制了精度造船的现代化管理，阻碍了精度管理水平的进一步提高。在此背景下，依托造船精度信息平台以推进精度造船管理控制的理念顺势形成、发展，并在实践中取得了初步成果。

（二）精度管理信息化平台的主体优势

当前依托造船精度信息平台的精度造船管理包括有报检考核、问题反馈处理、焊接收缩管理三个版块。其中分段报检考核包括：①分段报检考核管理；②按照船型、部门、分段、工程编号的评分统计；③分段报检精度问题出现比率统计；④漏报检分段查询四个部分。精度问题反馈处理有总装问题反馈、分段误操作处理及设计问题反馈三部分。焊接收缩管理包括大拼板焊接收缩、纵骨焊接收缩及面板焊接收缩。这三个版块是精度管理常态的工作内容，也是精度管理的重点所在。

精度信息平台拥有丰富的内涵：

（1）实现了对分段精度信息的数据化管理和考核，精度信息问题反馈的共享化及快速流转以及焊接收缩的统计，具有共享性、快速性、直观性、监督性的特征。

（2）针对当前精度管理的水平对分段的报检一次性合格率、主要精度问题发生率提出了年度目标，同时按月进行实时跟踪，并可依据报检评分、典型精度问题发生率及总装反馈和误作处理的情况对各分段制造部门进行量化的评比，奖优罚劣，具有客观性、激励性的特征。

（3）可对全过程中间产品精度数据收集和整理分析，不需在繁杂的表格和纸质中困难地找寻需要的数据，又可防止人为计算的误差，从而也为后续数据整理分析的便利性、正确性、有效性打下坚实的基础。

二、精度管理信息化平台的设计思路

精度信息平台能在满足不同用户数据需求的基础上，保持数据的完整性、真实性和一致性。其应用范围包括数据的统计分析、加工误差的统计计算、分段建造过程的质量监控及精度问题反馈追溯等领域，数据库中的数据，还可以及时提供给生产设计部门和管理部门查询使用。通过这种不断的统计分析，将分析结果反馈设计源头，循环地进行阶段性的改进优化，从而使生产过程处于稳定状态，如图 4－3－1 所示。

（一）应用功能

（1）应用模块。该系统分分段报检考核、总装报检考核、整船报检考核模块、问题反馈处理、焊接收缩管理及基础信息设置等七大模块。

（2）应用部门包括精度管理部门、分段制造部门、总装部门、质量保证部门、设计部门等。

（二）开发方面

（1）加工部装数据统计与数据库平台连接上平台。该模块用于将加工部装统计数据纳入数据平台，实现对精度数据库的进一步完善，从而为下一步对加工部装数据进行统计分析提供依据。

（2）精度建议讨论区模块开发。该模块用于对典型精度问题或精度管理的建议并讨论，由用户自由上传至平台，其他用户可就该意见进行分析讨论，促进精度管理人员的思想碰撞和沟通，为提升精度管理软件整体水平提供成长学习平台。

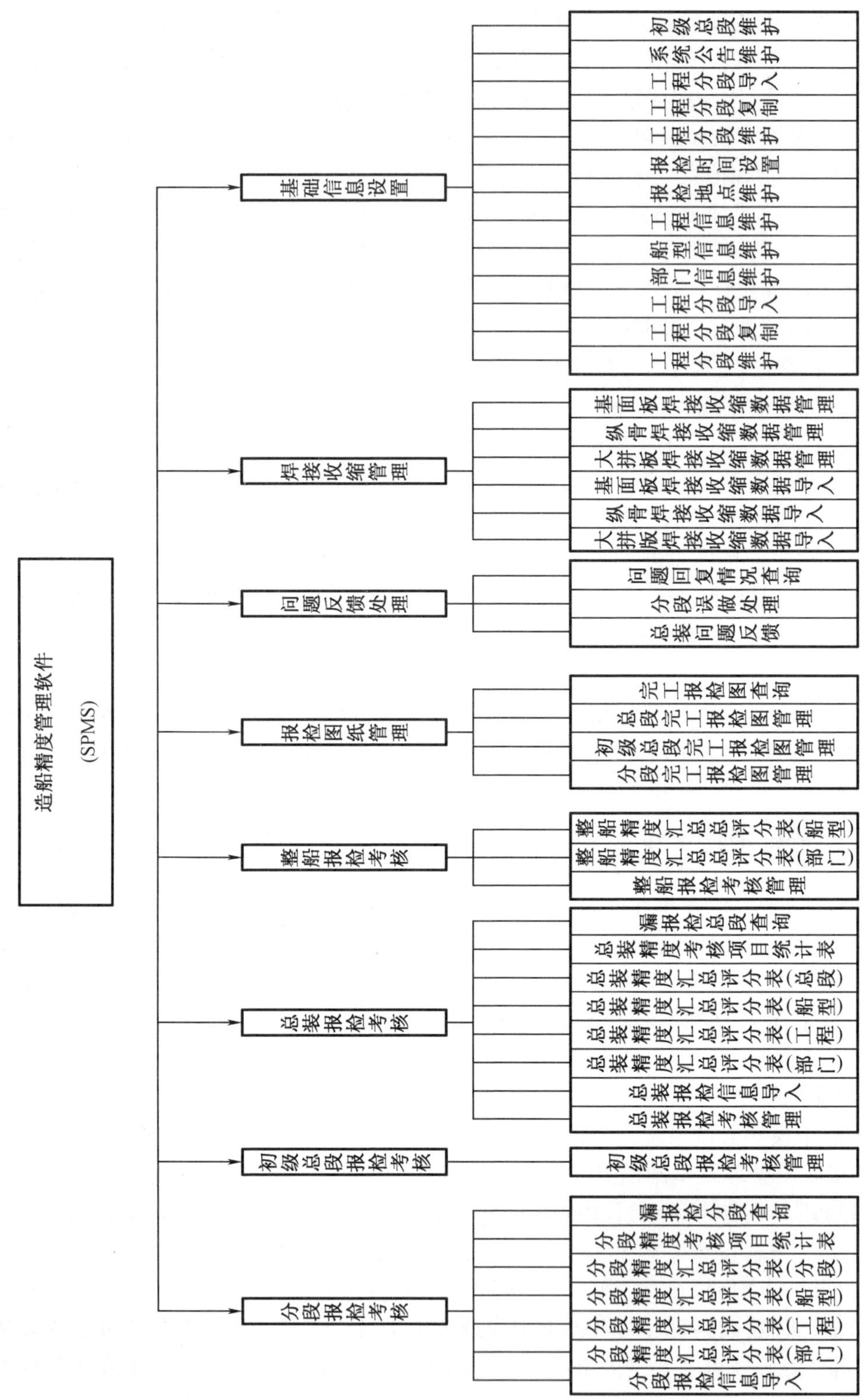

图 4-3-1　精度信息平台

(3)统计数据报表预览及出图功能。该模块用于整对前期积累数据进行统计报表预览并出图,实现数据用于支持决策的目的。其具体包括月度各部门评分、按船型汇总等多视角的功能。

三、精度管理信息化平台应用

精度信息平台是为了推进精度造船管理控制、提高精度控制水平而设计的,它与企业精度管理控制的项目相适应,与开展的精度控制具体工作相协调。

(一)造船精度平台部分功能列表(见表4-3-1)

表4-3-1　造船精度

考核管理	报检计划导入:导入分段报检计划
	报检计划维护:分权限进行报检计划的维护
	检验反馈:对分段检验结果进行反馈
	精度考核:对分段建造精度进行考核,量化分段建造质量
问题反馈处理	分段问题查询:对分段问题进行集中管理,按条件检索查询
	分段问题创建:总装部门或分段制造部门对分段精度问题进行反馈
	分段问题分发:将反馈问题分发给相关部门
	分段问题回复:相关部门对问题成因进行分析,并回复
	分段问题总结:问题回复情况分析原因,明确责任,完成闭环
	分段问题发布:典型问题进行发布,起到举一反三效果
数据统计分析	对分段报检计划数据进行统计分析,并生成报表
	对分段精度评分数据进行统计分析,并生成报表
	对分段精度考核项目进行统计分析,并生成报表
基础信息设置	对部门、船型、工程、报检地点等基础信息进行维护
	对各部门报检时间进行设置
	对工程分段提供导入、同船型工程分段复制及维护操作

(二)报检考核管理

1. 报检阶段

分段报检考核管理分四个阶段报检,即铺板画线、分段焊前、分段焊后及收尾项目,其中平行中体分段等精度较易控制,精度问题较少的分段可采用脱胎前及脱胎后完工两阶段进行报检,前两部分系统自动给满分。四个精度报检阶段囊括了分段制造报检的所有项目,可实现全部二维和部分三维测量的精度检查覆盖。总段报检主要针对总装阶段的总组和搭载进行精度控制和考核管理,在分段制造精度可控的基础上,提高总组、搭载及整船的精度控制水平。总装报检考核管理初步预分为五个阶段,包括总组定位、总组完工、模拟搭载定位、搭载定位、整船完工等。

2. 报检流程

精度报检管理流程大体为分段制造部门添加或导入需要报检的分段,精度管理部门对报检分段进行评定,报检通过或失败并进行相应扣分处理和说明扣分原因。若报检失败则需复检，若报检通过系统自动进入下一道报检项目。操作人员可方便地在界面进行等待报检、报检通过及报检失败等快速视图的选择，以及快速地按报检部门、报检日期、四个阶段报检等情况查询的选择。

3. 报检评分

在平台分段报检评分正常运行后，可通过按部门、按船型、按分段、按工程编号等进行评分统计，即可一览二阶段或四阶段或全部报检分段的分段完工数据、各阶段报检平均分及总平均分。同时可以统计二阶段或四阶段或全部报检分段报检过程中发现的精度问题的数量及其比例，因此可实时跟踪分段制造精度的情况。同时系统还可方便地统计漏报检分段的数量，防止分段漏报检。

4. 报检统计

精度管理工作在信息平台上实现共享，并正常流转之后，可对体现精度管理水平的相关指标如报检评分、主要精度问题发生率等进行分析，得出按照月份统计的表格，以加强精度管理。在此量化的基础上，对提出精度管理控制的目标，并进行第一时间的跟踪管理，如图 4 –3 –2 所示。

（三）精度问题反馈处理

在船舶分段总装等建造过程中，精度问题不可避免，但关键是需要对精度问题进行相关部门的流转反馈，并分析原因，总结经验，避免分段重复多次发生，才能使精度管理水平持续提高。

1. 问题反馈类型

精度问题反馈包括总装问题反馈、分段误作处理及设计问题反馈。总装问题是指总装阶段发现的精度问题。该类问题反馈上道工序部门如分段制造部门，要求分析原因、责任考核，制定和落实整改措施，避免问题的再次发生。同时督促检验部门落实重点检查。分段误作处理指在分段制造过程中出现的，但可以流转到总装阶段修正的精度超差问题。该类问题需要分段制造部门说明原因、采取措施以避免再次发生。要求检验部门实施考核扣分处理，并由总装部门制订预案，确保超差精度分段流转到位的正确施工，减少因精度超差带来的后续损失，由生产管理部总结、考核。设计问题主要网上反馈各阶段施工图纸设计、数据错误，由设计部门查明原因、落实改进措施，要求分段制造部门或总装部门制订应对措施。

通过以上流程，实现了各部门开放式精度信息共享，能公开、清晰地了解各阶段发生精度问题的类型、数量、性质等，即时制定合理的控制处理方案，定期对精度问题进行分类汇总，以确保相类似的精度问题发生量不断减少，提高精度管理水平。

2. 问题反馈流程

分段精度问题反馈流程，用于前后道的问题反馈，如图 4 –3 –3 所示。

基本信息
报检信息
反馈信息
分段报检明细
状态栏
工程编号
H1566A
87000DWT双
分段编号
CT13C
分段报检时间
报检阶段
报检日期
报检时间
脱胎前完工报检
2011-08-19
14:39
脱胎后完工报检
2011-09-02
16:27
报检反馈流程
阶段名称
日期
时间
脱胎前完工报检
2011-08-19
14:41
脱胎前报检通过
2011-08-19
14:55
脱胎后完工报检
2011-09-02
16:29
评分阶段
评分明细
分段评分明细
状态栏
胎架制作 15
铺板划线 20
脱胎前完工 40
脱胎后完工
总 分
工程编号
H1566A
87000DWT双
分段编号
CT12C
评分阶段
胎架制作
铺板划线
脱胎前完工
脱胎后完工
复检
评分细则
项目名称
评分
备注
投影偏差
-5
密贴度
-5
划线偏差
-5
样冲标记
-5
评分说明
此分段为两阶段考核，铺板划线阶段默认满分20分
考核人
系统管理员

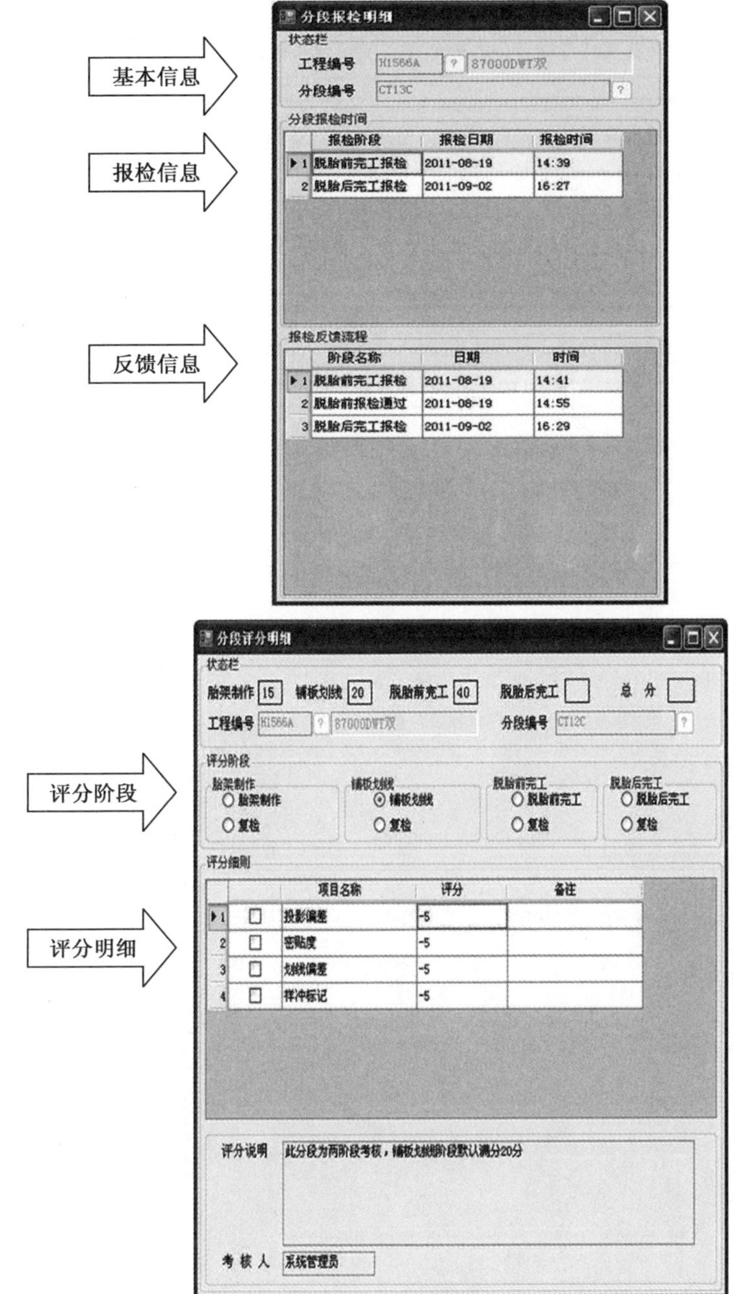

图 4－3－2　报检统计

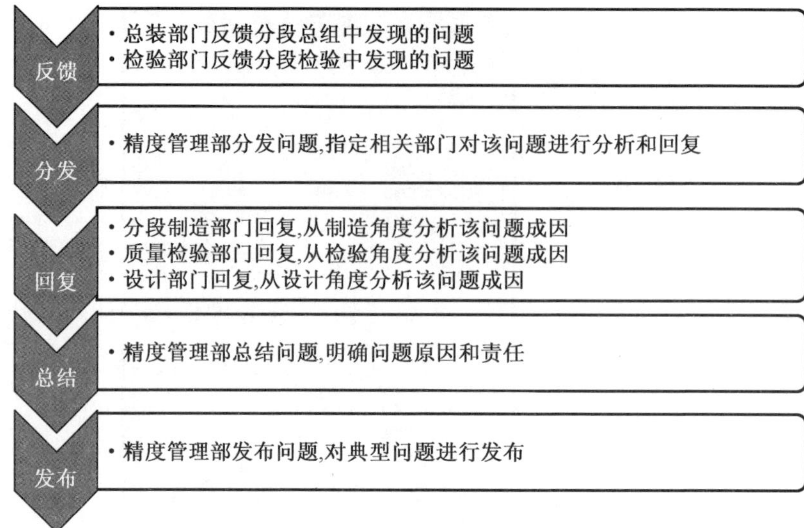

图4-3-3　问题反馈流程

通过本窗口查询维护分段问题处理状态和流程,适用于所有问题处理相关部门,如图4-3-4所示。

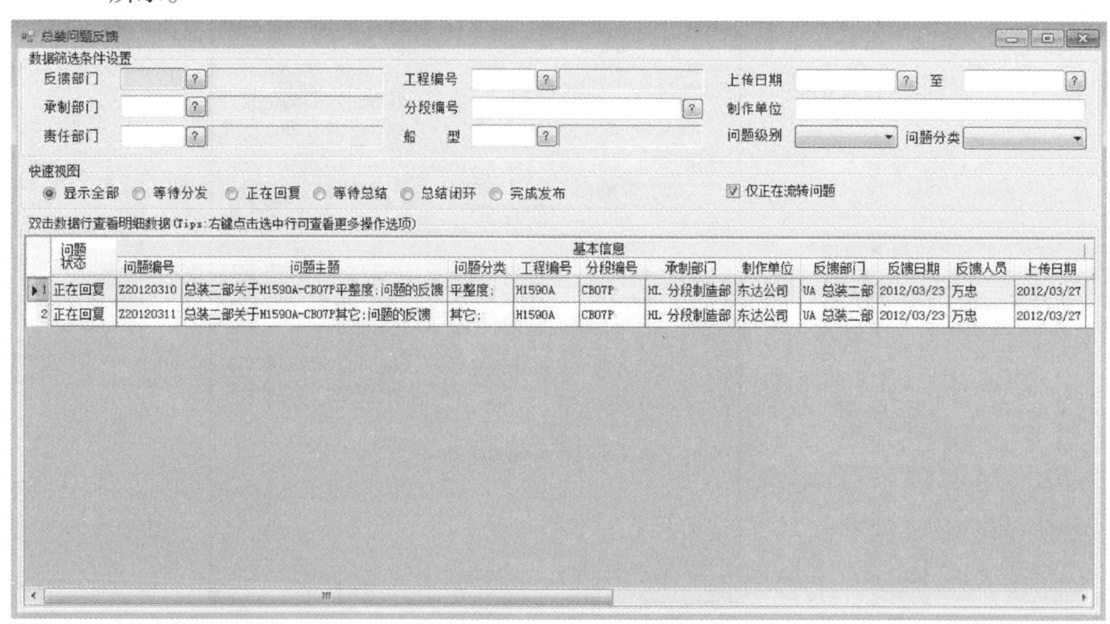

	问题状态	基本信息									
		问题编号	问题主题	问题分类	工程编号	分段编号	承制部门	制作单位	反馈部门	反馈日期	反馈人员	上传日期
1	正在回复	Z20120310	总装二部关于H1590A-CB07P平整度:问题的反馈	平整度:	H1590A	CB07P	HL 分段制造部	东达公司	UA 总装二部	2012/03/23	万忠	2012/03/27
2	正在回复	Z20120311	总装二部关于H1590A-CB07P其它:问题的反馈	其它:	H1590A	CB07P	HL 分段制造部	东达公司	UA 总装二部	2012/03/23	万忠	2012/03/27

图4-3-4　查询维护分段问题处理状态和流程

(四)精度造船数据收集

当前很多船企尚无系统性的精度收集的数据,因而在确定补偿量时通常依据经验进行设定,造成预先设定的补偿量与船舶实际消耗的补偿量之间存在差异,给现场带来了一定的返工量,需要进一步完善。原则上,在确定补偿量时,应全面综合考虑各种因素对部件变形的影响,但是船舶建造过程中影响因素太多且复杂多变,与工艺、施工人员等息息相关。而焊接收缩变形及量值较其他的因素影响最大,所以当前考虑实用便利性且能满足工程要求的角度出发，主要考虑各过程中间产品焊接收缩数据收集。

精度数据管理是个繁杂的系统工程，前期的数据统计分析可以从易掌握规律的方面入手，其中主要包括纵骨焊接收缩管理、大拼板焊接收缩管理及基面板焊接收缩管理。纵骨焊接收缩管理主要收集平面分断流水线纵骨焊接数据，大拼板焊接收缩管理主要收集拼板阶段埋弧自动焊焊接拼板焊接数据，基面板焊接收缩管理主要收集分段构架电焊完成后的收缩数据。过程综合考虑板厚、焊接方法、参数等因素。后续将根据收集的数据进行分析，获得更合理的各阶段补偿值加放，从而减少现场的返工量和修割量，逐步提高精度造船的水平。

（五）精度信息平台与质量系统对接

通过连接造船精度信息平台和质量管理系统，实现某一分段产品在质量系统申请专检前必须通过精度检验的功能，便于企业更好地管理产品质量精度流程，实现质量与精度检验无缝对接，提升管理效率。

在质量系统申请专检时，系统会自动连接精度系统，判断该检验项目对应分段是否已经通过精度报检。如已通过则正常报检，如未通过则提示用户“XXX 项目所属的分段尚未通过精度报检，项目无法申请专检”，如图 4－3－5 所示。

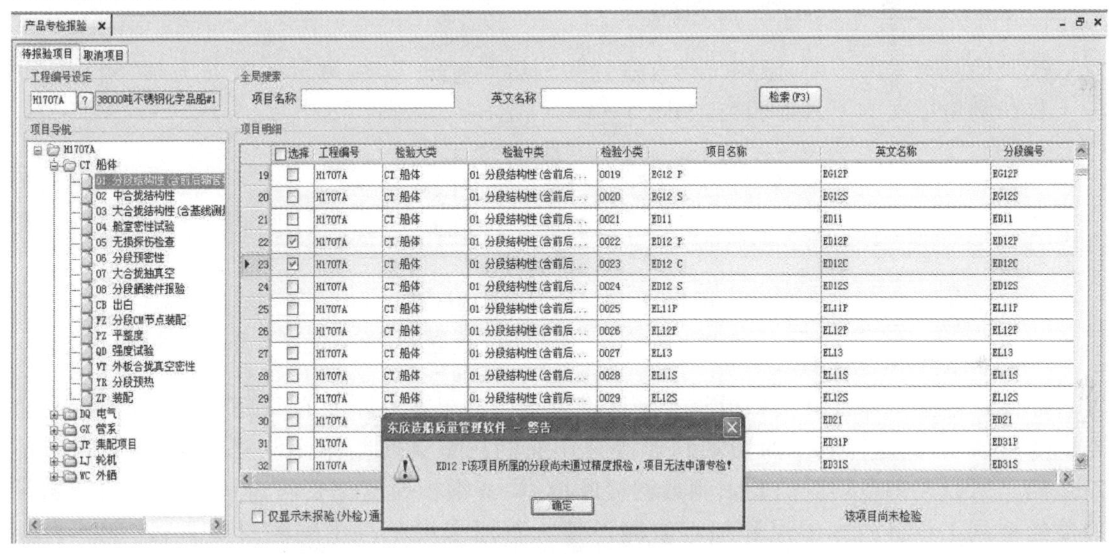

图 4－3－5　精度信息平台与质量系统对接

数字化精度造船的关键在于建立中间产品精度数据库，实现过程和完工数据收集和科学分析，指导和改进后续精度设计和工艺实施，同时进一步规范精度问题的反馈和闭环整改。

精度管理水平的提高无法一蹴而就，必须制定科学合理的目标，并以信息化、数字化为依托，实现全员参与、全过程精度控制，不断缩小与国内外先进船企差距，才能最终跨入现代化造船企业行列。

第五章　精度测量技术

第一节　常规测量工具应用

船体精度控制必须使用能保证装焊精度的测量工具。测量工具包括各种卷尺、直尺、角尺、激光经纬仪、全站仪、水平仪（软管）、线锤等。测量工具的完善是开展船体精度控制的基础，必须配备齐全，否则船体精度控制就无法实现。

一、常规测量工具的分类和简介

按照检测对象的不同，检测工具大致分为测量厚度的工具、测量长度的工具、测量角度的工具和测量形状的工具等四类，如图 5－1－1 所示。

检测工具
- 测量厚度的工具
- 测量长度的工具
- 测量角度的工具
- 测量形状的工具

图 5－1－1　检测工具的分类

（一）测量厚度的工具

船体零件必须保证材质和板厚合乎标准要求。如果零件厚度的负偏差超过 0.3 mm，通常需要更换零件，这样返工的切割和焊接等作业的热量会使船体构件变形加大，不利于精度造船。所以在钢板切割前要求测量钢板厚度，检查钢板厚度是否符合标准。常用的测量厚度的检测工具有游标卡尺和超声波测厚仪。游标卡尺是常用的测量工具，这里不再介绍。超声波测厚仪是利用超声波的反射来测量钢板厚度，也常用于船体分段上或船上检查结构零件的厚度。

（二）测量长度的工具

船体建造精度管理中最常用的检测工具就是测量长度的工具，通常有钢直尺和钢卷尺两种。钢直尺通常有 15 cm 和 100 cm 长两种，15 cm 钢直尺常用于检查装配间隙，100 cm 钢直尺用于结构水平度或垂直度的辅助测量。钢卷尺在测量零件尺寸、拼板尺寸、分段尺寸和船体主尺寸等方面有广泛的应用，通常有 3 m、5 m、20 m、50 m 和 100 m 等 5 类，船用钢卷尺的长度公差通常要求小于 1 mm。

（三）测量角度的工具

船体建造加工过程中需要控制角度，有坡口切割的角度、加工角度、构架安装角度等。常用的工具有焊接量规、角度样板、量角器、角尺和开拢尺等。焊接量规用于测量焊脚高度、坡口角度。加工角度通常由加工样板进行检验。角尺用于安装垂直构件的定位，开拢尺常用来安装非垂直构件的定位,国内通常由各个船厂的工人自己制作,测量的精度也不高。

(四)测量形状的工具

船体建造中需要测量边缘直线度、曲面板的形状、表面平面度、平台水平度或构架垂直度等形状偏差。常用的测量工具有粉线、线锤、直尺、样板、样箱、水平尺、水平软管、水平仪、激光经纬仪、全站仪和API激光三维跟踪仪等。粉线主要用于测量板边缘的直线度和板的局部平面度,线锤和直尺组合用于测量构架垂直度,激光经纬仪和直尺组合也可用于测量构架垂直度。样板是根据船体曲型单曲率外板数据定制的,通常分为活络样板和木样板。活络样板用于检验横向拱度小于280 mm的单曲率(或近似单曲率)板零件,木样板用于检验横向拱度大于280 mm的单曲率(或近似单曲率)板零件。双曲率外板通常使用样箱检验成型,样箱是根据船体线型数据手工钉制的木箱形检验工具。水平尺、水平软管、水平仪和激光经纬仪可以检测胎架或平台的水平度。全站仪和API激光三维跟踪仪可用于测量分段主尺寸或曲型外板的线型与船体模型的偏差。

二、常规测量工具的应用

在精度造船的各个工艺阶段都要使用各种检测方法来控制加工、装配或定位精度。

(一)切割阶段

零件切割精度是精度造船的基础,数控切割设备能够保证零件精度因而获得广泛使用。零件切割前要用游标卡尺测量钢板厚度,零件坡口要用焊接量规检测坡口角度,零件切割要用卷尺抽查零件尺寸,偏差超过标准要调整切割机参数。

(二)加工阶段

船体零件弯曲加工精度是保证船体线型的前提,分为冷加工和热加工两种。单曲率外板零件冷加工后通常采用样板进行检测,双曲率外板零件热加工后通常采用样箱进行检测。外板加工零件偏差通常取负偏差,内部弯曲面板零件通常取正偏差,这样方便装配。

(三)拼板阶段

船体建造过程中拼板大体可分为部装拼板、片段拼板和分段拼板,其中片段拼板可分为曲面板拼板和平面板拼板。部装拼板时要用卷尺检测拼板尺寸,用粉线检查直线边缘的直线度。片段曲面板拼板前要用激光经纬仪和直尺制作或检测片段胎架,用直尺检测板在胎架上的定位尺寸,用卷尺检测拼板尺寸,用粉线检查直线边缘的直线度。片段平面板拼板与曲面板类似,只是不需用激光经纬仪和直尺制作或检测片段胎架。分段拼板前用激光经纬仪和直尺制作或检测分段胎架,用卷尺检测拼板尺寸和对角线尺寸,用粉线检查直线边缘的直线度。

(四)分段装配阶段

分段装配前要用激光经纬仪和直尺制作和检测分段胎架,要用卷尺测量分段拼板尺寸并进行二次画线和检测。构件装配时用开拢尺或角尺检测小型构件的安装角度,用线锤和直尺检测大型构件的安装角度,用直尺检测外板企口的安装尺寸。分段装配焊接完成后可用卷尺和激光经纬仪、全站仪等工具测量分段总体尺寸和变形量。

(五)总段装配阶段

目前国内大多数船厂都采用总组工艺,总段装配前要用激光经纬仪和直尺制作和检测总组胎架,分段总组时,用激光经纬仪检测调整分段的水平度或垂直度。总组装配焊接完成后用全站仪测量总段的主尺寸和变形量，根据测量数值修割总段接缝，提高无余量搭载率。

（六）船坞（船台）搭载阶段

船坞（船台）搭载前用激光经纬仪、卷尺、直尺和标杆等工具参照船坞搭载格子线图在船坞（船台）上画好中心线、高度线和肋位线。分段、总段搭载时用激光经纬仪、直尺和线锤参考定位基准线进行定位。主船体贯通后，可以用线锤、卷尺或全站仪测量船体主尺寸，用激光经纬仪和直尺测量主船体的挠度、艏倾、艉倾和侧倾等主船体变形，作为交船资料向船东、船级社提交。船台的高度定位比船坞稍复杂，可以用激光经纬仪配合辅助标杆法，使激光经纬仪的瞄准轴的倾斜角度调整为船台的倾斜角度，这样在高度标杆上打出的激光点可以作为船体高度定位基准点。

三、常规测量工具图解

常用测量工具见表 5－1－1。

表 5－1－1　常用测量工具

序号	图片	名称	主要用途	备注
1	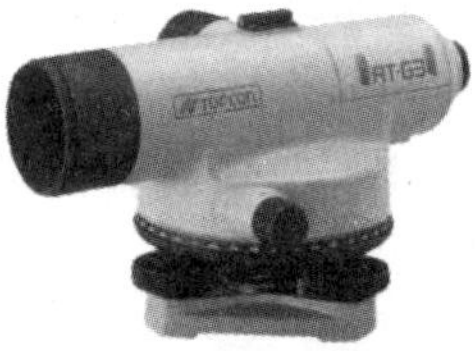	水平仪	对分段的水平进行测量	
2	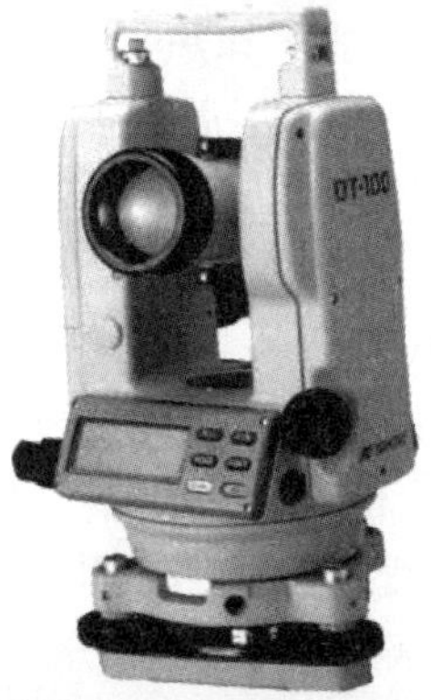	经纬仪	1. 进行直线和直角施工； 2. 对分段直线度、角度、垂直度进行测量	
3	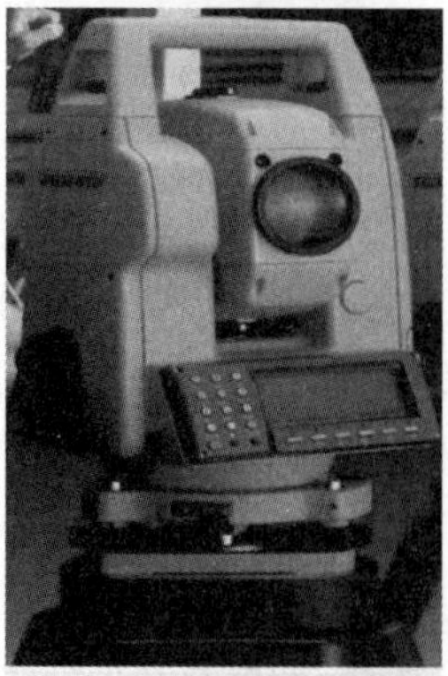	全站仪	1. 空间目标三维测量设备； 2. 空间定位	

表 5-1-1(续)

序号	图片	名称	主要用途	备注
4	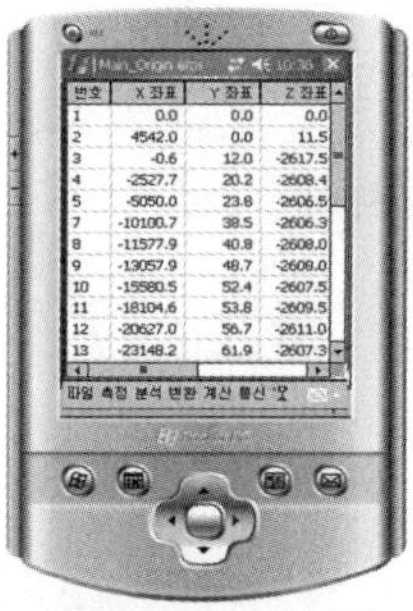	PDA（移动电子终端）	1. 配合全站仪进行测量 2. 数据存储 3. 三维数据分析	
5		反射片	全站仪测量点反射	
6		隐蔽杆	为隐蔽点提供测量的设备	
7		旋转标靶	全站仪旋转提供基准	
8		50 m 尺	尺寸测量	
9		5 m 尺	尺寸测量	
10		拐尺	垂直度测量	

表 5-1-1(续)

序号	图片	名称	主要用途	备注
11	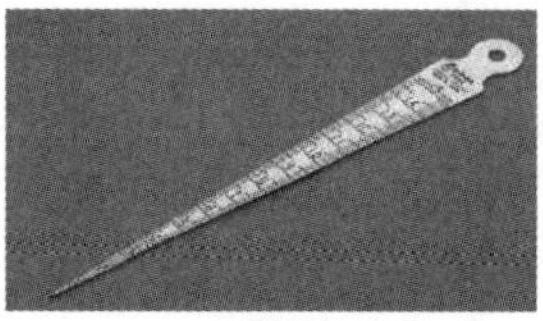	测缝尺	测量板缝	
12		线垂	垂直度测量	
13		高杆线垂	较高部材的垂直度测量	自制
14		电子角度尺	角度测量	
15	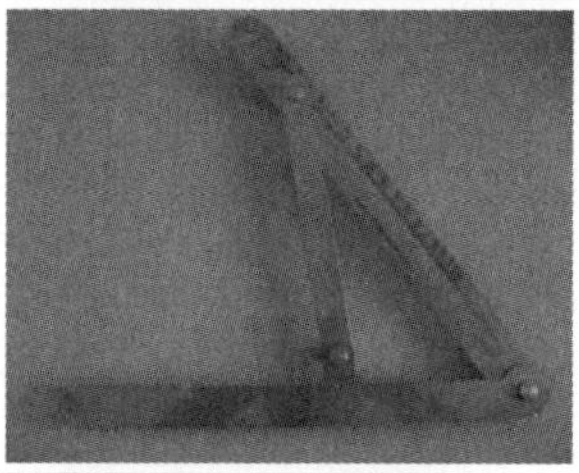	机械角度尺	部材装配角度控制	自制
16	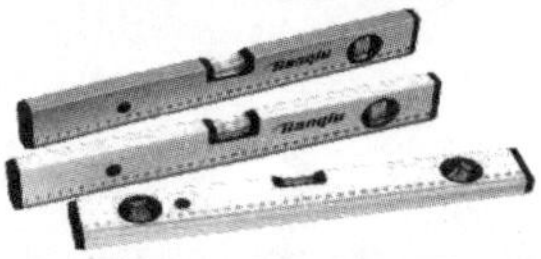	水平尺	水平度测量	
17		坡口转折器	尺寸测量时坡口置零	自制

表 5－1－1（续）

序号	图片	名称	主要用途	备注
18		计算器	数据计算	
19		磁铁	压尺使用	自制
20		对讲机	测量时沟通	
21	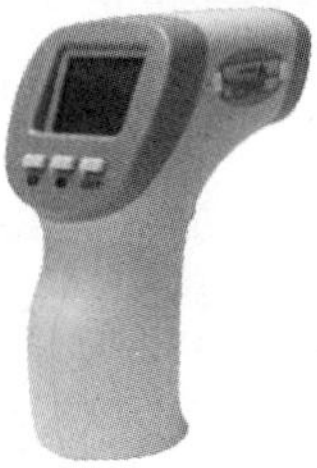	测温仪	对分段的温度进行测量	温度对尺寸的变化影响
22		样冲	敲点	涂装后基准线二次画线
23	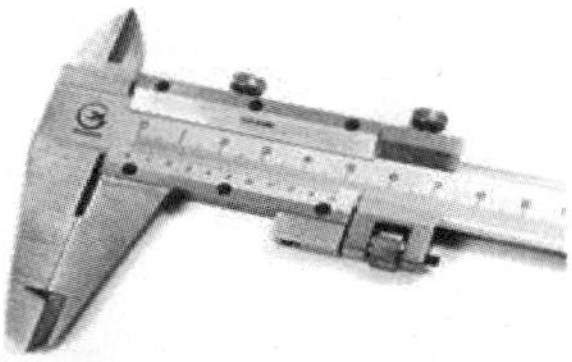	游标卡尺	板厚测量	
24		焊高尺	测量焊脚的高度	

表 5 - 1 - 1(续)

序号	图片	名称	主要用途	备注
25		手电	照明	
26		墨斗	画线	

第二节　三维测量技术

三维测量技术是指运用全站仪进行测量物体空间坐标的采集,并运用分析软件对实际坐标与理论坐标进行模拟匹配,从而得出测量物体的三维偏差值。实现三维测量,可对分段等船舶中间产品的各个建造环节进行监控,从而了解其各阶段所造成的误差,找到其中的规律将误差减到最小,并为分段提供直观的修正意见。

一、三维分析软件应用介绍

三维分析软件结合船舶三维模型设计技术与全站仪三维测量技术,建立一整套精度控制的数据记录、分析和控制的管理模式,是一套简易可靠的测量手段。软件基于 Windows 操作系统,界面清晰、功能实用。三维分析软件极大地提高了船舶产品精度控制效率,实现模拟搭载,缩短船台/船坞周期。三维分析软件主要用于直观地体现测量船体的精度状态,可读取三维模型,并兼容多样式的坐标匹配、调整方式,同时还具备模型标注、测量距离、出具报表等多种功能,是精度管理中开展三维检测技术的重要工具之一。

二、三维分析软件主体功能

1. 模型读取

读取 SPD、TRIBON 等设计系统设计的三维模型,并以三维图形的方式显示在界面上,如图 5 - 2 - 1 所示。

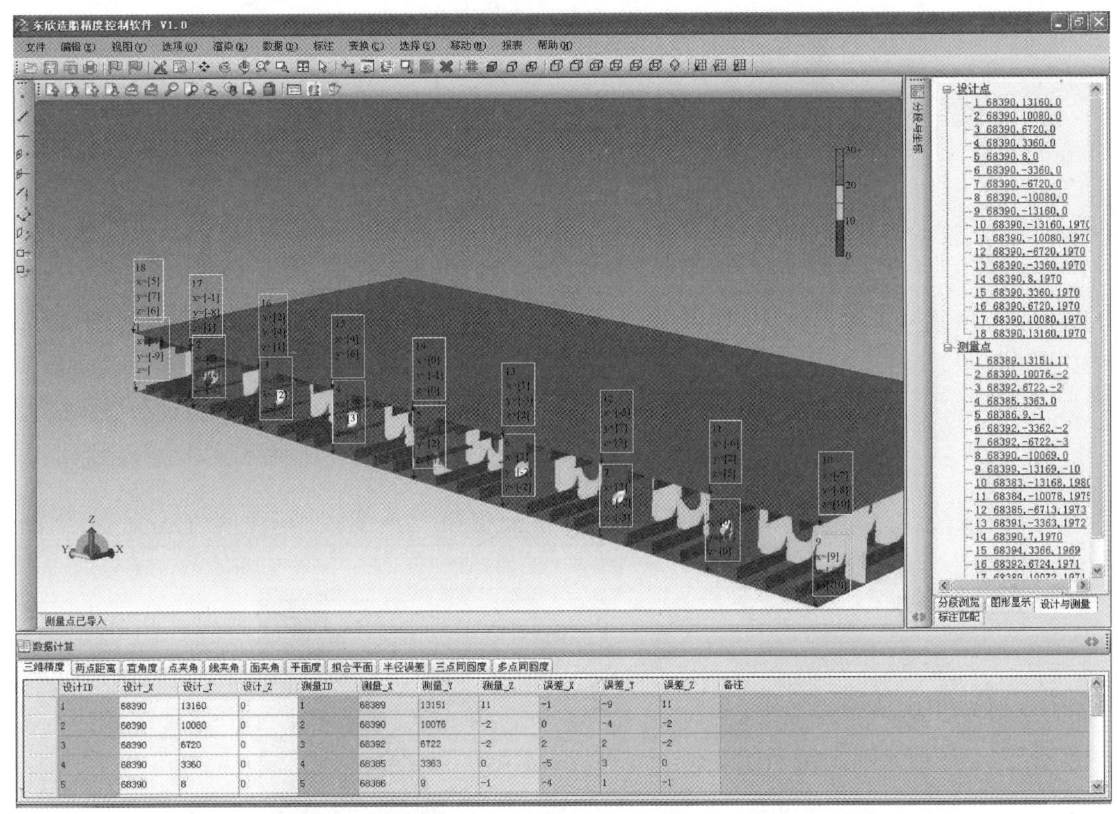

图 5-2-1　模型读取

2. 模型标注

提供任意点、线段端点、线段中点、点面垂足、线面交点、线线交点等多种方式方便地标注设计点坐标，并提供编号模式、坐标模式、跟随模式、自动排列模式等多种标注样式，以下为日常使用较多的标注方式。

(1)任意点。鼠标捕捉线段上的最近点。同时能动态显示点的坐标，如图 5-2-2 所示。

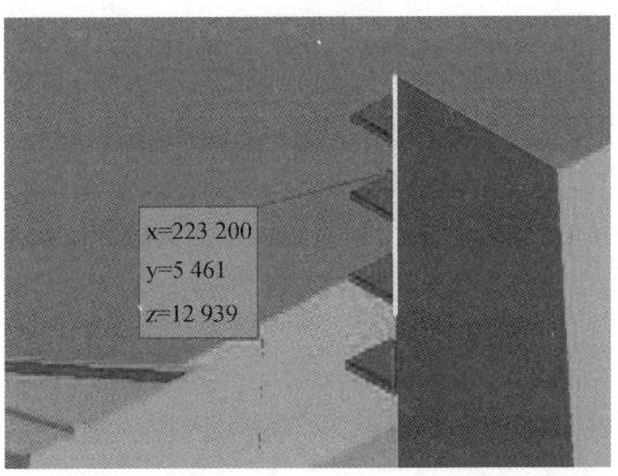

图 5-2-2　任意点标注方式

(2)端点。鼠标捕捉线段，标注鼠标靠近一端的端点，如图 5-2-3 所示。

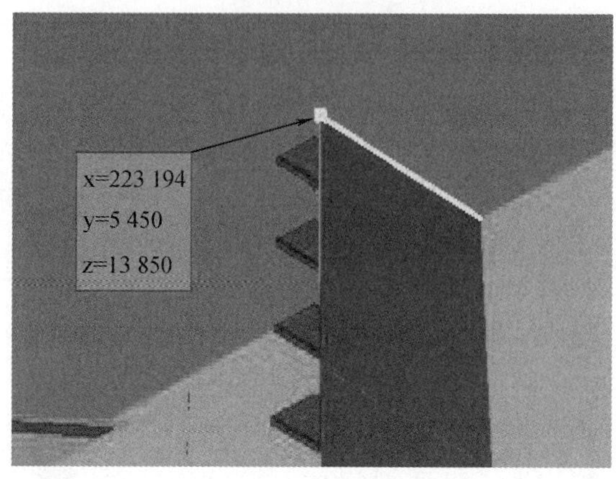

图 5－2－3　端点标注方式

（3）线线交点。鼠标先捕捉第一条线段，再捕捉第二条线段，标注两直线交点，如图5－2－4所示。

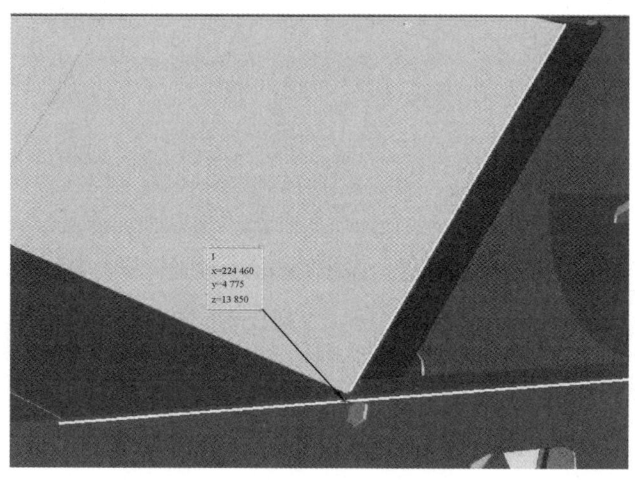

图 5－2－4　线线交点标注方式

（4）测量距离。鼠标先捕捉第一点，再捕捉第二点，标注两点间距离，如图5－2－5所示。

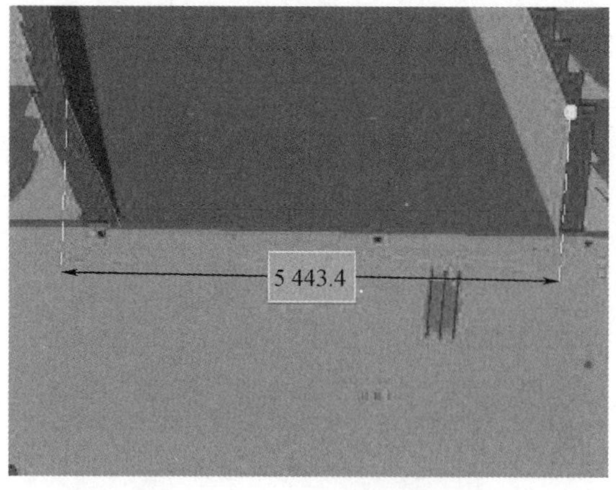

图 5－2－5　测量距离标注方式

3. 分析功能

通过建立分段工程，导入测量数据文件，运用坐标变换功能，设计点测量点匹配等方式，将实测坐标与模型设计坐标进行结合，从而达到分析的最佳状态，并生成报表。

(1) 坐标变换功能

①一点变换　包括一点移动和一点轴旋转功能，如图 5－2－6 所示。

②一点移动　包括一点消误与一点平移 *xyz* 两种方式。

③一点消误　选择实测点编号，计算此点的测量值与设计值偏差，所有测量点平移此偏差值。

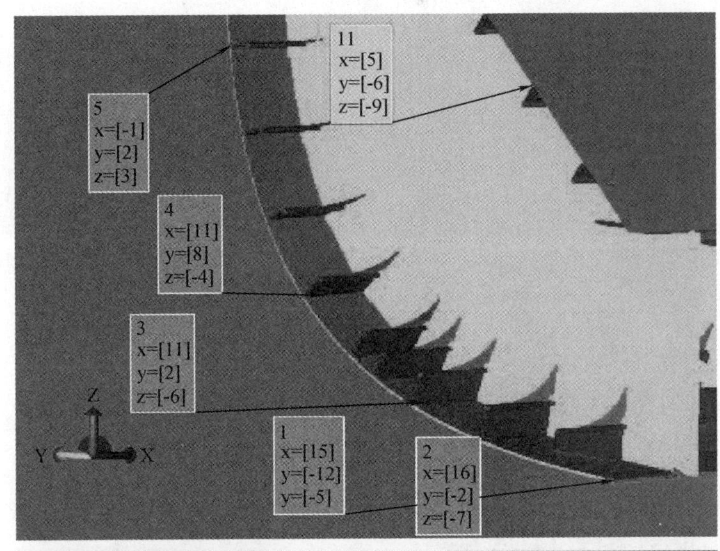

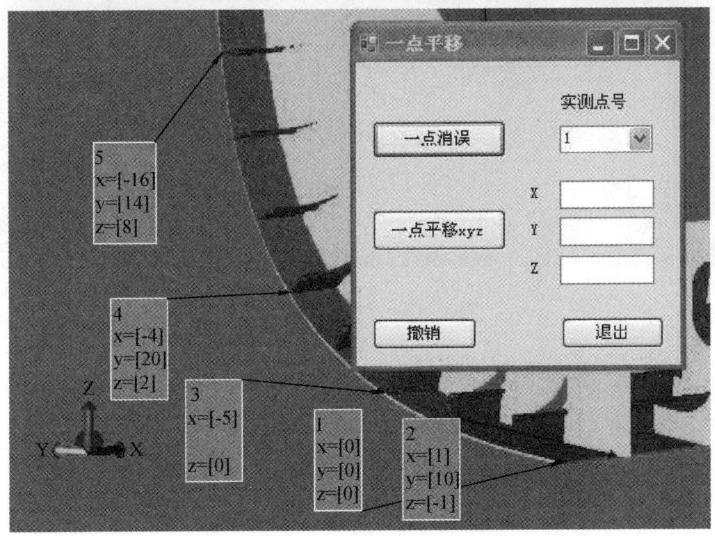

图 5－2－6　一点变换

④两点变换　包括两点移动和两点旋转两种方式。

⑤二点移动　选择实测点 1、设计点 1，实测点 2、设计点 2，选择旋转轴 *xyz*。移动结果是将实测点 1 平移到设计点 1，实测点 2 旋转到与设计点 2 同方向，如图 5－2－7 所示。

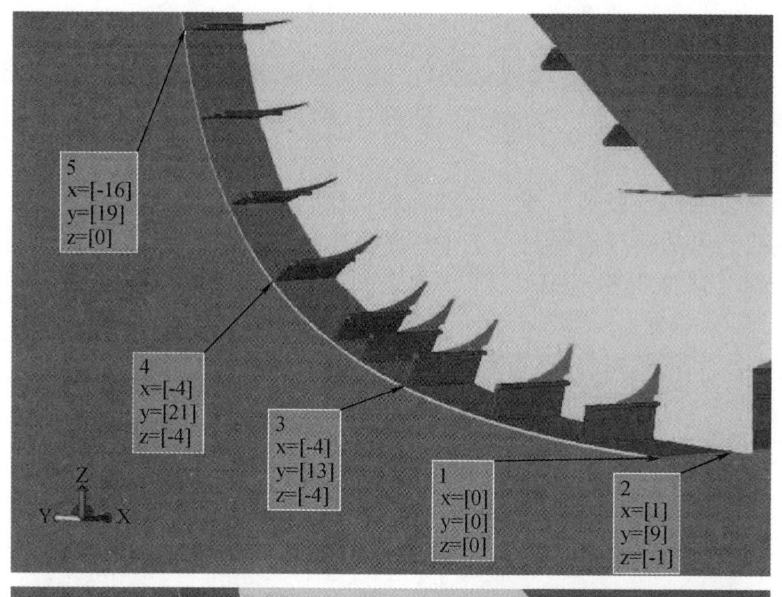

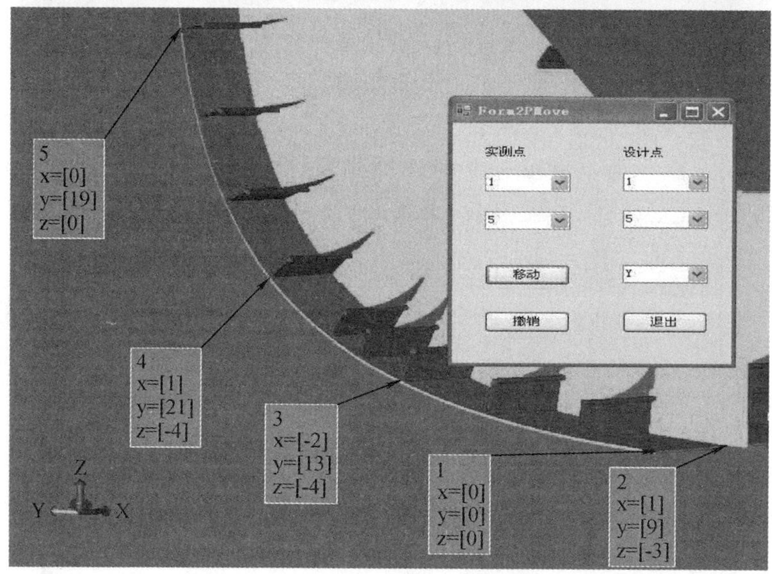

图 5－2－7　二点移动

⑥二点旋转　选择实测点 1、实测点 2，或者设计点 1、设计点 2，输入旋转角度。以第一点为旋转中心，第一点、第二点直线为旋转轴，旋转输入的角度，如图 5－2－8 所示。

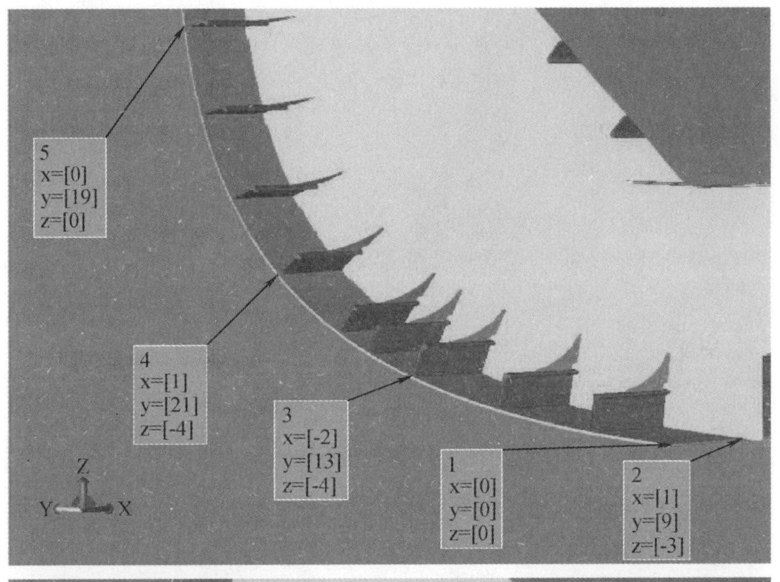

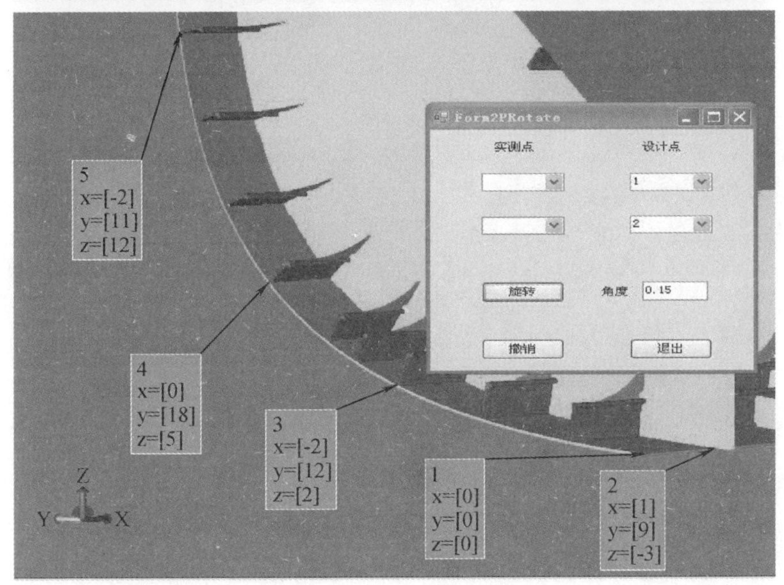

图 5－2－8　二点旋转

⑦三点变换　选择实测点 1、设计点 1，实测点 2、设计点 2，实测点 3、设计点 3。实测点 1～3 对应设计点 1～3，将实测点坐标系变换到设计点坐标系，如图 5－2－9 所示。

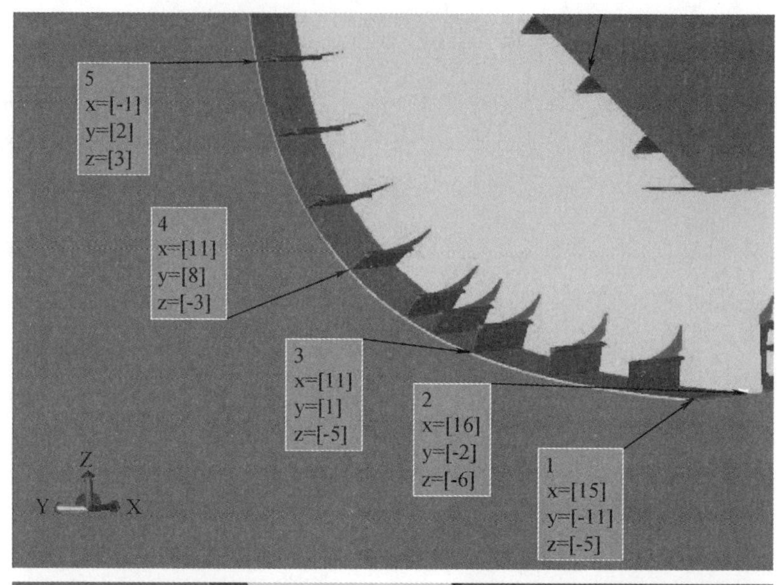

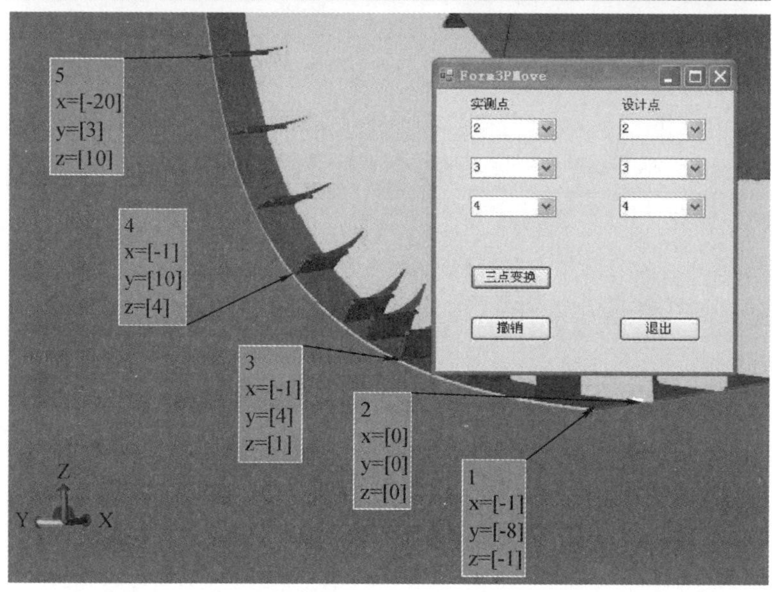

图 5 -2 -9　三点变换

⑧多点变换　实测点与设计点建立匹配关系后，选择多点，变换后整体误差最小，如图 5 -2 -10 所示。

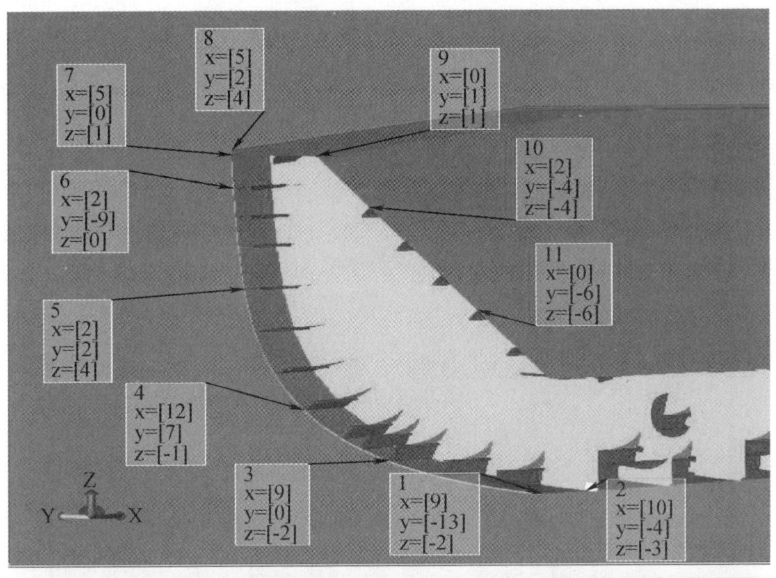

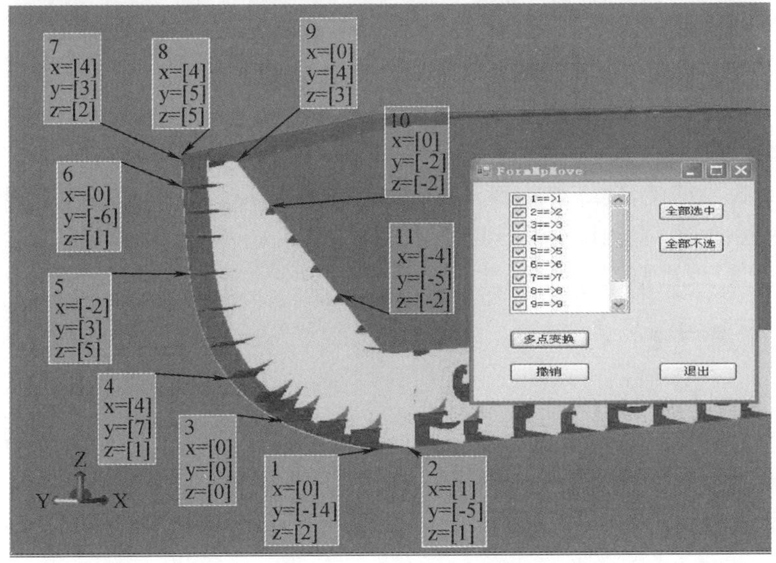

图 5-2-10　多点变换

4. 生成报表

设置报表信息并生成三维测量草图、生成分段工程或搭载工程报表，如图 5-2-11 所示。

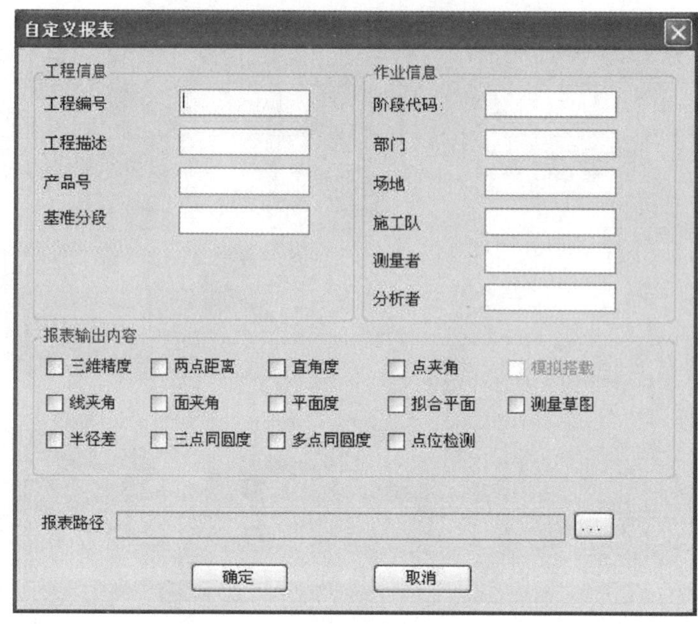

图 5-2-11　生成报表

5. 其他功能

(1)误差分析与调整,标注显示样式,色标设置,生成拟合平面,生成拟合圆。

(2)计算两点距离、直角度、点夹角、线夹角、面夹角、平面度、同圆度。

(3)预修割量、现场修割量反馈,生成分段工程文件。

三、现场测量方法

1. 全站仪摆放位置的选择

(1)仪器摆放的位置应尽可能多地观察到待测物体的多个面,搬站的次数最少。

(2)选择位置应便于搬站,并事先确认设站点的可行性。

(3)摆放地点尽量选择结实的地面或在强构件上,尽可能地远离吊车,行车轨道,同时停止周边位置的敲击、火工作业。

(4)选择位置应考虑安全因素,仪器摆放上方不应有吊装重物经过,不摆放在分段的边缘位置,周边没有未固定脚手等,且要考虑架设位置周边人员的行走、物体搬运等对仪器测量的影响。

2. 全站仪三脚架的安装

全站仪的架设应当安全、稳固,三脚架紧固螺母锁紧。脚架展开角度应设定在30°左右。仪器架设在钢板上时,为避免滑动应加以辅助的固定装置。三脚架摆放形式见图 5-2-12。

图 5-2-12　三脚架摆放形式

3. 仪器的整平和对中

(1)仪器摆放到位后,在测量前需对仪器进行整平,整平的方法是:在开机后打开整平对中电子气泡、激光点(图 5-2-13),先通过调整三脚架长度进行粗调,后使用仪器底座上的水平调整旋钮进行精确调整,调整使倾斜 L,T 的值小于0.01 即可。机器设置的自动补偿值将对仪器旋转时产生的少量偏差进行矫正。

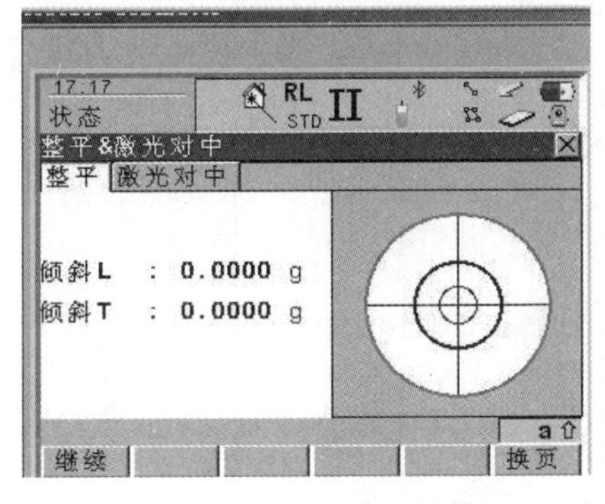

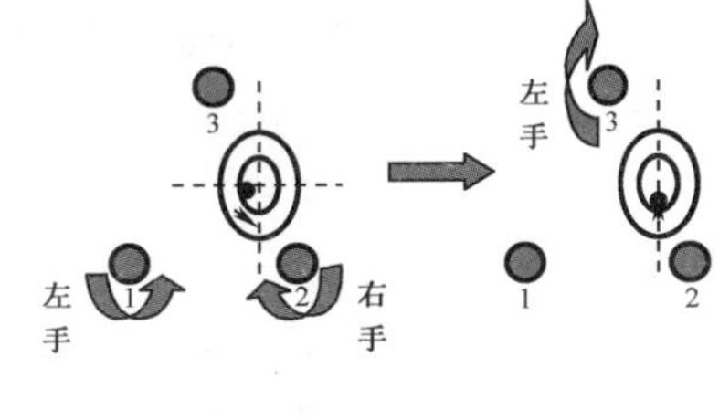

图 5-2-13　整平

(2)在使用对中测量时需对仪器进行对中调整,把仪器放置到需对中的位置。其步骤如下:

①通过观察激光点,拖动三脚架的两个脚,使仪器大致对中,并保持“架头”大致水平;

②根据气泡位置,伸缩三脚架两个脚,使机械气泡居中;

③使用全站仪上的三只旋转钮使仪器整平,调节方法见图 5-2-13;

④在三脚架架头上局部移动仪器,精确对中;

⑤反复③④两步,直至整平和对中均符合要求。

4. 全站仪常规测量与数据采集

(1)全站仪常规测量

仪器操作时应一机一人,人机不能分开,确保仪器不被外物触碰。如果仪器受到触碰、震动等情况,应再次调整仪器后,重新开始测量。

使用全站仪测量时尽可能地使用反射贴片，此时全站仪的测量模式应选择徕卡反射片模式。特别是结构交点等位置的测量，应全部使用贴片测量（图 5－2－14）。由于特殊工况，确实不能使用反射贴片测量的，全站仪测量模式应调为无棱镜测量（图 5－2－15）。测量点应选择板材企口边缘，构架顶点等容易准确定位的点，且测量时仪器与待测点的角度尽量垂直。测量角度应大于 30°。

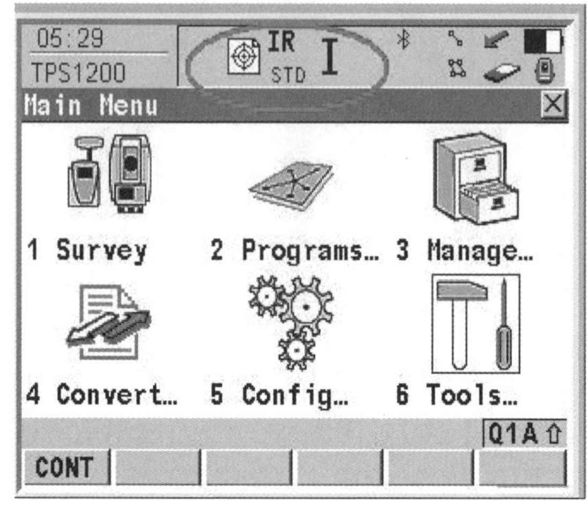

图 5－2－14　贴片测量

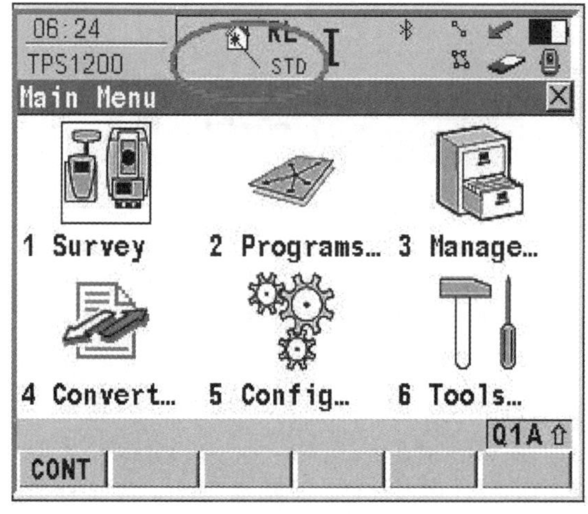

图 5－2－15　无棱测量

（2）全站仪数据采集

①全站仪开机后直接进入测量功能。

②测量前建立所需测量的作业名称。

③瞄准测量的点进行测量，并记录下测量数据。

（3）全站仪隐蔽点的测量

因现场特殊工况，部分测量点无法实现测量时，可使用隐蔽杆对延伸点的标靶位置进行隐蔽测量，从而得到测量点的三维数据。如有障碍物阻挡测量点，且使用隐蔽杆仍无法测量时，可选取与测量点相对位置固定，便于换算且容易测量到的点进行测量。常规方法是使用钢尺在船体坐标系的正方向延伸 300～800 mm 设置测量点，测量该点的偏移量。后续数据分析时按该点的三维坐标偏移量进行测量点还原。

(4)全站仪的搬站测量

全站仪搬站测量时最少要选择两个搬站点，为提高搬站精度可以选择三个及以上搬站点。搬站过程中靶心位置不能发生偏移，应有专人看护。

(5)PDA 辅助现场测量软件与全站仪连接

PDA 辅助现场测量软件可以和测量的全站仪进行连接，将实测数据与设计数据进行对比(设计测量点导出见软件模拟部分)，同时软件还提供了分段测定、分析、附加计算等功能，可对实物分段的变形情况进行分析。

PDA 辅助测量软件的操作步骤如下：

①按操作规范正确架设全站仪，调整仪器水平；

②使用 PDA 与全站仪连接线，连接仪器；

③全站仪通信设置。通过 GeoCOM 模式允许全站仪与 PDA 设备通信，同时设置与 PDA 设备相同的波特率、奇偶、数据位、停止位等连接参数(图 5－2－16)；

④打开 PDA 辅助测量软件，测量、计算相关数据。

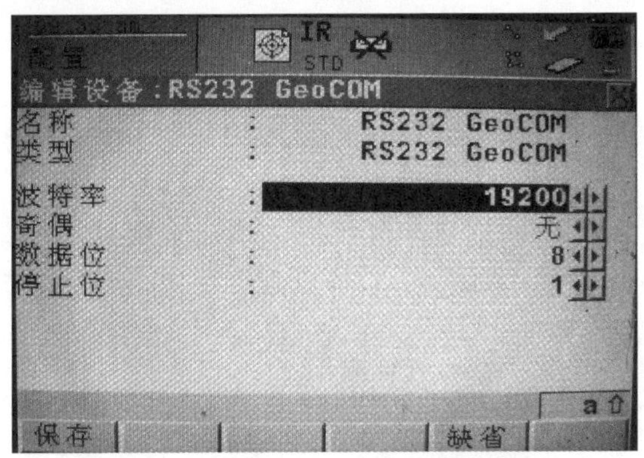

图 5－2－16　全站仪通信设置

5. 全站仪测量点的选择

(1)测量点选择的基本原则

使用全站仪测量分段(总段)时，测量点选取的基本原则：

①通过测量点反馈数据的计算可以全面反映分段的各项主体尺寸、线型变化情况及整体变形扭曲情况；对重要构架、子材的定位安装位置实现覆盖，方便检验；

②对有特殊要求的分段(如平整度要求较高的 LNG 船货舱壁分段；尺寸、角度要求较高的集装箱船箱角分段等)，适当增加相关的测量点，保证产品精度。

(2)主要测量点的范围

分段测量点选择时，应覆盖分段(总段)的各外缘端点、强构件位置交点。包括分段基面板的端点；基面与重要强构件的交点；外板、甲板、平台板的端点；板材之间的交点；部分线型位置的构件安装交点；分段(总段)的中心线、肋检线、水线等。图 5－2－17 和图 5－2－18 为分段选择实测点示例。

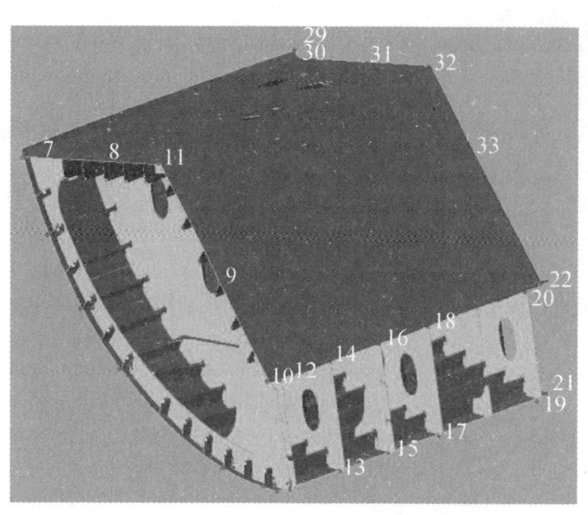

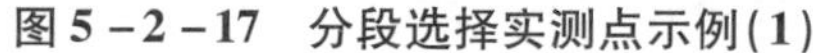
图 5－2－17　分段选择实测点示例(1)

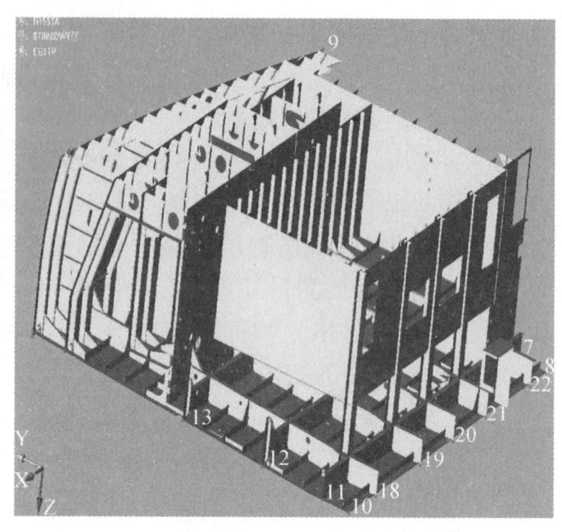

图 5－2－18　分段选择实测点示例(2)

四、软件模拟要求

1. 三维模型提取

从建模软件中提取所要的三维分段模型,导出的模型文件应统一为 DXF 格式文件。

2. 数据生成

(1)选择设计测量点,通过模拟软件打开所选的三维立体模型(图 5－2－19),在模型中通过选点功能选择所要的设计测量点,需注意选取的点应与实际测量点统一。选择的点在软件中以船体坐标数据呈现。设计测量点在软件中的显示方式(图 5－2－20)。

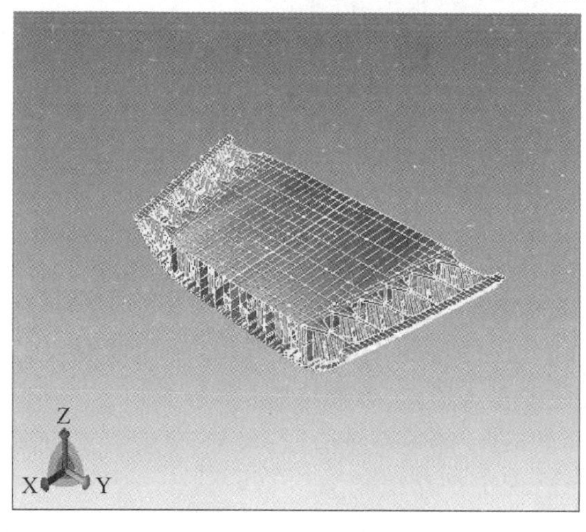

图 5－2－19　三维立体模型

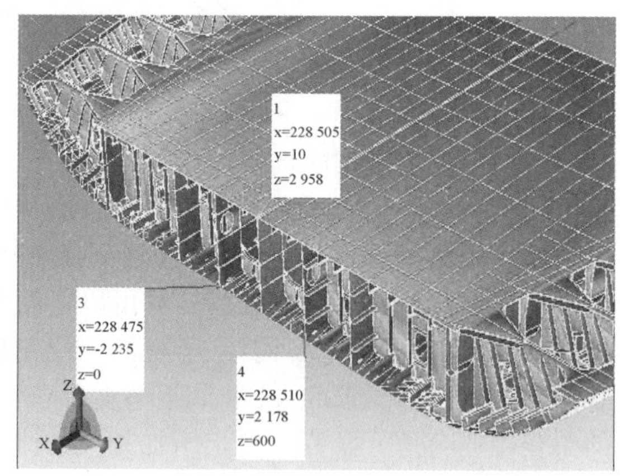

图 5－2－20　设计测量点在软件中的显示方式

(2)全站仪完成测量作业后,将全站仪上已保存的测量点数据转移至移动存储设备介质内。

(3)将存储介质内的数据转入计算机进行处理,剔除不需要的点,实测点单排顺序为“序号,X 值,Y 值,Z 值”,举例如图 5－2－21。

```
1,7129.8,23432.5,-210.6
2,7101.5,23413.4,-178.1
3,6134.9,22726.3,793.3
4,6166.4,22813.3,863.3
5,6845.3,24464.7,2029.3
6,6977.9,24747.7,2173.9
7,7978.6,26363,2603.5
8,8211.3,26693.4,2595.5
9,9406.9,28058.8,2255
10,9945.8,28580.8,1959.6
11,10951.5,29485.4,1248.7
12,11372.8,29839.3,917.4
13,110969,28768,-182.1
14,9695.1,26884.7,-176.6
```

图 5-2-21　实测点单排顺序举例

(4)将处理好的实测数据导入到软件的三维模拟作业中即可进行下一步数据匹配。

3. 数据匹配

(1)匹配前注意事项

①匹配应注意实测点与设计测量点单位的一致。

②在三维分析软件中进行实测数据和设计数据变换,变换后进行数值匹配,显示数据匹配误差。

(2)基准点选取

①基准点选取原则

- 为搭载服务,选取的基准点与搭载定位基准尽可能一致;
- 选择主板与主结构连接处的点;
- 以分段长轴为先,如图 5-2-22 所示。

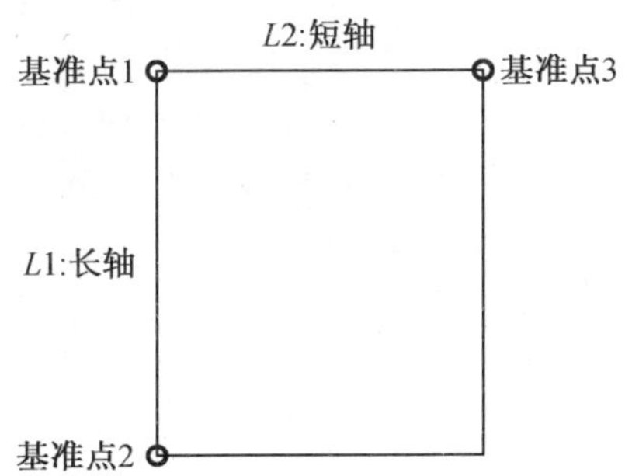

图 5-2-22　基准点选取原则

②一般分段基准点选取

一般分段基准点按表 5-2-1 选取。

表 5－2－1　典型分段基准点选取示意

序号	分段类型	涉及船型	三维测量基准点选择
1	全宽型底部	所有船型	在基面选取三个基准点,且遵守长轴为先的原则,如下图举例

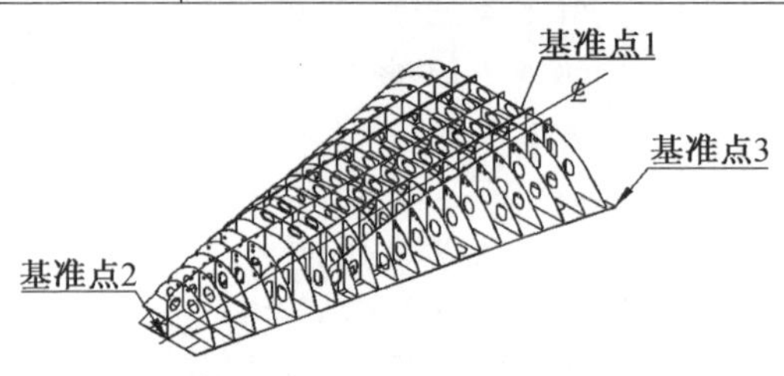

机舱全宽分段基准点选取示意图

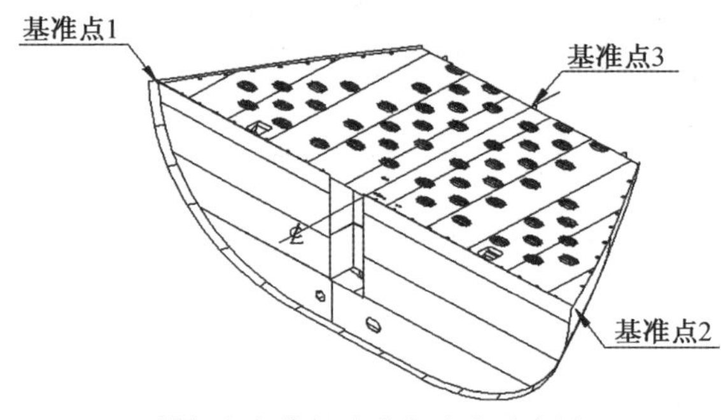

艏部全宽分段基准点选取示意图

序号	分段类型	涉及船型	三维测量基准点选择
2	“方箱子”分段	所有船型	以长轴为先原则选取边缘两端主板与主构架的交点为基准点1、2,另一边缘的交点为基准点3,如下图举例

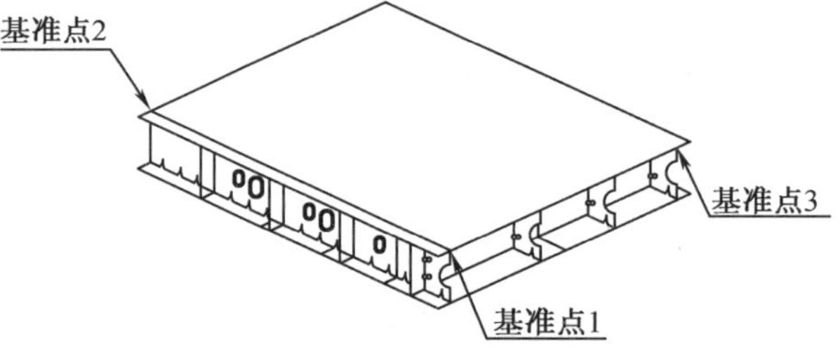

方箱子分段基准点选取示意图

序号	分段类型	涉及船型	三维测量基准点选择
3	底边水分段	所有船型	选取搭载定位基准外板上口与强构架的交点作为基准点1、2,下口肋板与平台板交点为基准点3,如下图举例。

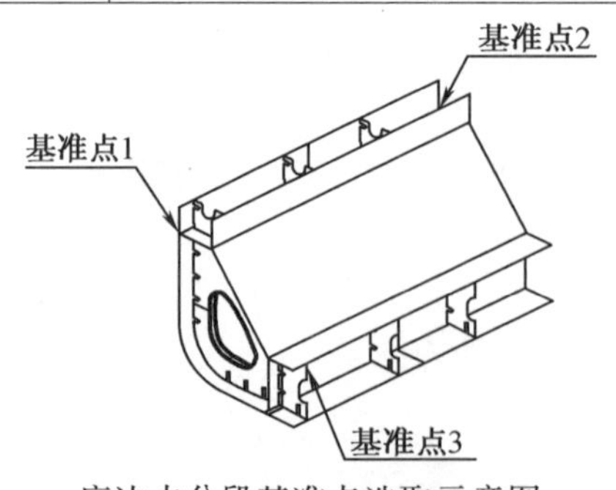

底边水分段基准点选取示意图

表 5－2－1(续)

序号	分段类型	涉及船型	三维测量基准点选择
4	顶边水分段	所有船型	以长轴原则选择甲板与外板艏艉交点为基准点 1、2,选择甲板第三端点与构架交接处为基准点 3,如下图举例

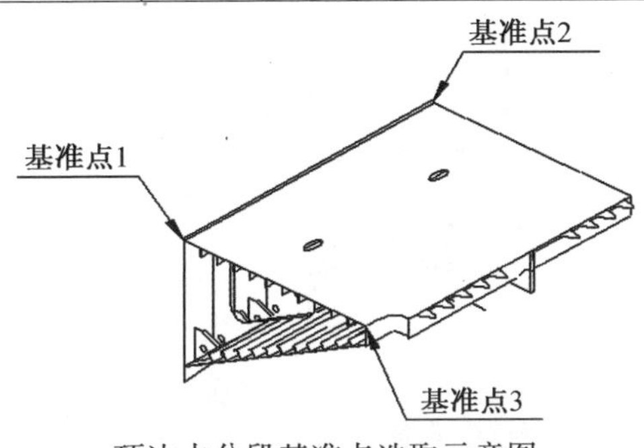

顶边水分段基准点选取示意图

序号	分段类型	涉及船型	三维测量基准点选择
5	甲板分段	所有船型	以甲板中心线两端点为基准点 1、2,以艏艉端面向舷甲板与纵桁相接处为基准点 3,如下图举例

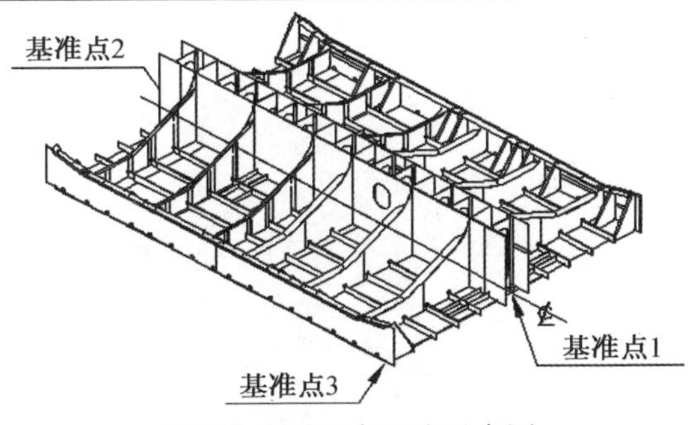

甲板分段基准点选取示意图

序号	分段类型	涉及船型	三维测量基准点选择
6	艏立体分段	所有船型	以长轴为先原则选取艉端向舷各一点为基准点 1、2,向艏中心线为基准点 3,如下图举例

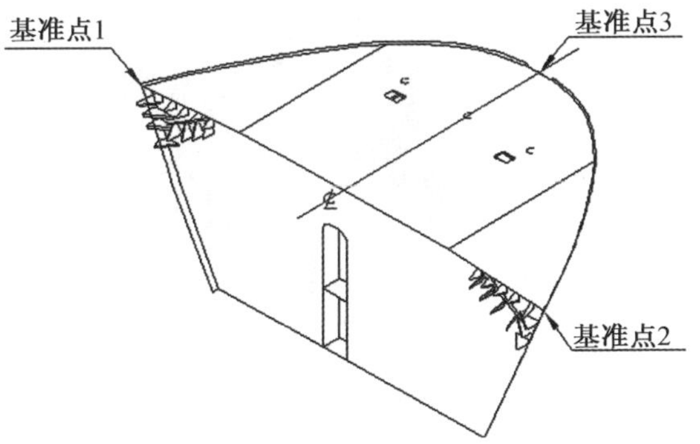

艏部立体分段基准点选取示意图

表 5 -2 -1(续)

序号	分段类型	涉及船型	三维测量基准点选择
7	艉(机舱)区域立体分段	所有船型	甲板与外板为基准点 1,甲板向中为基准点 2,向艏甲板与外板交点为基准点 3,如下图举例

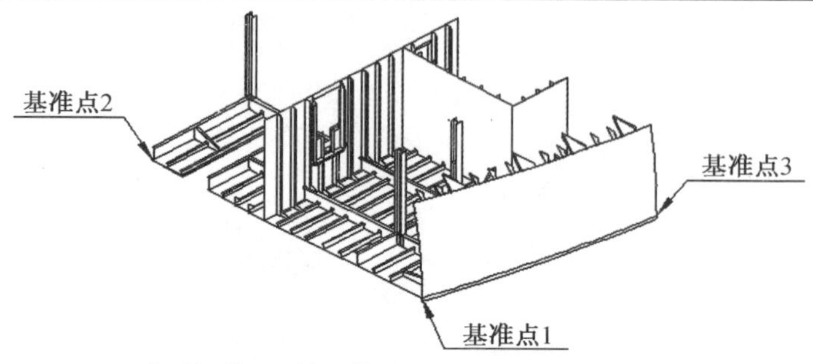

艉(机舱)区域立体分段基准点选取示意图

序号	分段类型	涉及船型	三维测量基准点选择
8	曲面舷侧分段	所有船型	以搭载基准外板与平台交点作为基准点 1、2,下口外板与肋骨交点为基准点 3,如下图举例

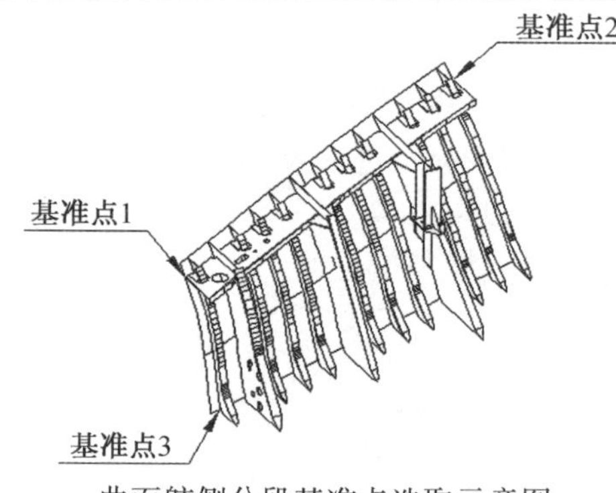

曲面舷侧分段基准点选取示意图

序号	分段类型	涉及船型	三维测量基准点选择
9	含挂舵臂分段	所有船型	中心线艏艉端点作为基准点 1、2,向舷处主板与构架交点为基准点 3,如下图举例

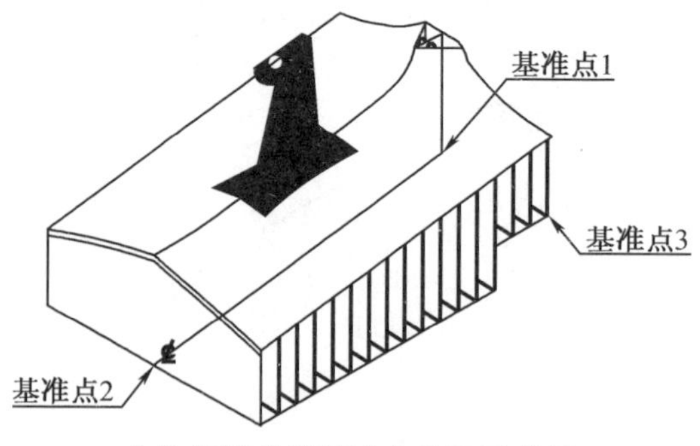

含挂舵臂分段基准点选取示意图

(3)坐标变换

按基准点原则进行坐标变换,变换后可通过一点、二点变换进行微调,但基准点应在精度标准范围内。

(4)数据计算

可通过数据计算功能进行:两点距离、直线度、点夹角、平面度的计算,根据不同的需要进行计算。

4. 三维精度测量分析报告生成

(1)报告填写要求

报告为三维分析软件自动生成的 EXCEL 格式文件,有固定的模板,分析人员只需按要求在报表中的空格项进行填写即可,其中填写的内容涉及工程编号、分段编号、总段编号、包含分段、基准分段、作业类型、制造部门、测量者、分析者、测量及分析日期、基准点号、分析结论。验收一栏由检验部门相关检验人员填写,其中个别项需要特别说明:

①包含分段、基准分段:该两项在总段测量时填写;

②作业类型:作业类型即测量时测量物所属的状态,即分段定位、分段完工、总段定位,总段完工等;

③基准点号:匹配时选用的基准点点号;

④分析结论:对匹配的结果进行分析并以数据为依托填写结论,结论应对强结构偏差超出 10 mm 的测量点进行单独描述,对自由端偏差超出 15 mm 的测量点进行单独描述。

(2)图形要求

①图形显示的数据均采用误差显示模式;

②图形不超出表格宽度,不覆盖表格数据,表格在打印成 A4 纸时清晰可见且可以判断出点位;

③三维坐标清楚可见。

(3)数据内容

报告显示的数据应尽可能全面,其他所需显示内容根据特殊要求进行选择,在表格模板中需注明修正信息与其他特殊说明时,手动在数据下增加备注行将其填写清楚;若分段有余量在备注里注明清楚。三维精度测量分析报告举例模板示意图见图 5-2-23。

5. PDA(移动电子终端)辅助现场测量软件的使用

"PDA 辅助现场测量软件的使用"在三维测量中的使用及步骤介绍如下。

(1)设计数据提取

①可通过"设计点生成"标出设计测量点并导出,导出功能菜单见图 5-2-24;

②可通过其他途径提供的需设计测量点数据,数据格式见图 5-2-21。

(2)数据匹配

①现场的实测点数据可以直接与 PDA 中事先导入的设计测量点数据进行匹配;

②测量时调整好全站仪后,用专用数据线连接全站仪与 PDA,并打开 PDA 程序选择设计测量;

③实测点的记录工作可直接在 PDA 上完成;

④开始测量三点为基准点,同时也可以手工进行基准点调整;

⑤匹配后主界面可显示实测点与设计测量点的误差值供现场参考。

<table>
<tr><td colspan="2">精度检查测量表</td><td>施工单位</td><td></td><td>检查阶段</td><td rowspan="4">决裁</td><td>担当</td><td>班组长</td><td>主任</td></tr>
<tr><td colspan="2">A/C CHK - SHEET</td><td>施工负责人</td><td></td><td rowspan="3">C</td><td rowspan="3"></td><td rowspan="3"></td><td rowspan="3"></td></tr>
<tr><td>船号</td><td></td><td>测量者</td><td></td></tr>
<tr><td>BLK. NO</td><td></td><td>测量日期</td><td></td></tr>
<tr><td>测量次数</td><td></td><td>支撑固定</td><td>是　　否</td><td colspan="2">焊接率</td><td></td><td>测量结果</td><td></td></tr>
<tr><td colspan="9">11¦15
X=160360(0)
Y=5670 (- 1)
Z=35096 (- 3)

12¦16
X=160360(-2)
Y=2430 (+2)
Z=35100 (+2)

13¦17
X=160360(-2)
Y=-10 (S:2)
Z=35100 (-1)

14¦18
X=160360(-1)
Y=-2430 (+3)
Z=35100 (+1)

15¦19
X=160360(-3)
Y=-5670 (0)
Z=35096 (-3)

16¦20
X=160360(-2)
Y=-8100 (-1)
Z=35042 (+3)

17¦21
X=161690(-3)
Y=-8690 (+4)
Z=35029 (+6)

18¦22
X=165050(-1)
Y=-8690 (+4)
Z=35029 (+2)

19¦23
X=160360(-1)
Y=8100 (0)
Z=35042 (+1)

20¦24
X=160360(-2)
Y=8100 (+1)
Z=32963 (0)

21¦25
X=160360(-3)
Y=5670 (-3)
Z=32963 (+3)

22¦26
X=160360(-2)
Y=2430 (+2)
Z=32963 (-1)

Z
Y
X

34¦38
X=175130(+3)
Y=-8690 (+5)
Z=35029 (-4)

33¦37
X=175130(+1)
Y=-8540 (+6)
Z=32963 (-3)

32¦36
X=171770(-2)
Y=-8690 (+2)
Z=35029 (-3)

23¦27
X=160360(-1)
Y=-10 (S:1)
Z=32963 (+1)

24¦28
X=160360(-3)
Y=-2430 (-2)
Z=32963 (-2)

25¦29
X=160360(0)
Y=-5670 (-1)
Z=32963 (-2)

26¦30
X=160360(-1)
Y=-8100 (+1)
Z=32963 (+4)

27¦31
X=161690(+1)
Y=-8540 (+7)
Z=32963 (+5)

28¦32
X=165050(-2)
Y=-8540 (+5)
Z=32963 (+3)

29¦33
X=168410(+3)
Y=-8540 (+3)
Z=32963 (0)

30¦34
X=168410(-2)
Y=-8690 (+5)
Z=35029 (-1)

31¦35
X=171770(0)
Y=-8540 (+3)
Z=32963 (-2)</td></tr>
<tr><td rowspan="5">精度检查基准</td><td>尺寸(长/宽)</td><td></td><td>断差</td><td></td><td colspan="4" rowspan="5">备注:</td></tr>
<tr><td>末端断差</td><td></td><td>D 精度</td><td></td></tr>
<tr><td>DIMENSION</td><td></td><td>搁墩布置</td><td></td></tr>
<tr><td>垂直度</td><td></td><td>焊接保留</td><td></td></tr>
<tr><td>LEVEL</td><td></td><td>涂装保留</td><td></td></tr>
</table>

图 5-2-23　三维精度测量分析报告举例模板示意图

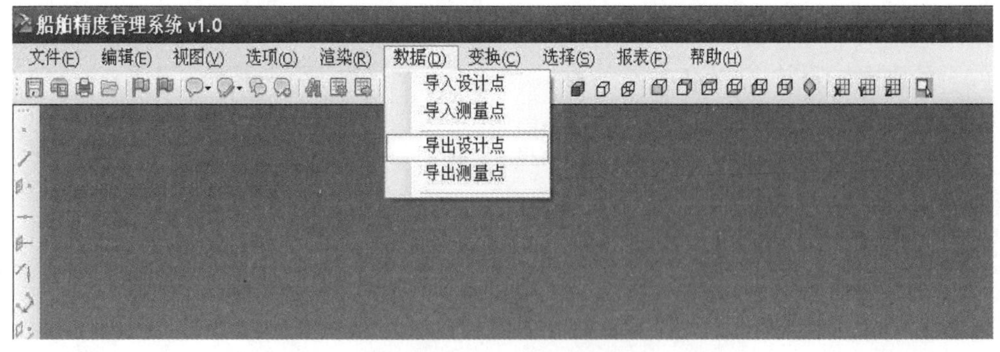

图 5-2-24　导出功能菜单

(3)数据计算

可通过 PDA 辅助现场测量软件进行两点距离、点夹角、线夹角、平面度、直线度、平面拟合等功能来计算现场所测量的数据。

第三节　模拟搭载技术

一、模拟搭载技术产生的背景

传统的船体分段搭载方式为二次吊装搭载，即分段搭载吊装到位后初步进行一次定位，根据现场实际情况来判定余量间隙情况，对需修割的位置进行画线切割，等余量全部修割完毕后，再次对分段进行吊装和进行第二次精确定位。此船体搭载定位方式吊车需对分段吊装两次，吊车利用率较低；余量需高空作业，作业安全风险系数较高；分段对接情况无法提前预判。对于船厂而言，其最为核心的资产就是吊车、船坞和船台，因此如何缩短船坞、船台建造周期，提升吊车利用效率是当今各船厂降本增效的核心研究课题。而随着计算机技术的快速发展，如何通过计算机软件在电脑中实现预模拟船体分段搭载对接，对分段对接情况提前进行预判以及对余量进行提前修割，以此实现分段吊装搭载一次到位，成为当今船舶行业急需解决的课题。因此，模拟搭载技术便应运而生。

二、模拟搭载技术基本概念

船舶在建造过程中，从加工车间到船坞每个阶段不可避免地会产生误差，而误差在搭载阶段时显现最为明显。搭载阶段环境复杂，脚手架作业，高空作业，狭小的作业区域内存在立体交叉作业，容易引发安全隐患，阻碍生产效率。如果发生问题修正比较困难，工作量加大。模拟搭载就是预先了解要搭载的总段精度偏差值及已搭载基准分段的精度偏差值，在电脑中模拟分析得出有效的修正方案，在总组平台上进行切割修正。

三、模拟搭载技术管理方法

模拟搭载技术管理方法流程图如图 5 - 3 - 1 所示。

1. 数据测量采集

通过全站仪对已搭载的基准分段和将要搭载对接的分段进行三维测量。

2. 设计模型

因为模拟搭载需要以设计模型为基础，先从设计上调出已建好的三维模型数据，再通过模拟搭载—分段三维分析专用软件导入三维模型，在三维模型上添加需测量的管理点。

3. 数据导入

将全站仪里测量好的三维数据导入到分段三维分析软件中。

4. 三维数据分析

在三维分析软件中，将现场测量的三维数据与设计模拟进行匹配分析，使现场实际数据尽可能地与设计模型数据一致。单独对搭载分段和基准分段进行三维分析。

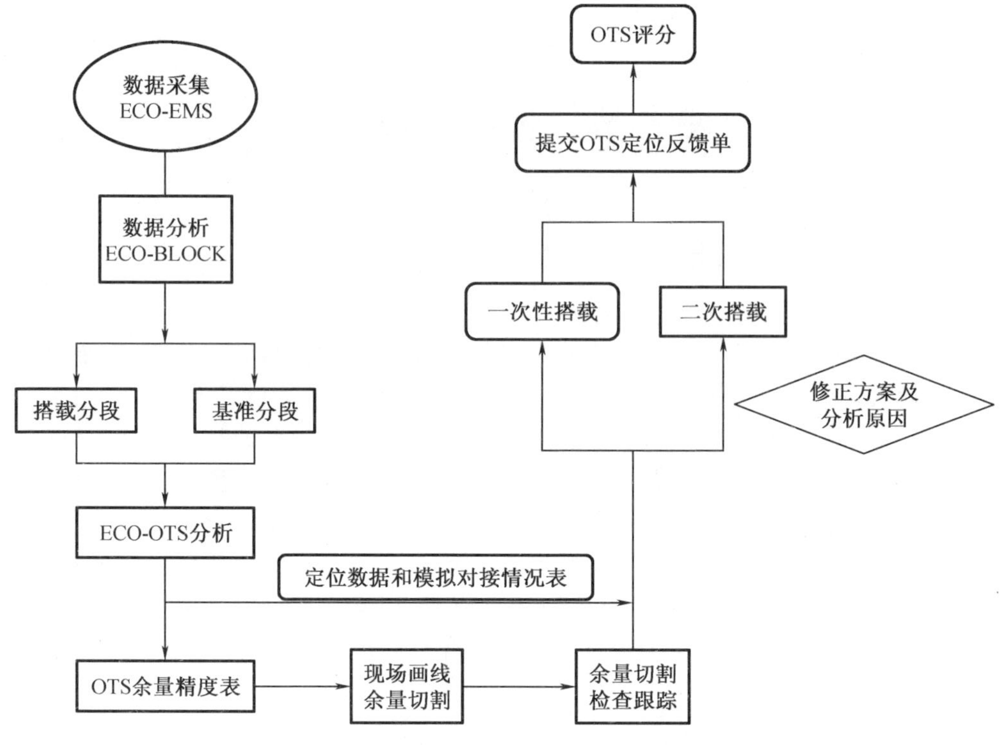

图5-3-1 模拟搭载技术管理方法流程图

5. 模拟搭载分析

在模拟搭载分析软件中将在三维分析软件中已分析好的搭载分段和基准分段数据导入,在电脑软件中将两只分段进行匹配预搭载分析,将搭载分段生成的偏差值(与设计对比)与基准分段生成的偏差值(与设计对比)进行连接,在设计模型中生出间隙值和重叠值(间隙值:两分段对接有间隙;重叠值:两分段对接需修割余量)。

6. 模拟搭载余量精度表

将模拟搭载分析软件计算出的间隙值和重叠值以及定位点偏差值生成精度表打印出来,现场根据余量精度表进行现场作业。

四、模拟搭载技术具体操作流程

(一)工装设备软件需求

(1)工装设备　全站仪、隐蔽杆、旋转标靶、坡口转折器、反射片,如图5-3-2所示。

(2)软件　全站仪机载三维测量软件、分段三维分析软件和模拟搭载分析软件。目前,国内市场上应用的软件有ECO-system三维分段分析软件和OTS分析软件、海徕三维精度分析软件、东欣三维精度分析软件等。

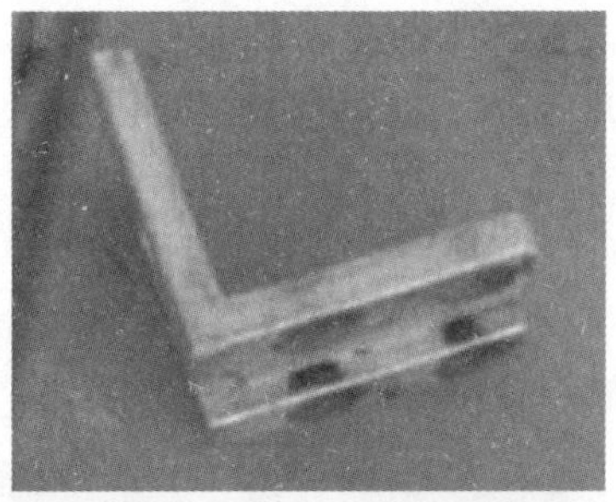

图 5－3－2　工装设备

（二）数据采集测量准备工作

在平台总组前对分段需要测量点处贴上反射片，方便总组定位和测量，以及船坞搭载定位测量，如图 5－3－3 所示。

图 5－3－3　贴反射片

反射片张贴要求：

（1）总组或搭载需高空攀爬的位置管理点均需提前张贴反射片，后续测量作业时可用全站仪直接测量，人不用高空作业去放点；

（2）有板材与板材相交位置的 150 mm 偏移点需张贴反射片，交点和偏移点也需张贴反射片，具体操作是有几张板相交就需张贴几张反射片，原则是保证每张板材上都有测量点；

（3）反射片张贴位置要精确，要在管理点上；

（4）反射片张贴角度要控制，可用硅胶进行调整，原则是确保后续方便测量；

(5)所有需提前张贴反射片位置的管理点不能遗漏,反射片张贴一定不能遗漏;

(6)反射片张贴一定要牢固,不能脱落,在搭载之前需检查一遍反射片的完整性,发现脱落的要及时补上。

(三)数据采集

涉及三维数据测量的放点整体原则:以理论线面(绝大部分理论线面是构建面,现场能直观看出)为放点基准;看不出理论线面的(两面对称,如T排、角钢等)则上下方向靠下,左右方向靠中,艏艉方向靠艏;板材端点则各偏移150 mm,如图5-3-4所示。

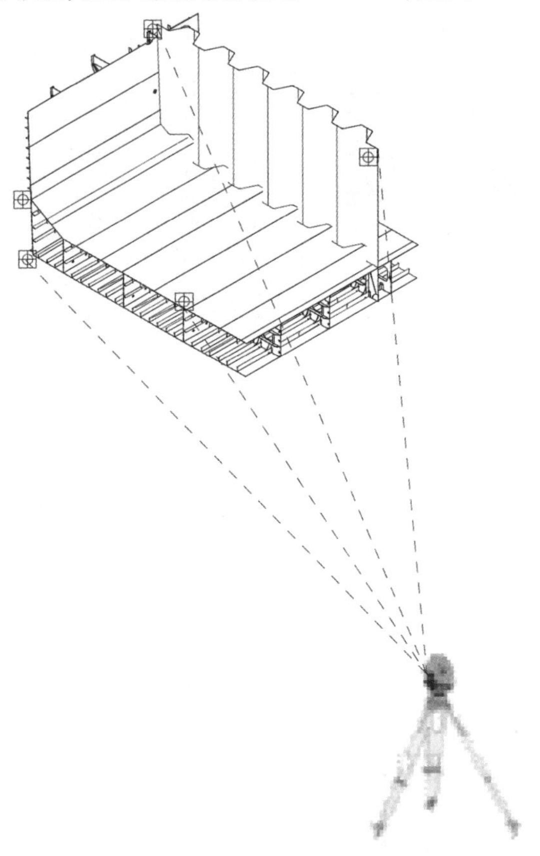

图5-3-4　数据采集

搭载分段测量注意点(图5-3-5):

(1)所有结构对接交点必须进行测量;搭载对接面平直板材的小构件(如T排、角钢等)可适当减少测量,但线型变化较大板材上的小构件与主板交点需每挡都进行测量;

(2)偏移150 mm点测量:搭载对接面除结构交点测量完外还须对构件偏移150 mm点进行测量,具体操作是有几张板相交就需测量几个点,原则是必须保证每张板材上都有测量点;搭载非对接面则无需对结构交点偏移150 mm进行测量;凡是主板端头都偏移150 mm测量;

(3)搭载对接面所有测量点必须与基准分段测量点位置一致;

(4)测量点不能遗漏;

(5)分段测量完毕后,在全站仪里对测量数据进行命名的原则为船号—总段号—D—测量日期。

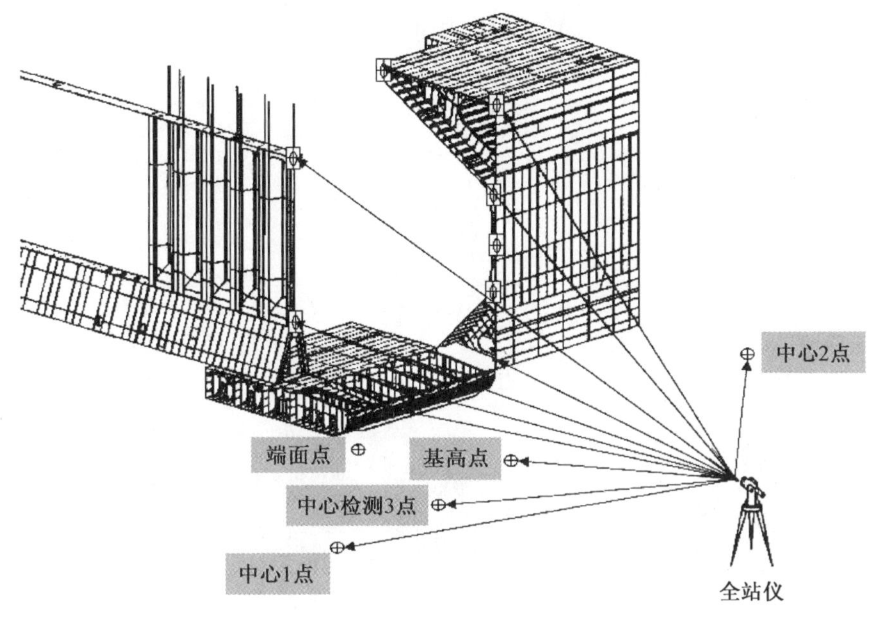

图 5－3－5　搭载分段测量注意点

基准分段测量注意点：

(1)仪器调整好后，首先开始测量坞壁或坞道上的中心线；

(2)第一点中心测量，第二点中心测量，一二点的长度距离要长(最少需要大于 J 分段的总长度)。一二点测量完毕后必须再进行第三点中心测量的检测，第三点的 Y 偏差值需小于 2。偏差值超标的需重新开始找中心一二点的测量，再找第三点检测，直到偏差值在范围要求之内；

(3)中心线 3 点测量完毕后，就测量坞壁或坞道上的基高点和端面线上的点；

(4)J 分段测量时须注意测量点不要遗漏，凡是搭载需对接的构件交点和构件上偏移 150 mm 的点都需进行测量，所有测量点与搭载分段测量点位置应一致；

(5)分段测量完毕后，在全站仪里对测量数据进行命名的原则为：船号—总段号—J—测量日期。

(四)数据分析

搭载分段三维分析注意点(图 5－3－6)：

(1)将全站仪测量的数据拷入到分析电脑上；

(2)在三维分析软件中导入设计模拟文件(DXF 文件)，并生成管理点；

(3)在三维分析软件中导入测量数据(EMS 文件)；

(4)通过软件的三点移动功能将设计管理点与实际测量点连接起来，三点选择为分段关键控制点，其中第一点为分段基准边上的点，三点的位置要包含整个分段(常规选取方式：艏、艉、下口三点)；

(5)设计管理点与实际测量点连接后所有数据偏差值显示出来，通过选取的三点的偏差值作为主要分析管理点，再来看分段整体精度状况，分析需整体考虑，适当调整状态；

(6)分段三维分析完毕后，通过软件的报表功能，将分段数据进行排版输出三维精度表打印出来。排版要求：一个角度能观看到分段两个面，两张图完整显示出分段所有数据；所有数据点不能重叠交叉；坐标系图标要完整；版面要美观清爽；

(7)文件命名存档，船号—总段号—D—分析日期；

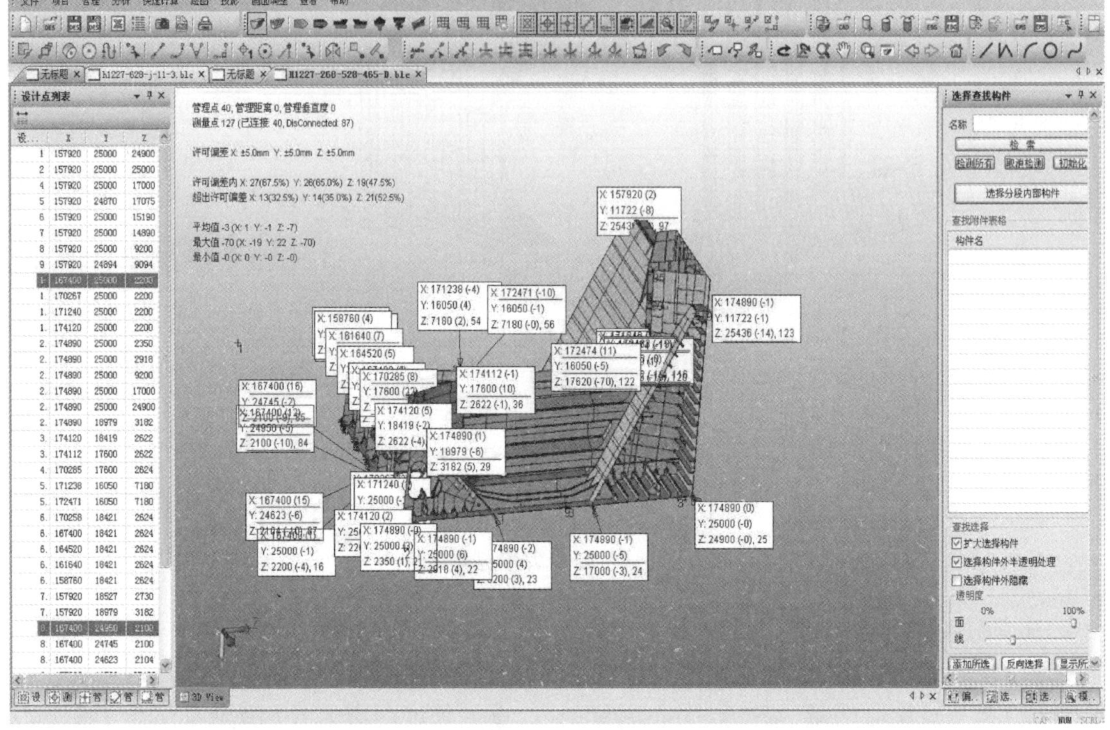

图 5-3-6 搭载分段三维分析注意点(1)

搭载分段三维分析注意点(图 5-3-7)：

(1)将全站仪测量的数据拷入到分析电脑上；

(2)在三维分析软件中导入设计模拟文件(DXF 文件)，并生成管理点；

(3)在三维分析软件中导入测量数据(EMS 文件)；

(4)首先通过一点移动将测量数据的第一点宽度方向数据移到中心线或者中心偏移线数值上；再将基高测量点高度方向一点移动到理论数值上；最后将端面线测量点前后方向一点移动到理论数值上；三个方向 X、Y、Z 一点移动完毕后，即可将设计管理点与实际测量点连接起来；

(5)设计管理点与实际测量点连接后将所有数据偏差值显示出来，分段即分析完毕；

(6)分段三维分析完毕后，通过软件的报表功能，将分段数据进行排版输出三维精度表打印出来。排版要求：一个角度能观看到分段两个面，两张图完整显示出分段所有数据；所有数据点不能重叠交叉；坐标系图标要完整；版面要美观清爽；

(7)文件命名存档，船号—总段号—J—分析日期；

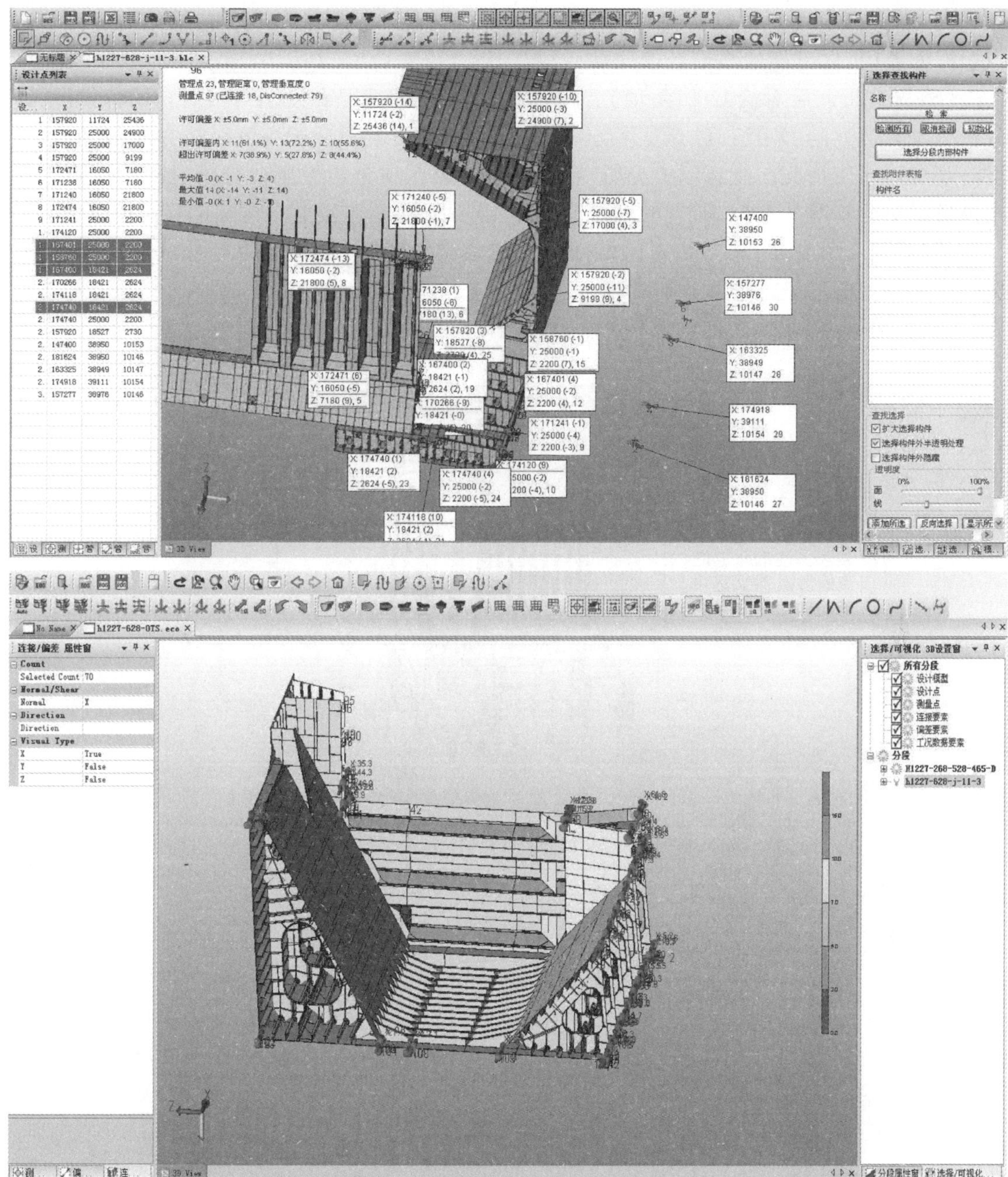

图 5－3－7　搭载分段三维分析注意点(2)

模拟搭载分段数据分析注意点(图 5－3－8)：

(1)在模拟搭载软件里导入已分析好的基准分段和搭载分段三维数据(BLOCK 文件)，导入顺序：先导入基准分段数据再导入搭载分段；

(2)将基准分段和搭载分段数据进行连接，连接之后即可显示对接偏差值和偏差方向；

(3)在软件设置里将基准分段模型隐藏，并将搭载分段和基准分段测量点通过颜色设置区分开来；

(4)开始进行分析，基准分段固定不动，只调整搭载分段状态；

（5）将搭载分段定位端面的管理点定位数据调出来，分析过程中要时刻关注定位管理点数据偏差值，尽可能地与设计值保持一致；

（6）先分析前后对接方向（X 值），注意端面对接空隙情况和硬档对接对合错位情况；再分析宽度对接方向（Y 值），注意宽度方向对接错位情况；最后分析高度对接方向（Z 值），注意高度对接错位情况。注意以上分析，始终要坚持第 5 项分析原则。分析过程中注意分段整体搭载对合情况的把握，所有的偏差值尽可能地小，端面定位点尽可能地接近理论值；

（7）精度报表输出：将分析好的端面对接的余量值和间隙值、定位点理论值和偏差值、对接错位偏差值均进行排版打印出来；

（8）文件命名存档，船号—总段号—OTS—分析日期。

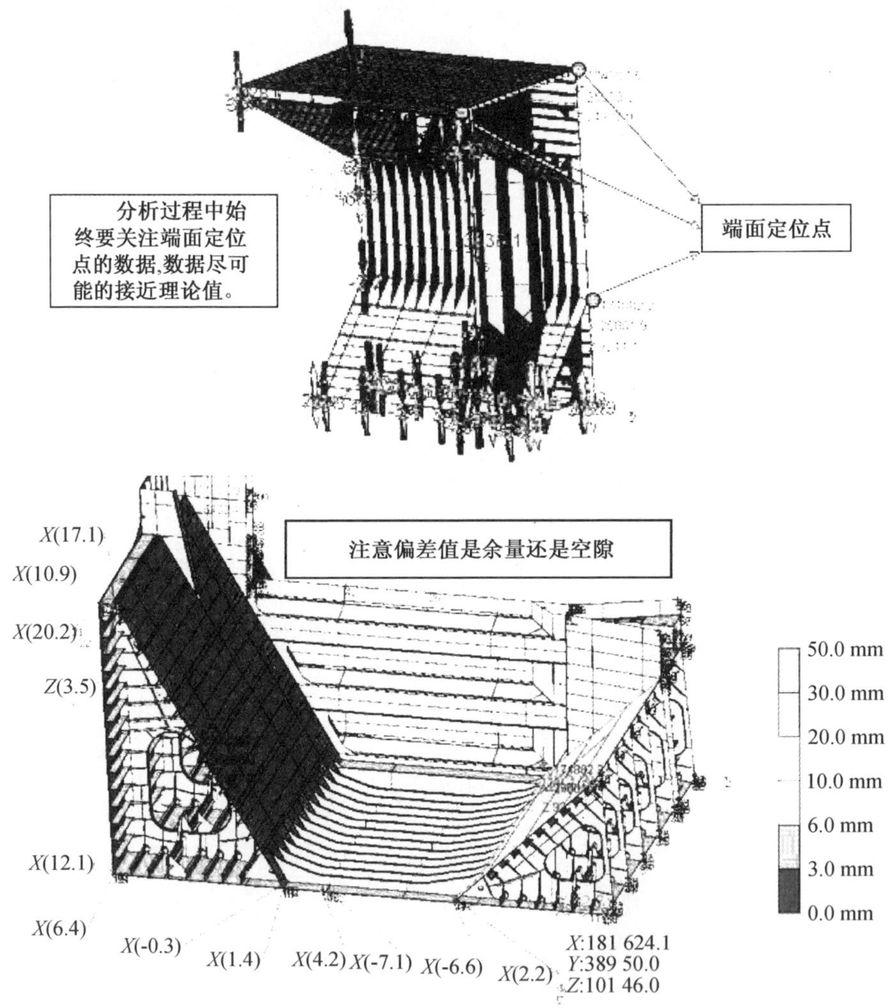

图 5－3－8　模拟搭载分段数据分析注意点

五、现场余量线画制及切割

现场根据分析好的余量布置精度表进行画线，线包括：余量切割线（现场根据此线进行余量切割）、100 mm 余量检验线（从余量切割线量 100 mm 进行画线，用于检查实际余量切割精度）。现场余量切割时必须采用半自动切割机和靠山，如图 5－3－9 所示。

图 5-3-9 现场余量切割

六、搭载定位

搭载定位是根据模拟搭载分析出来的定位数据进行定位,以及结构对接情况根据模拟的情况进行定位。实际定位与模拟分析定位数据偏差控制在 ±5 mm 以内。若实际搭载情况与模拟分析情况一致,现场无二次余量修割,吊车一次吊装到位,则模拟成功;反之,则模拟失败。

七、模拟搭载检查评分

搭载定位好之后，定位人员根据 OTS 定位反馈单填写现场端面定位点定位数据和现场对接情况，根据现场对合情况及吊车吊装次数情况进行模拟搭载评分，见表 5－3－1。

表 5－3－1　模拟搭载检查评分表

船号		分段号		日期	
评定		分数			

分段模拟状态

<table>
<tr><td>分段首端半宽</td><td></td><td>分段首端高度</td><td></td></tr>
<tr><td>分段尾端半宽</td><td></td><td>分段尾端高度</td><td></td></tr>
<tr><td>分段左右空隙(隔舱)：</td><td colspan="3"></td></tr>
<tr><td colspan="4">分段首端端面：</td></tr>
<tr><td colspan="4">备注：</td></tr>
<tr><td colspan="4">分段实际定位状态</td></tr>
<tr><td>分段首端半宽</td><td></td><td>分段首端高度</td><td></td></tr>
<tr><td>分段尾端半宽</td><td></td><td>分段尾端高度</td><td></td></tr>
<tr><td>分段左右空隙(隔舱)：</td><td colspan="3"></td></tr>
<tr><td colspan="4">分段首端端面：</td></tr>
<tr><td colspan="4">备注：
是否需要复位：</td></tr>
<tr><td colspan="4">复位原因：　　复位数据详见复位表格</td></tr>
<tr><td colspan="4">定位人员反馈</td></tr>
<tr><td colspan="4">分段定位使用龙门吊时间
分段定位人员
分段定位日期</td></tr>
</table>

评定	级别	分数	内容
优秀	A	100～90	模拟搭载后一次性到位，分段搭载无须切割
良好	B	89～80	模拟搭载后，分段搭载少量切割
一般	C	79～70	模拟搭载后，分段搭载较多切割
不足	D	69～60	模拟搭载后，分段搭载大量切割
差	E	60 以下	模拟搭载后，需要再次复位

第四节　其他测量技术

在船舶行业中除了上节介绍的测量手段以外，全站仪除进行三维测量外，其本身还担负着较多现场二维测量功能，并普遍运用于各个建造工序。此外还有其他诸多的先进测量手段，例如三维激光扫描技术、摄影测量技术、iGPS 测量技术等测量技术也在逐步在船企中应用。

一、全站仪在船舶建造过程的其他应用

精度测量方法作为精度管理的重要组成部分，其关系到部件测量精度和后续可用性。以往，造船企业常用的测量工具是卷尺、水平仪、经纬仪和模板等测量工具，常用的测量方法为直接测量法和水平投影法，该测量方法虽然测量速度快，但是受外界影响因素较多，测量精度不高，以至对后道工序可用性较差。随着造船科技的进步，当下的测量方法也较以往常规方法有了革命性的改变，引用全站仪设备进行测量是新型测量方法，该方法现已逐渐在各大型船企普及。使用全站仪测量可精确且快速地测得任何物体的空间三维坐标数据，将测得的三维数据通过全站仪自身应用程序进行计算分析，可以使精度检测人员获得实际被测物的尺寸精度状态，通过精度状态和结果可以找出产品的制造工艺缺陷和变形规律，判断出产品的状态，对船企工艺改进和预警后道工序起到了促进作用，同时可有效提高产品的精度。图 5－4－1 给出了全站仪在船舶制造现场的测量情况。

图 5－4－1　全站仪在船舶制造现场的测量情况

全站仪即全站型电子速测仪，是近年普遍使用的一种新型的测量仪器。其由电子测角、电子测距、电子计算和数据存储系统等组成，具备高精度距离测量和角度测量等功能，操作方便且快捷。对于精度管理而言，现场检测和数据收集是整个精度管理的重要基础工作，精度检测人员使用全站仪可完成大量的产品数据采集工作，从中得出产品的变化规律，用以判断产品精度品质，为设计策划环节提供优化方案，为后续产品建造工艺改进提供基础信息。因此，全站仪作为一种高效、准确、方便的检测设备，有利于提升数据收集的准确性，提升检测效率。目前市场上的全站仪品牌类型众多，且应用领域涉及各行各业，为了适

应不同行业的测量使用需求，全站仪厂商也同步研发了各类测量应用程序。对于造船行业而言，迫切需求一种适应复杂的船体结构以及多样化的工艺环节的测量程序，能有效地推动造船生产技术综合水平的提高。通过全站仪测量程序的应用，船舶精度检测人员拓宽了测量思路与方法，其也拓宽了全站仪在船舶建造环节中的使用范围。

（一）全站仪的使用原理及适用案例

1. 空间尺寸测量及计算

船舶建造中各建造阶段的精度管理均涉及尺寸测量，且因船体结构形式复杂，所以更多的是空间尺寸测量。全站仪可以在被测结构任意状态下测量并计算出其所需的空间尺寸。

（1）测量计算原理

①全站仪测距原理　通过测量光波在待测距离 D 上往返传播的时间 t_{2D}，计算待测距离 D，c 是光波在空气中的传播速度，t 是光波往返时间。

$$D=\frac{1}{2}ct_{2D}$$

②全站仪坐标计算原理　平面 $X=X_0+\Delta X/Y=Y_0+\Delta Y$；高程 $H=H_0+\Delta H$。图 5－4－2 为坐标计算示意图。

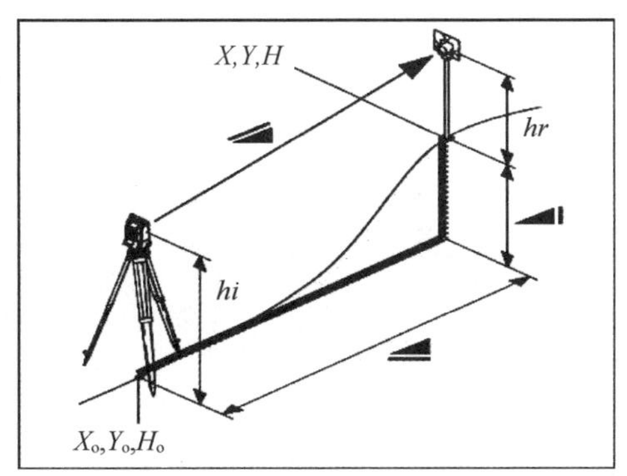

图 5－4－2　坐标计算示意图

（2）适用案例

进行船体分段结构测量时，可以通过全站仪程序界面直接测量计算出分段的高度、斜长，以及投影距离。同时，程序可直接参与大型分段搭载时的尺寸定位。介入后直接省去了以往传统方式中需要拉卷尺、挂线锤、人为计算等作业，测量计算均有程序一步完成，且仅需 1 人操作即能独立作业。图 5－4－3、图 5－4－4 分别为运用程序测量计算所得空间尺寸示意图。

2. 平整度测量及计算

船体分段的平整度控制十分重要，传统方式受分段摆放形式限制，只能在水平状态下进行测量。全站仪程序除具备正常的水平状态下测量以外，对被测结构面处于非水平状态下，同样可以监测该面的平整度状态。

（1）计算原理

通过全站仪测得基准点 A 所在的面，可以计算出其他所测点 A、B、C、D 到 A 面的垂直距离。图 5－4－5 为平整度计算原理示意图。

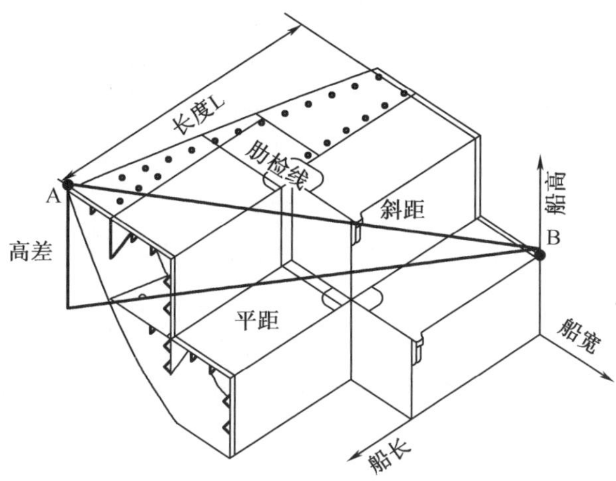

图 5-4-3　运用程序测量计算空间尺寸(1)

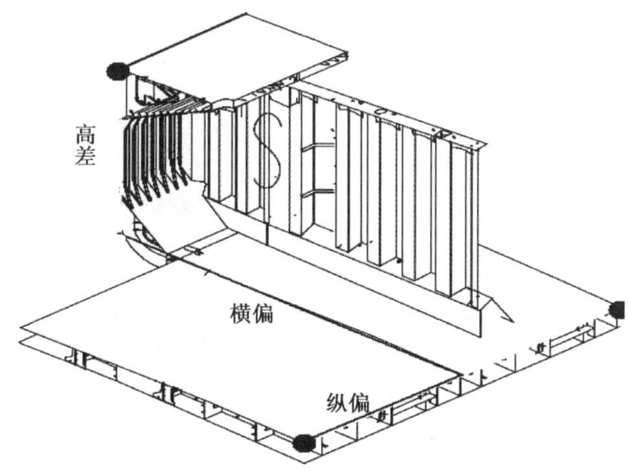

图 5-4-4　运用程序测量计算空间尺寸(2)

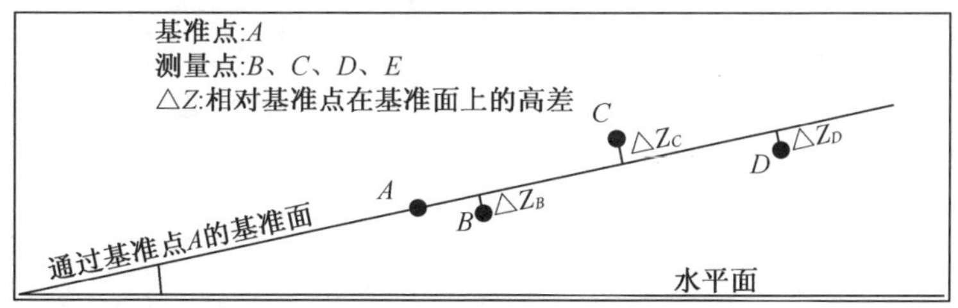

图 5-4-5　平整度计算原理示意图

(2)适用案例

无论是分段处于水平还是非水平状态,通过上述原理均可测量并计算得出示意的红色激光点到所测面的距离,直观得出该分段面的平整度精度状态。图 5-4-6 为平整度测量示意图。

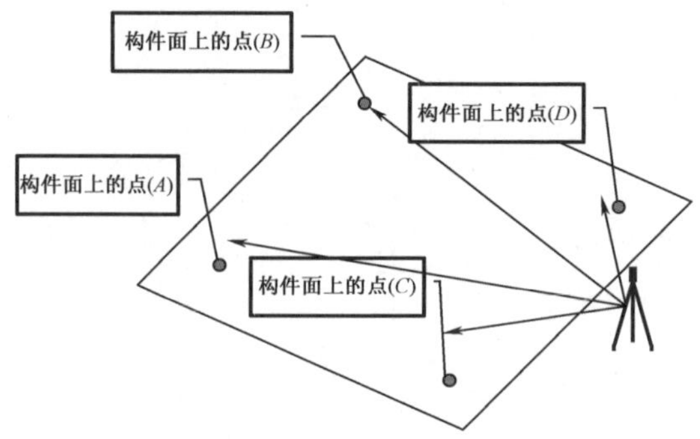

图 5－4－6　平整度测量示意图

3. 角度测量计算

(1)计算原理

水平角计算原理:视线方向与北方向(x 轴)之间的夹角,设备到两目标的方向线垂直投影在水平面上所成的夹角;竖直角计算原理:设备到目标点的视线与水平线之间的夹角。图 5－4－7 为角度计算原理示意图。

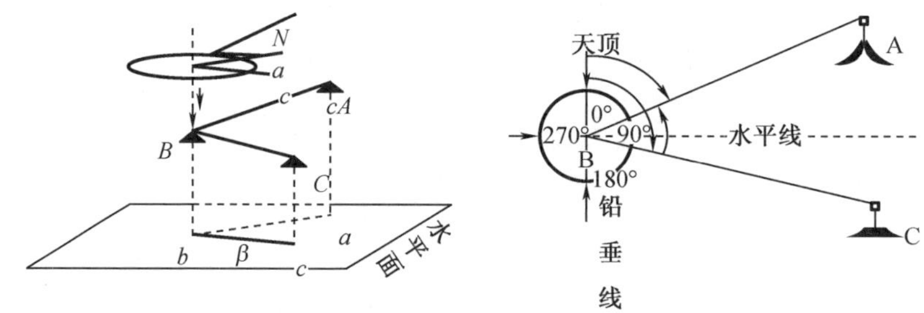

图 5－4－7　角度计算原理示意图

(2)适用案例

通过上述原理,可延伸多种角度测量计算形式。角度测量计算方面,均可适用于双斜切胎架,分段端面和胎架基面不垂直,船台倾斜角度判定等。尤其是在船台搭载阶段,程序可自行换算角度值,直接避免传统测量方式的人工计算角度方法,降低人员操作误差,提升定位效率。图 5－4－8 为船台基础上进行的相关全站仪测量时定义船台倾斜角度示意图。

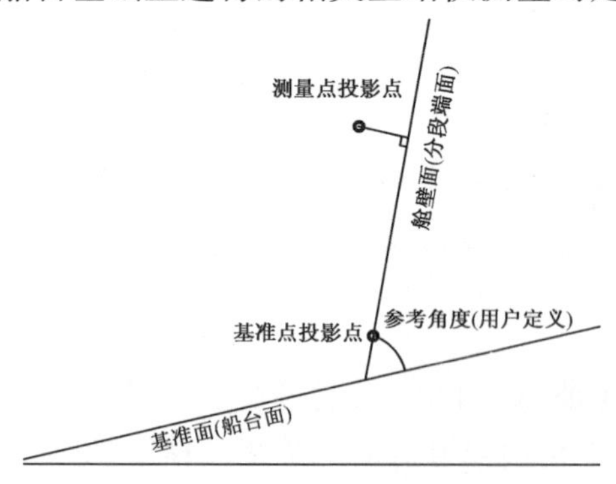

图 5－4－8　船台倾斜角度示意图

4. 应用程序介绍

针对船舶结构的制造特点，根据船企使用需求，经过长期研发，形成一套适用于船舶建造各个环节的精度测量程序。程序的相关术语定义为适用于船舶行业的专业测量用语，且该程序将全站仪功能进行整合并集结了定义坐标系、两点间距离、直线度测量、平整度测量、角度测量、圆心计算等多种测量计算功能。这极大地增加了现场测量的便捷性和适用性。

(1)定义坐标系为了提升现场船体测量时坐标定义的便利性，程序提供了四种可供选择的坐标系定义方法。通过定义可明确被测船体的坐标指向，其后所测定的点将自动按照先前生成的坐标系显示坐标。这提升了现场测量人员对空间的判断能力，也便于现场坐标计算。图 5－4－9、图 5－4－10 分别为程序定义坐标系界面及定义坐标系在船体上的指向形式。

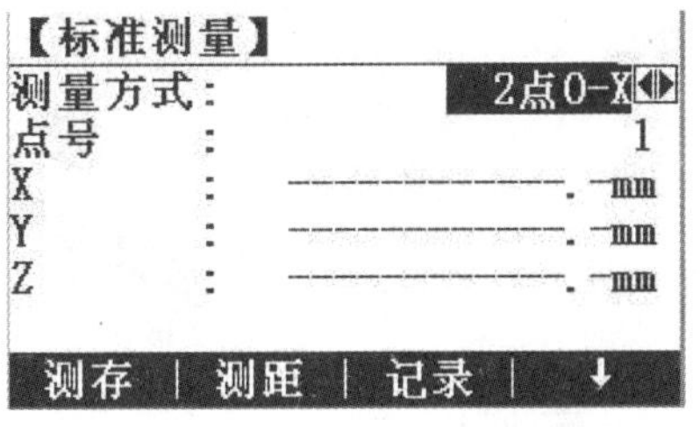

图 5－4－9　程序定义坐标系

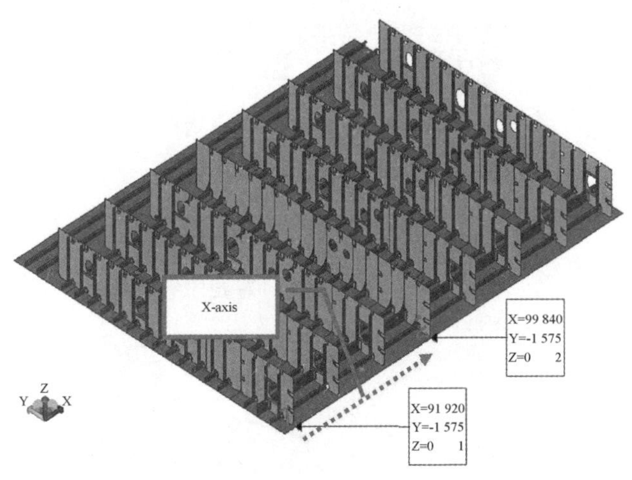

图 5－4－10　定义坐标系在船体上的指向形式

(2)计算功能　计算功能中涵盖了两点间距离、直线度测量、平面度测量、角度测量、圆心计算、弧长计算、水尺水线标定等多种测量计算功能。其覆盖了船舶各类建造环节的计算需求。

①两点间距离。其用于船舶各类尺寸的计算，例如测量分段中心线或分段上任意两点位置等。图 5－4－11、图 5－4－12 分别为两点间距离计算程序界面及实际运用示意图。

②直线度测量。可轻易进行实物直线度的实长偏差及 *X*/*Y*/*Z* 偏差分析，例如测量计算分段边缘的直线度。图 5－4－13、图 5－4－14 分别为直线度计算程序界面及实际运用示意图。

【两点间距离 - 结果】 1/2

实长:	90000.0mm
X距 :	90000.0mm
Y距 :	0.0mm
Z距 :	0.0mm

| | | | 完成 |

图 5 –4 –11　两点间距离计算程序界面

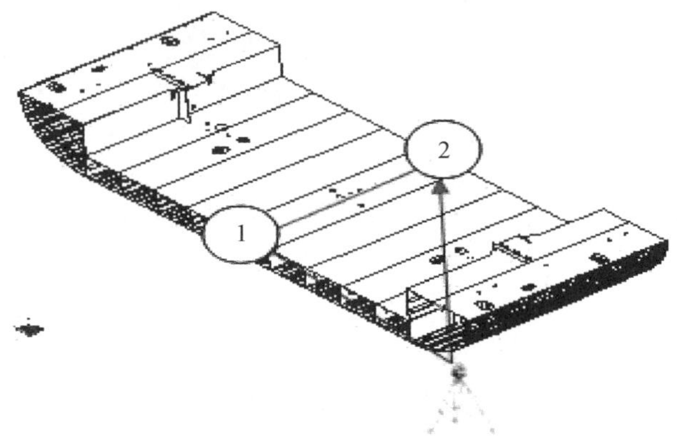

图 5 –4 –12　两点间距离实际运用示意图

【直线度 - 结果】 1/3

测点方法:	测点
点号 :	8
竖直偏 :	0.0mm
X-偏 :	0.0mm
Y-偏 :	0.0mm
Z-偏 :	0.0mm

| 测量 | 保存 | | ↓ |

图 5 –4 –13　直线度计算程序界面

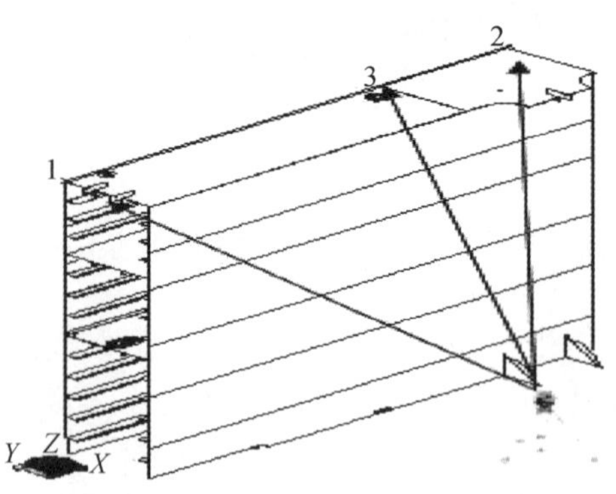

图 5 –4 –14　直线度实际运用示意图

③平面度测量。在任意状态下的构件上选择或测量任意 3 点构成平面，从第 4 点开始计算至设定平面的距离，例如门架搁置状态下的平面度测量。图 5 –4 –15、图 5 –4 –16 分别为平面度计算程序界面及实际运用示意图。

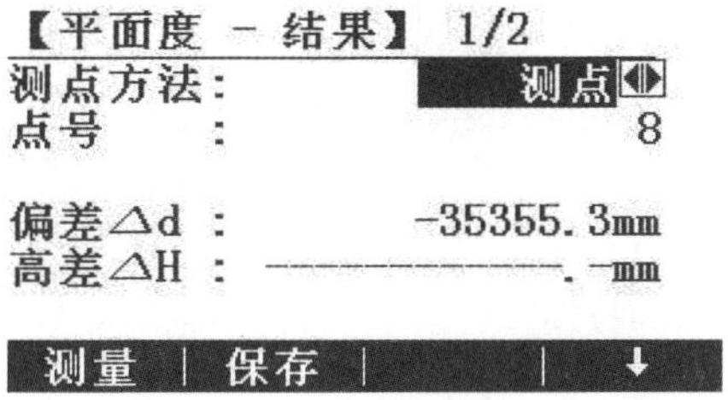

【平面度 - 结果】 1/2

测点方法：　　测点

点号　：　　8

偏差△d ：　　-35355.3mm

高差△H ：　　-----------.-mm

测量 | 保存 | | ↓

图 5-4-15　平面度计算程序界面

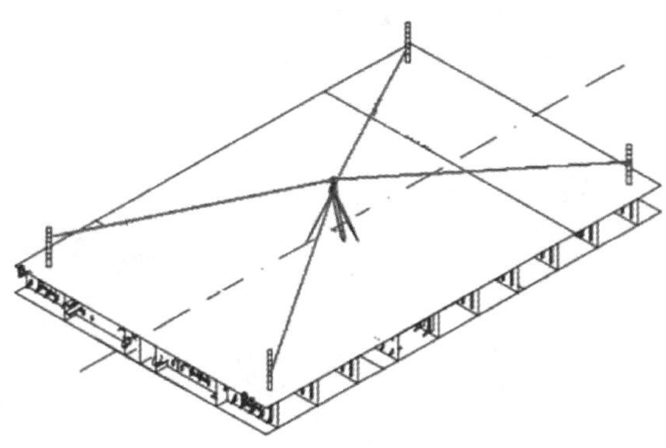

图 5-4-16　平面度实际运用示意图

④角度测量。角度测量里包含了各类角度形式，方便各类角度的测量与计算。如三点间角度、两直线角度、构件间角度。图 5-4-17～图 5-4-22 分别为各类角度计算程序界面及实际运用示意图。

a. 三点间角度

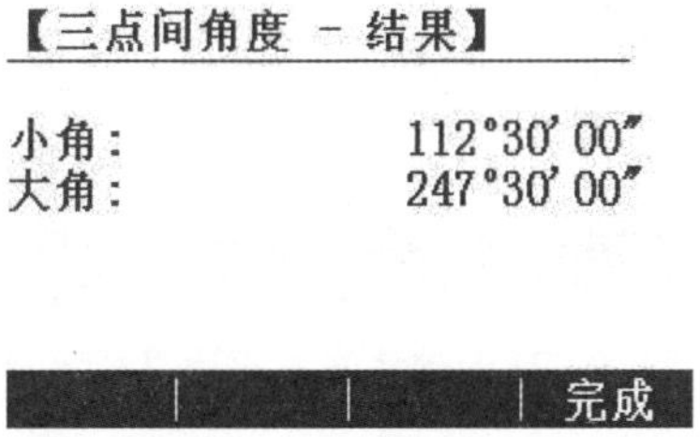

【三点间角度 - 结果】

小角：　　112°30′00″

大角：　　247°30′00″

| | | 完成

图 5-4-17　三点间角度计算程序界面

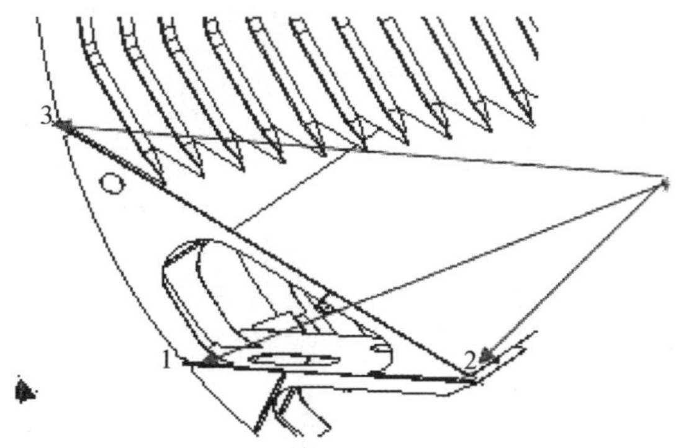

图 5-4-18　三点间角度实际运用示意图

b. 两直线角度

【两直线角度 - 结果】 1/2

小角　:	86°49′11″
XY投影:	85°30′00″
YZ投影:	90°00′00″
ZX投影:	45°00′00″

完成

图 5-4-19　两直线角度计算程序界面

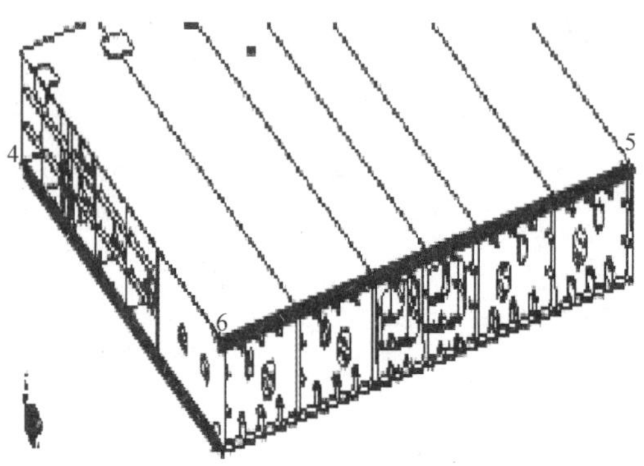

图 5-4-20　两直线角度实际运用示意图

c. 构件间角度

【构件间角度 - 结果】

小角:	54°44′08″
大角:	305°15′52″

完成

图 5-4-21　构件间角度计算程序界面

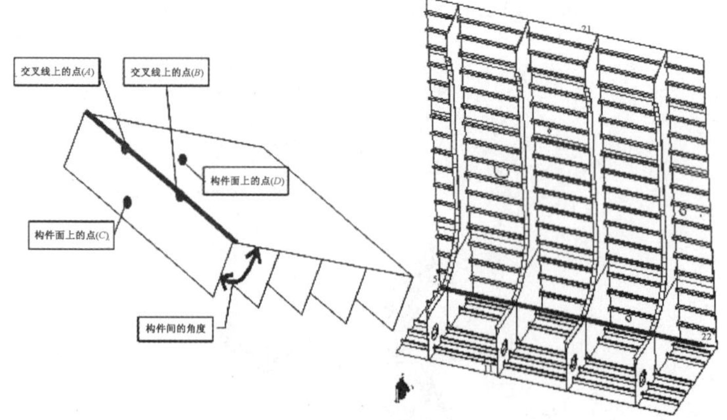

图 5-4-22　构件间角度实际运用示意图

⑤圆心计算。测量圆周上的任意3点后,可求圆心坐标,可对管道或球形物体的设计及实物进行对比分析偏差。图5－4－23、图5－4－24分别为圆心计算程序界面及实际运用示意图。

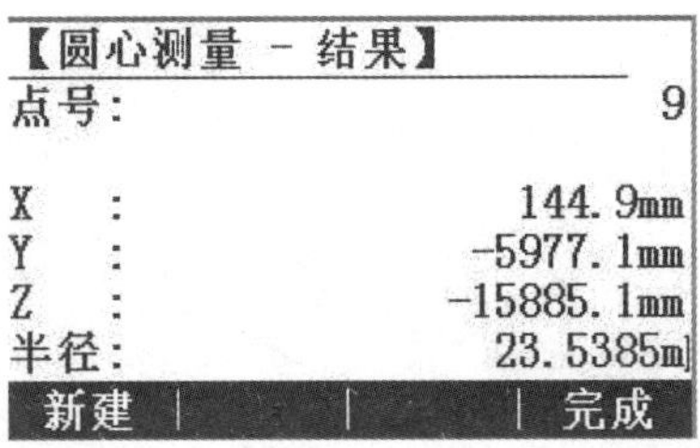

图5－4－23　圆心计算程序界面

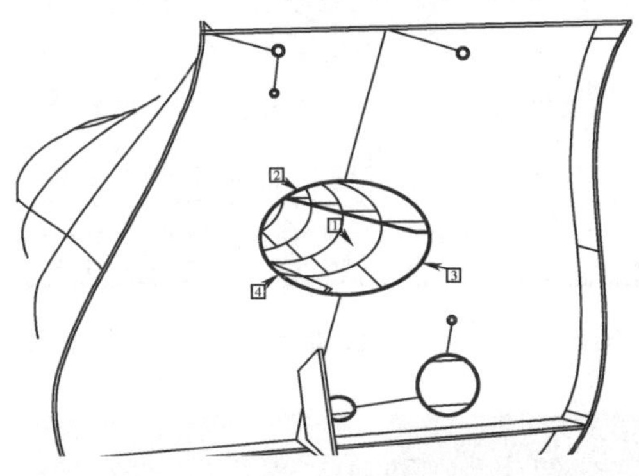

图5－4－24　圆心实际运用示意图

5. 程序功能综述

除上述全站仪程序具备常规的空间尺寸、平整度、角度等测量计算以外,程序同时还具备运用于其他需求的测量计算方式:

(1)三维拟合测量　将全站仪测量的离散点三维坐标与结构设计坐标进行比较,准确显示出实际产品与其设计间的误差大小及分布。该功能目前已普及应用于单个船体结构的检测,可直观地判断出实际结构的精度状态。图5－4－25为通过设计建模的分段进行实际测量点与设计点匹配效果。

(2)隐蔽点测量　适用于船体建造过程中复杂工况下的测量点采集,对于船体测量点遇到有障碍物遮挡,可通过隐蔽点测量方式进行偏移测量,从而得到所需的被测点。图5－2－26为现场运用隐蔽点测量案例。

(3)搬站测量　船体测量中时常测量的物体是立体结构,全站仪架设在一个位置时无法对整个结构进行全面的空间测量,为此,运用搬站测量可以使全站仪无论放置在任何位置状态下测量,其被测结构的所有测量点均在一个统一坐标内。图5－4－27为现场运用搬站测量示意图。

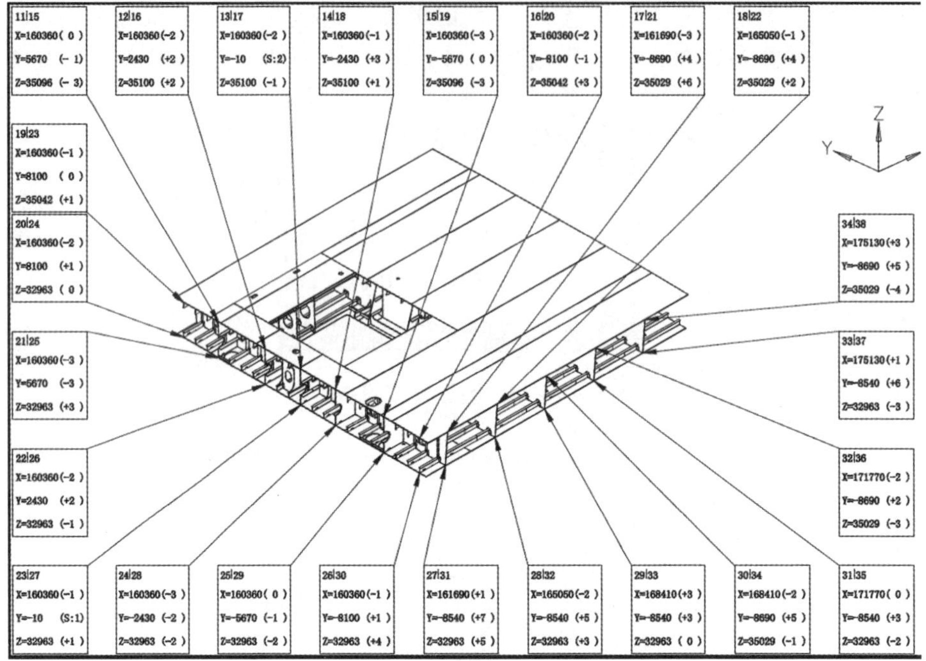

图 5－4－25　实际测量点与设计点匹配效果

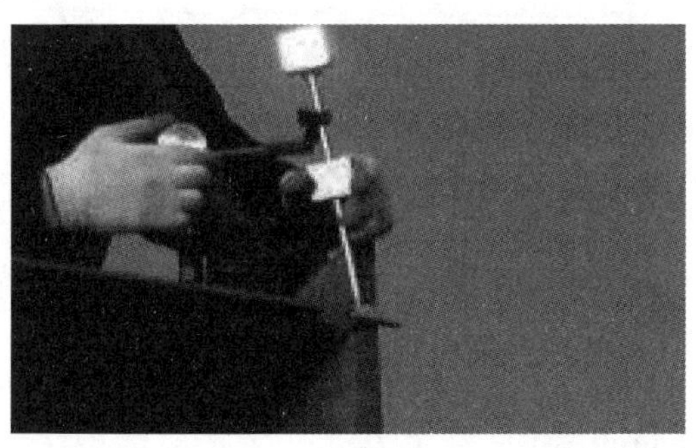

图 5－4－26　现场运用隐蔽点测量

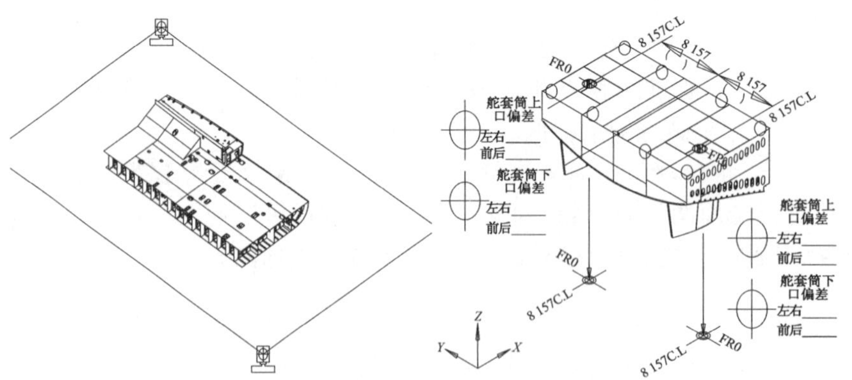

图 5－4－27　现场运用搬站测量示意图

(4)其他应用　通过全站仪测量程序,船企可衍生多渠道的测量工作,如胎架画线、监测船坞沉降、半船起浮定位、结构翻身前后变形监控。图 5－4－28、图 5－4－29 为全站仪进行辅助分段胎架地线画制的案例。

图 5－4－28　全站仪进行辅助分段胎架地线画制(1)

图 5－4－29　全站仪进行辅助分段胎架地线画制(2)

二、三维激光扫描技术

三维激光扫描技术又称“实景复制技术”,是 20 世纪 90 年代中期开始出现的一项高新技术,也是测绘领域继 GPS 技术之后的又一次技术革命。它通过高速激光扫描测量的方法,大面积、高分辨率地快速获取被测对象表面的三维坐标数据。其可以快速、大量地采集空间点位信息,为快速建立物体的三维影像模型提供了一种全新的技术手段。其具有快速性,不接触性,穿透性,实时、动态、主动性,高密度、高精度,数字化、自动化等特性。

(一)三维扫描仪

三维扫描仪的用途是创建物体稽核表面的点云,这些点可用来插补成物体的表面形状,越密集的点云越可以创建更精确的模型(这个过程称作三维重建)。若扫描仪能够取得表面颜色,则可进一步在重建的表面上粘贴材质贴图,亦即所谓的材质映射。

三维扫描仪可模拟位照相机,它们的实现范围都体现圆锥状,信息的搜集都限定在一定的范围内。两者不同之处在于相机所抓取的是颜色信息,而三维扫描仪抓取的是距离。由于测得的结果含有深度信息,因此常以深度影像称之。

由于三维扫描仪的范围有限,因此常需要变换扫描器与物体的相对位置或将物体放置于电动转盘上,经过多次的扫描以拼凑物体的完整模型。将多个片面模型整合的技术称作影像注册或对齐,其中涉及多种三维对比方法。

（二）三维扫描仪的种类及工作原理

常用的三维扫描仪根据传感方式的不同，分为接触式和非接触式两种。接触式的采用探测头直接接触物体表面，通过探测头反馈回来的光电信号转换为数字面形信息，从而实现对物体面形的扫描和测量，其主要以三坐标测量机为代表。

1. 三维激光扫描仪

三维激光扫描仪式通过发射激光来扫描获取被测物体表面三维坐标和反射光强度的仪器，是一种无接触式主动测量系统。

三维激光测量技术的出现和发展为空间三维信息的获取提供了全新的技术手段，为信息数字化发展提供了必要的生存条件。激光测量技术出现于 20 世纪 80 年代，由于激光具有单色性、方向性、相干性和高亮度等特性，将其引入测量装置中，在精度、速度、易操作性等方面均表现出巨大的优势，它的出现引发了现代测量技术的一场革命，引起相关行业学者的广泛关注，许多高技术公司、研究机构将研究方向和重点放在激光测量装置的研究中。随着激光技术、半导体技术、微电子技术、计算机技术、传感器等技术的发展和应用需求的推动，激光测量技术也逐步由点对点的激光测距装置发展到采用非接触主动测量方式快速获取物体表面大量采样点三维空间坐标的三维激光扫描测量技术。随着三维激光扫描测量装置在精度、速度、易操作性、轻便、抗干扰能力等性能方面的提升及价格方面的逐步下降，20 世纪 90 年代，其在测绘领域成为研究的热点，扫描对象不断扩大，应用领域不断扩展，逐步成为快速获取空间实体三维模型的主要方式之一，许多公司都推出了不同类型的三维激光扫描测量系统。20 世纪 90 年代中后期，三维激光扫描仪已形成了颇具规模的产业。

2. 三维激光扫描仪工作原理

三维激光扫描仪的主要构造是由一台高速精确的激光测距仪，配上一组可以引导激光并以均匀角速度扫描的反射棱镜。激光测距仪主动发射激光，同时接受由自然物表面反射的信号从而可以进行测距，针对每一个扫描点可测得测站至扫描点的斜距，再配合扫描的水平和垂直方向角，可以得到每一扫描点与测站的空间相对坐标。如果测站的空间坐标是已知的，那么则可以求得每一个扫描点的三维坐标。

测距原理：激光测距作为激光扫描技术的关键组成部分，对于激光扫描的定位、获取空间三维信息具有十分重要的作用。目前，测距方法主要有三角法、脉冲法、相位法三种。

（1）三角法　三角法测距是借助三角形几何关系，求得扫描中心到扫描对象的距离。激光发射点和 CCD 接受点位于高精度基线两端，并与目标反射点构成一个空间平面三角形。由于基线长 L 较小，故决定了三角法测量距离较短，其仅适合于近距测量。

（2）脉冲法　脉冲测距法是通过测量发射和接收激光脉冲信号的时间来间接获得被测目标的距离。激光发射器向目标发射一束脉冲信号，经目标漫光速为 c，测反射后到达接收系统，设测量距离为 S，得激光信号往返传播的时间差为 Δt，则有：$S = 1c\Delta t^2$，可以看出，影响距离精度的因素主要有 c 和 Δt，而精度主要由大气折射率所决定。

（3）相位法　相位法测距是用无线电波段的频率，对激光束进行幅度调制，通过测定调整光信号在被测距离上往返传播所产生的相位差，间接测定往返时间，并进一步计算出被测距离。相位型扫描仪可分为调幅型、调频型、相位变换型等。这种测距方式是一种间接测距方式，通过检测发射和接收信号之间的相位差，获得被测目标的距离。测距精度较高，主要应用在精密测量和医学研究，精度可达到毫米级。

以上三种测距方法各有优缺点,其主要集中在测程与精度的关系上,脉冲测量的距离最长,但精度随距离的增加而降低。相位法适合于中程测量,具有较高的测量精度,但是它是通过两个间接测量才得到距离值。三角测量测程最短,但是其精度最高,适合近距离、室内的测量。

(1)扫描原理 三维激光扫描仪通过内置伺服驱动马达系统精密控制多面扫描棱镜的转动,决定激光束出射方向,从而使脉冲激光束沿横轴方向和纵轴方向快速扫描。

(2)测角原理 区别于常规仪器的度盘测角方式,激光扫描仪通过改变激光光路获得扫描角度。把两国步进机和扫描棱镜安装在一起,分别实现水平和垂直方向扫描。步进电机是一种将电脉冲信号转换成角位移的控制微电机,它可以实现对激光扫描仪的精确定位。

(3)定向原理 三维激光扫描仪扫描的点云数据都在其自定义的扫描坐标系中,但是数据的后处理要求是大地坐标系下的数据,这就需要将扫描坐标系下的数据转换到大堤坐标系下,这个过程就被称为三维激光扫描仪的定向。

3. 三维激光扫描仪的分类

三维激光扫描仪按照扫描平台的不同可以分为:机载(或星载)激光扫描系统、地面型激光扫描系统、便携式激光扫描系统。通常情况下按照三维激光扫描仪的有效扫描距离进行分类,可分为:

(1)短距离激光扫描仪 其最长扫描距离不超过 3 m,一般最佳扫描距离为 0.6 m ~ 1.2 m,通常这类扫描仪适用于小型模具的量测,不仅扫描速度快且精度较高,可以多达三十万个点精度至 ±0.018 mm。

(2)中距离激光扫描仪 最长扫描距离小于 30 m 的三维激光扫描仪属于中距离三维激光扫描仪,其多用于大型模具或室内空间的测量。

(3)长距离激光扫描仪 扫描距离大于 30 m 的三维激光扫描仪属与厂距离三维激光扫描仪,其主要应用于建筑物、矿山、大坝、大型土木工程等的测量。

(4)航空激光扫描仪 最长扫描距离通常大于 1 km,并且需要配备精确的导航定位系统,其可用于大范围地形的扫描测量。

(三)三维激光扫描检测在船舶领域的应用

1. 船舶壳体和大型零部件扫描检测

采用三维激光扫描检测对船舶壳体或部件的全面精确扫描,能够精确检验船舶钢结构壳体表面特殊曲面,并获得船体原始点云数据。用不同颜色分区表示船舶钢结构壳体表面特殊曲面,可以对实际船体表面质量有一个直观认识。

2. 船舶大型零部件扫描检测

三维激光扫描仪能代替常规的测量手段,其可对船舶设备大型零部件进行扫描检测。通过对一些重要船舶部件采用非接触的扫描方法,可获得高精度三维点云数据。通过这些数据建立真实的设备三维模型,为设备磨损、变形等提供真实有效的数据。

3. 船舶部件精确定位

三维激光扫描可用于船舶部件或分段定位检测,通过分析检测数据可以确定制作的船舶曲面单板与需要的理想状态的偏差。从而进行外板余量最佳切割点分析。

4. 船舶部件逆向工程

一件拟制的船舶产品如果没有原始设计图,需要委托单位交付一件样品或者模型图纸,并请船厂复制出来。传统的复制方法是采用1:1的比例放样模型,再进行生产。这种方法属于模拟式复制,无法建立工件尺寸图档,也无法做任何的外形修改。

目前,船舶部件逆向工程师针对一现有船舶工件(样品或模型),利用三维激光扫描准确、快速地测得其轮廓坐标,并加以建构曲面、编辑、修改后传输到CAD/CAM系统,再由CAM制作所需图纸,将样品模型制作出来。

三、船用摄测系统

船用摄测三维坐标测量系统用于大型工业产品、生产设备、试验设施等产品的空间尺寸几何检测。其具有精度高、非接触、速度快、自动化程度高、便携性好等特点。

船用摄测系统采用高分辨率摄影测量专用相机,在不同位置和方向获取被测工件两幅或多幅数字图像,经图像预处理、标志识别、图像匹配、空间三角交会及光束平差后得到待测点的三维坐标,利用三维坐标对工件进行几何尺寸检测、变形测量、逆向工程分析等。自船用摄测系统推广面世以来,其已经广泛应用于造船、重工业等诸多工业领域,如图5-4-30所示。

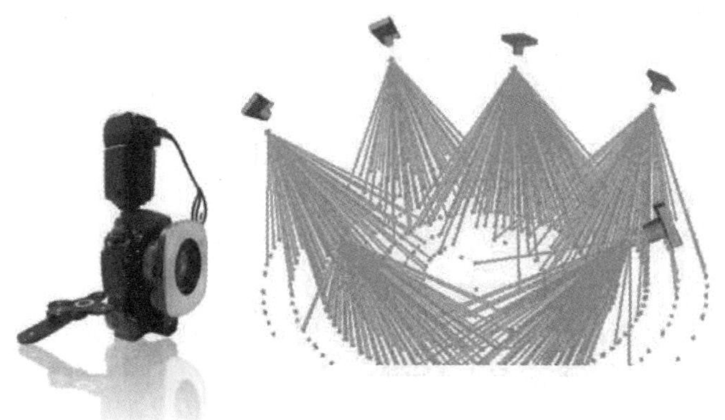

图5-4-30 船用摄测系统

(一)系统组成

船用摄测系统由高分辨率摄影测量专用相机、自动定向规、长度基准尺、回光摄影标志及系统软件组成。

1. 测量专用相机

其采用高分辨率数码相机的机身,通过机身改造、定焦处理、结构加固,并经过整体标定后成为工业摄影测量系统的专用相机。其具有焦距值稳定、机身变形小、结构稳定等优点,改造后的专用相机配以环形闪光灯,更适合获取摄影测量专业图像。

2. 自动定向规

自动定向规上设置有5个已知三维坐标的标志点及一个识别定位环,这些设备用于定义测量坐标系及快速获取相机摄站的概略参数,可加快软件算法的运算速度,提高可靠性。

3. 长度基准尺

长度基准尺采用膨胀系数极小的碳纤维材料加工成形,其上设置一系列带编码的摄影标志。各标志中心间距离已精确标定,为测量系统自动提供高精度的长度基准。

4. 回光摄影标志

回光摄影标志以回光材料加工成摄影标志,其反光系数比普通工件表面高出数百倍,可满足摄影测量专业图像高对比度的要求。摄影标志粘贴在工件表面或通过工装设置于工件的特征位置。其可准确获取工件外形及特征点处的三维坐标数据。

5. 系统软件

软件是测量系统的核心部分。其主要实现图像预处理、标志识别、图像匹配、空间三角交会、光束平差后等各种复杂的算法处理，获取工件表面待测点的三维坐标；以三维坐标为基础，可进行各种标准形状的拟合计算，对不同形状的工件进行形位误差评定；利用相交、平行、投影、角度、距离等分析计算功能，可进行平行度、垂直度、同轴度、同心度、铅垂度等空间几何关系评定；CAD 模型比较功能可将离散点三维坐标与设计 CAD 模型进行比较，准确显示出实际产品与其设计模型间的误差大小及分布状况。

6. 系统特点及优点

（1）高精度　系统测量精度可达 1/160 000 ~ 1/100 000（即 10 m 范围内优于 0.1 mm），能够满足各类大尺寸工业产品外形检测的精度需求；

（2）自动化　系统测量过程中，除图像获取需要人工完成外，图像处理、匹配、坐标解算、空间分析等，均可由系统软件自动完成，整个测量过程可由一名测量人员完成；

（3）速度快　对被测工件拍摄图像及处理完成后，可一次性获取成千上万个测量点坐标，而所耗费的测量时间与测量几十个点毫无区别；

（4）大范围　系统测量范围可小到 1 m 以内，大到几百米，其适用于各种尺寸的产品检测，且可在非常狭小的空间内实现高精度测量；

（5）非接触　采用光学摄影方式测量，无须接触待测工件，对具有柔性结构的待测工件，该系统具有无可比拟的优势；

（6）高动态　由于获取单幅图像所需时间极短，即使待测工件处于运动状态，仍然可以进行精确的测量，可用于振动检测、运动测量、变形测量等；

（7）超便携　测量系统可放置在一个旅行箱中，只需一名测量人员即可携带系统到达任何测量现场；

（8）环境适应能力强　测量系统可在真空、有毒、高低温等环境下进行测量。

7. 系统技术指标（表 5－4－1）

表 5－4－1　系统技术指标

CCD 传感器分辨率	8 ~ 12 位，12MB 像素（4256 * 2832）
视场角	73° × 53°
测量精度	1/160 000 ~ 1/100 000（视专用相机配置）
工作温度	－10 ℃ ~ ＋50 ℃
镜头焦距	24 mm
快门时间	1/8 000 ~ 30 s，闪光同步 1/250 s
测量范围	0.5 ~ 200 m
基准尺长度	1 000 mm（可选配 2 800 mm）
尺寸（长 × 宽 × 高）：	650 mm × 350 mm × 250 mm
相机质量	1.2 kg

（二）摄影测量及数据处理工作流程

1. 准备工作

（1）布设靶标点　根据被测工件的实际情况，在被测部位粘贴靶标，布设位置应满足检测要求；

（2）布设编码点　在被测工件上及其周围粘贴编码点，作为转站和拼接之用；

（3）布设基准尺　在测量范围内，安放基准尺，作为全局的尺度缩放因子；

（4）布设自动定向规，作为测量坐标系，如图 5 - 4 - 31 所示。

图 5 - 4 - 31　布设自动定向规

2. 拍摄照片

根据被测工件和实际靶标粘贴位置，进行多角度交会测量。6 mm 的靶标点，一般采用距离被测物 2 ~ 3 m 远进行拍摄。拍摄照片数量以保证每个检测点均被多角度拍摄为宜。以今天的对象为例，一般不超过 100 张。

3. 数据处理

（1）点位坐标提取　把拍摄的照片导入处理软件，进行相片的扫描、点位提取、拼接和光束法平差。最终获得被测的靶标点的三维坐标值，如图 5 - 4 - 32 所示。

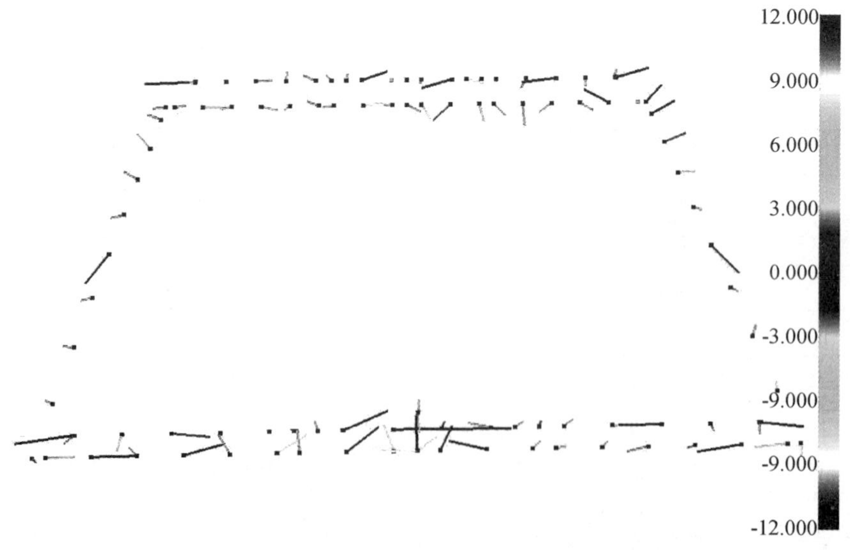

图 5 - 4 - 32　摄影测量点在分析软件中坐标成像

(2)两圆柱关系比较　把靶标点数据导入软件,分别拟合 2 个圆柱,生成 2 条直线,然后查询两条直线的空间距离、空间夹角,如图 5 -4 -33 所示。

图 5 -4 -33　两圆柱关系比较

(三)摄影测量原理

船用摄测系统是基于最基本的摄影测量原理,即从两个(或多个)位置拍摄同一工件,以获取在不同视角下的图像,通过三角测量原理(空间前方交会)计算图像像素间的位置偏差(即视差)来获取被测点的三维坐标,如图 5 -4 -34 所示。

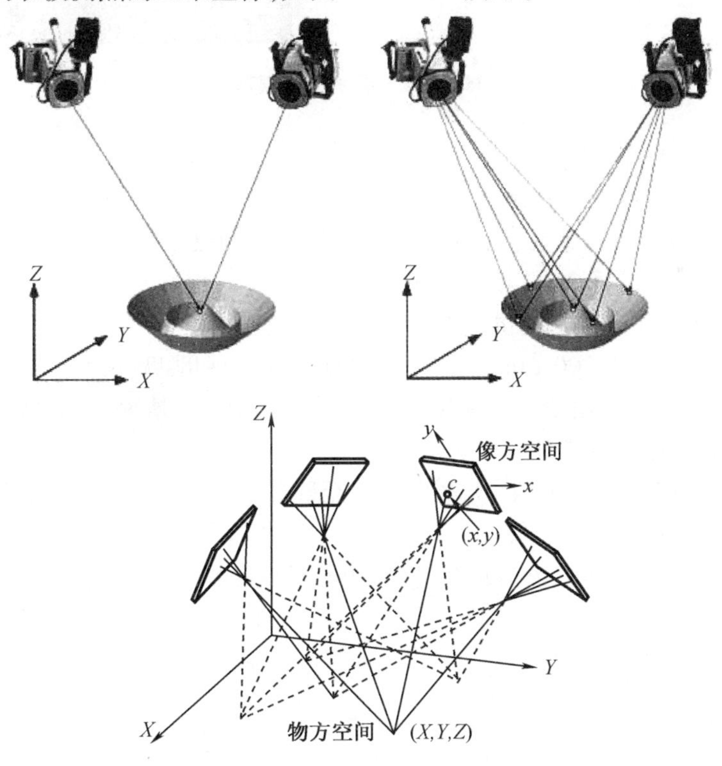

图 5 -4 -34　摄影测量原理

四、iGPS 全空间跟踪与定位测量系统

全球定位系统(GPS)由于其独特的性能,已经成为全球定位技术的标准。但是全球定

位系统(GPS)的卫星信号无法穿越工厂的墙壁的屋顶。因此 GPS 在工业中的应用受到一定的限制。但是人们又期望在工厂的厂房内使用某种设备控制或监控指导整个工厂的生产流程,设备或产品的装配等工作。20 世纪末,iGPS 全空间跟踪与定位测量系统就是在这样的背景下产生的。

(一)工作原理

与标准全球定位系统类似,iGPS 同样是基于三角定位法的测量技术,只是 iGPS 较标准全球定位系统更为精确(标准全球定位系统的系统精度在米级,iGPS 系统的定位精度在微米级)。iGPS 系统同样包含"卫星"网络,这些"卫星"就是发射器。接收器通过接收来自发射器的信号进行处理和计算从而进行定位,如图 5－4－35 所示。

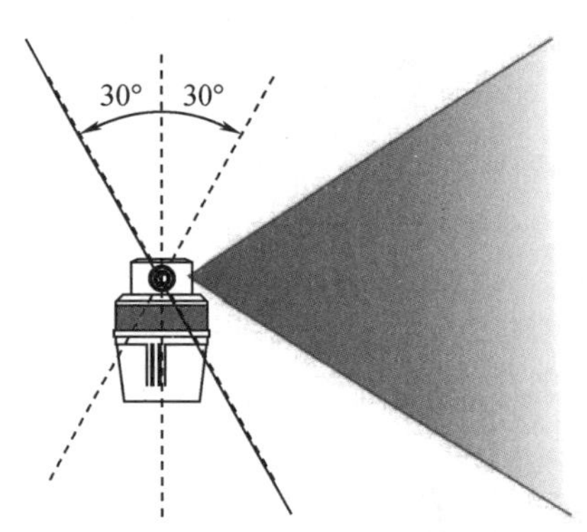

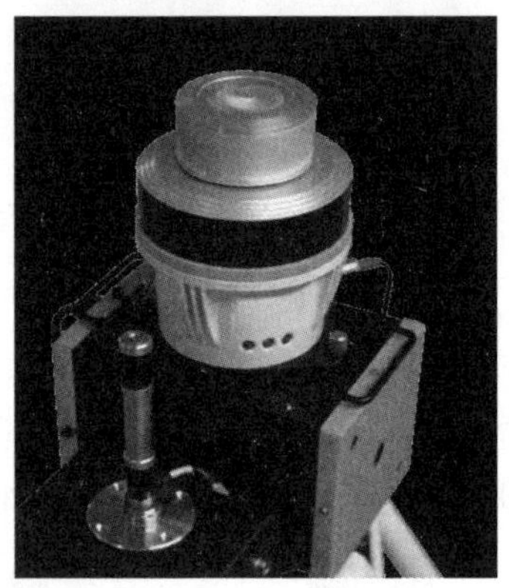

图 5－4－35 iGPS 系统工作原理及实物图

(二)iGPS 系统的优越性

1. 用于测量大尺寸目标的可调节系统

2. 添加更多的发射器,就可以大大提高 iGPS 系统的测量尺寸。可以根据应用的需要配置测量范围,对部件进行 360° 覆盖测量。

3. 进行大尺寸工业测量时提供一致的精度

4. 系统的典型精度为 200 μm。随着测量距离的增加和跳跃式测量误差的影响,传统测量设备的精度会下降,而不论测量区域的面积有多大,iGPS 的精度在测量区间保持不变。

(三)iGPS 系统的主要应用

该系统最早应用于航空领域,现逐步延生至船舶制造,该系统在船舶领域的适应性正处于研究阶段。

1. 飞机的水平测量,其中包括总装完成后的水平测量和飞机试飞前后的水平测量,如图 5－4－36 所示。

图 5－4－36　飞机的水平测量

2. 飞机前机身段对接，中机身对接，前中机身段对接，如图 5－4－37 所示。

图 5－4－37　飞机前机身段对接

3. 船体分段任意姿态测量，监控过程精度，如图 5－4－38 所示。

图 5－4－38　船体分段任意姿态测量

第六章　精度管理的关联技术

第一节　焊接技术

众所周知,现代造船主要通过焊接的手段使各类型零件、部件、片段、分段、总段等进行连接。造船业常用的焊接方法有埋弧自动焊、CO_2 气体保护焊、钨极氩弧焊和电渣焊,其中埋弧自动焊和 CO_2 气体保护焊是应用最为广泛的两种焊接方法。在焊接过程中会存在一定的焊接应力,焊接结束后会产生一定的焊接变形从而影响精度。

一、常规焊接方法介绍

常规焊接方法如图 6－1－1 所示。

焊接方法
- 埋弧自动焊(常用)
- CO_2 气体保护焊(常用)
- 钨极氩弧焊(不常用)
- 电渣焊(不常用)

图 6－1－1　常规焊接方法

(一)埋弧自动焊

埋弧自动焊又称焊剂层下自动焊,即焊接时电弧被颗粒状的焊剂所覆盖掩埋而不外露。埋弧自动焊的主要特点在于生产效率高、焊接质量好、焊接变形小、改善劳动条件。埋弧自动焊可通过调节焊接规范参数的方法来调节焊缝的形状、成形系数和熔合比,埋弧自动焊的焊接参数主要有焊接电流、电弧电压、焊接速度、焊丝直径、焊丝伸出长度、坡口与间隙等。其焊接参数选取应根据产品的具体条件而定。以满足焊接接头的力学性能、焊缝的内在质量、外观成形及高生产率等要求来综合考虑,需在保证质量的基础上求速度。

(二)CO_2 气体保护焊

CO_2 气体保护焊是由送丝机构将盘状焊丝(实芯或药芯)送到焊枪,焊丝自身作为电极与母材间产生电弧,并在 CO_2 气体的保护下,熔化焊丝及母材达到接头牢固连接的一种焊接方法。目前其已广泛应用于船舶建造、海洋结构制造等行业,其中药芯焊丝 CO_2 气体保护焊和陶瓷衬垫 CO_2 气体保护单面焊是船舶建造过程中的主要焊接方式。它是一种高效率、高质量的先进技术,与其他焊接方法相比较,具有以下特点。

1. 药芯焊丝 CO_2 气体保护焊特点

(1)电弧稳定、飞溅少且飞溅颗粒细小、易于清理;熔池表面覆有熔渣,因此焊缝成形美观。

(2)生产效率高,是焊条电弧焊的 3 ~5 倍。

(3)对钢材的适应性强,只需调整焊芯中的粉剂成分就可焊接和堆焊不同成分的钢材,克服了实芯焊丝 CO_2 气体保护焊适应性不足的情况。

(4)由于熔池受到气—渣双重保护,所以抗气孔能力比实芯焊丝强。

(5)对焊接电源无特殊要求,直流反极性电源、交流电源、平特性电源或陡降外特性电源均可使用。

(6)焊接电流及电弧电压的选择范围宽,焊接电流按焊丝直径不同,可在 200 ~ 700 A 之间选择,电弧电压在 25 ~ 35 V 之间选择。

药芯焊丝 CO_2 气体保护焊的不足是焊丝外表容易锈蚀,粉剂容易吸潮。所以开包后应尽快用完,否则粉剂中吸收的水分将会在焊接时引起气孔并使焊缝金属的韧性显著降低。

2. 陶瓷衬垫 CO_2 气体保护单面焊特点

(1)衬垫安装、拆除方便可靠,使用方便,工艺简单。

(2)衬垫有一定的挠度,可进行曲面分段拼板焊接,分段中合龙对接。焊后可减少其翻身工作量,既降低了对焊接场所空间的高度要求,又节约了起重、吊运工时,还节省了分段堆放场地。

(3)对于船台总段大合龙对接缝,采用 CO_2 气体保护单面焊后,可使大量的手工仰焊工作转化为平焊,既提高了焊接效率,又减轻了焊工劳动强度,且确保了焊接质量。

(4)基本上取消了焊缝背面的碳刨,节约了电能、焊接材料、工时等,更重要的是缩短了建造周期。

(5)焊接位置的适应性强,可进行全位置角接、对接缝及各种倾斜位置的焊接。

二、焊接对精度控制的影响

由于焊接过程是一个不均匀的加热过程,临近熔池的金属温度很高,离电弧较远处的金属温度明显较低,远离电弧的金属未受到加热,故而因热胀冷缩产生应力,伴随应力而生的是收缩和变形。

(一)焊接应力与焊接变形的概念

1. 焊接应力

物体受到外力作用时,在其单位截面积上所受的力称为应力。当没有外力存在时,物体内部所出现的应力称为内应力。在焊接过程中,由于不均匀加热和冷却,焊件内部产生的应力称为焊接内应力,又名焊接残余应力。

2. 焊接变形

当物体受到外力作用时,它的形状将发生变化,这种形状变化称为变形。当外力消失后,物体形状恢复原样,这种变形称为弹性变形;如果物体所产生变形在外力消失后不能恢复原状,这种变形称为塑性变形。在焊接应力的作用下,结构所产生的形状和尺寸的变化称为焊接变形,它造成下一道工序施工困难,为矫正焊接变形往往要消耗很多人力和物力,严重的焊接变形,会影响结构承受外力的能力和使用性能,甚至因变形严重无法矫正而报废。因此焊工必须了解焊接应力、变形的规律,掌握减少焊接应力和控制焊接变形的措施,以保证结构的焊接质量。

(二)各类焊接变形产生的原因

各类焊接变形如图 6 - 1 - 2 所示。

焊接变形{收缩变形
角变形
弯曲变形
波浪变形
扭曲变形}

图 6-1-2　各类焊接变形

1. 收缩变形

焊件尺寸比焊前缩短的现象称为收缩变形。它分为纵向收缩变形和横向收缩变形。

纵向收缩变形即沿焊缝轴线方向尺寸的缩短。这是由于焊缝及其附近区域在焊接高温的作用下产生纵向的压缩塑性变形,焊后这个区域要收缩,便引起了焊件的纵向收缩变形。

横向收缩变形系指沿垂直于焊缝轴线方向尺寸的缩短。产生横向收缩变形的过程比较复杂,影响因素很多,如热输入、接头形式、装配间隙、板厚、焊接方法以及焊件的刚性等。其中以热输入、装配间隙、接头形式等的影响最为明显。一般情况下,横向收缩变形量随焊接热输入的增大而增加,随装配间隙的增大而增加。另外,横向收缩量沿焊缝长度方向分布不均匀,焊缝的横向收缩沿焊接方向是由小到大,逐渐增大到一定程度后便趋于稳定。横向收缩的大小还与装配后定位焊和夹装情况有关,定位焊缝越长,装夹的拘束程度越大,横向收缩变形量就越小。

2. 角变形

角变形产生的根本原因是由于焊缝的横向收缩沿板厚分布不均匀所致。角变形的大小与焊接热输入、板厚等因素有关,当然也与焊件的刚性有关。当热输入一定时,板厚越大,厚度方向上的温差越大,角变形越大。但当板厚增大到一定程度时,此时构件的刚度增大,抵抗变形的能力增强,角变形反而减小。另外,板厚一定,热输入增大,角变形也增加。但热输入增大到一定程度,角变形反而减小。

3. 弯曲变形

弯曲变形是由于焊缝的中心线与结构截面的中性轴不重合或不对称,焊缝的收缩沿构件宽度方向分布不均匀而引起的。弯曲变形分焊缝纵向收缩引起的收缩变形和焊缝横向收缩引起的弯曲变形两种。

4. 波浪变形

波浪变形常发生于板厚小于 6 mm 的薄板焊接结构中,又称之为失稳变形。大面积平板拼接,极易产生波浪变形。焊接角变形也可能产生类似的波浪变形。防止波浪变形可以从两方面入手:一是降低焊接残余应力;二是提高焊件失稳临界应力。

5. 扭曲变形

产生扭曲变形的原因主要是焊缝的角变形沿焊缝长度方向分布不均匀而引起的。

以上 5 种变形是焊接变形的基本形式,在这 5 种基本变形中,最基本的是收缩变形,收缩变形再加上不同的影响因素,就构成了其他 4 种基本变形形式。焊接结构的变形对焊接结构生产有极大的影响。首先,零件或部件的焊接残余变形给装配带来困难,进而影响后续焊接的质量;其次,过大的焊接残余变形需要进行矫正,这增加了结构的制造成本;第三,焊接变形也会降低焊接接头的性能和承载能力。因此,在实际生产中必须设法控制焊接变形,使焊接变形控制在技术要求所允许的范围内。

三、常规焊接控制变形的方法

焊接变形是焊接作业中颇为棘手的问题之一。控制焊接变形的方法主要还是依靠经验,因生产条件多种多样,已有的经验未必总是适用的。“理论联系实际”是一个很重要的原则,而“具体问题具体分析”则是处理问题极为重要的最基本方法。这就需要创造性地结合具体情况去灵活运用,绝不可生搬硬套。

从焊接结构的设计开始,就应考虑控制焊接变形可能采取的措施。进入生产阶段,可采用预防焊接变形的措施,以及在焊接过程中适当的工艺措施。

(一)设计措施

1. 选择合理的焊缝形状和尺寸,在保证结构有足够承载能力的前提下,应采用尽量小的焊缝尺寸以及选择合理的坡口形式。

2. 减少焊缝的数量。

3. 合理安排焊缝位置,合理的设计应尽量把焊缝安排在结构截面的中性轴上或靠近中性轴处,力求在中性轴两侧的焊接变形大小相等,方向相反,起到相互抵消作用。

(二)工艺措施

1. 补偿量法

此方法是在设计阶段根据公式并结合生产经验确定将零件的长、宽尺寸适当加大,画线阶段将所增加尺寸分散到每一档构架中用以焊件收缩补偿(例如主板上的纵向构架焊前三档加放 1 mm 的角焊缝收缩补偿,焊接收缩后基本与理论尺寸相符),补偿量法主要是用于防止焊件的收缩变形。

2. 反变形法

此方法是根据焊件的变形规律,在焊前预先将焊件向着与焊接变形的相反方向进行人为地变形(反变形量与焊接变形量相等),使之达到抵消焊接变形的目的。此方法很有效,但必须准确地估计焊后可能产生的变形方向和大小,并根据焊件的结构特点和生产条件灵活运用。反变形法主要用于控制角变形和弯曲变形。

3. 刚性固定法

采用适当的方法来增加焊件的刚度或拘束度,可以达到减小其变形的目的,这就是刚性固定法。常用的刚性固定法有定位点焊、将焊件组合成刚度更大或对称的结构(如分段整体装配结束后再电焊)、使用工装夹具(如压铁、卡马)和使用临时支撑等。

4. 选择合理的装配焊接顺序

装配焊接顺序对焊接结构变形的影响是很大的,为了控制和减小焊接变形,装配焊接顺序应按以下原则进行。

(1)大型而复杂的焊接结构,只要条件允许,把它分成若干个结构简单的部件,单独进行焊接,然后再总装成整体。需要注意的是所划分的部件应易于控制焊接变形,部件总装时焊接少,同时也便于控制总变形。

(2)正在施焊的焊缝应尽量靠近结构截面的中性轴。

(3)对于焊缝非对称布置的结构,装配焊接时应先焊焊缝少的一侧。

(4)焊缝对称布置的结构,应由偶数个焊工对称地施焊。

5. 合理的选择焊接方法和参数

各种焊接方法的热输入不同,因而产生的变形也不一样。能量集中和热输入较低的焊接方法,可有效地降低焊接变形。焊接热输入是影响变形量的关键因素,当焊接方法确定后,可通过调节焊接参数来控制热输入。在保证熔透和焊缝无缺陷的前提下,应尽量采用小的焊接热输入。根据焊件结构特点,可以灵活地运用热输入对变形的影响规律,去控制变形。

6. 热平衡法

对于某些焊缝不对称布置的结构,焊后往往会产生弯曲变形。如果在与焊缝对称的位置上采用气体火焰与焊接同步加热,只要加热的工艺参数选择适当,就可以减小或放置构件的弯曲变形。

7. 散热法

散热法就是利用各种方法将施焊处的热量迅速散走,减小焊缝及其附近的受热区,同时还使受热区的受热程度大大降低,达到减小焊接变形的目的。

以上所述为控制焊接变形的常用方法。在焊接结构的实际生产过程中,应充分估计各种变形情况,分析各种变形的变形规律,根据现场条件选用一种或几种方法,有效地控制焊接变形。

第二节 背烧技术

背烧(back heating):消除焊接时产生的残余应力,修正角变形,预防船体变形而对型材焊接的反面进行背烧作业。

火工矫正:船体作业中对所有发生的超过允许范围的变形,对相应的部位进行局部加热的修正作业。火工矫正与背烧有区别。

一、背烧技术的重要性

前文提到,在焊接过程中,由于不均匀加热和冷却,使焊件内部产生焊接残余应力,过大的焊接应力能引起焊件或焊缝产生裂纹,降低结构承载能力,并使结构在腐蚀介质中产生应力腐蚀。同时,将焊件刚性固定拆除,焊接残余应力将导致焊件变形。因此,在焊接结束后应采取相应措施释放焊接残余应力。

背烧技术的引进对解决焊接残余应力问题至关重要,通过背烧技术的应用,可在焊接后有效的释放焊接残余应力,避免出现较大变形,减小应力腐蚀的产生。

二、背烧矫正变形的控制方法

(一)热处理法

1. 所有背烧要在部装、片段、分段、总组作业完工后用丙烷气体或乙烯气体的火焰来加热。

2. 背烧是对型材焊接部位的背面实施背部火工矫正,如图 6-1-3 所示。

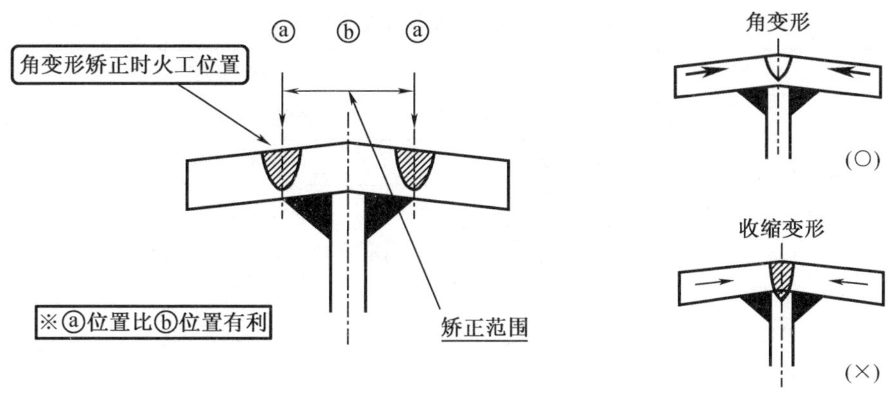

图 6－1－3　背部火工矫正

(1)板厚度、火焰强度及加热速度的关系(表 6－1－1)

表 6－1－1　背燃应用参数对应关系表

板厚度/mm	加热火焰强度/(1/h)	加热速度/(mm/min)
5～8	1000	700～1000
9～12.5	1500	500～1000
13～16	2000	400～800
17～22	2500	235～800
23～28	3000	300～600

(2)加热类型(图 6－1－4)

①角变形

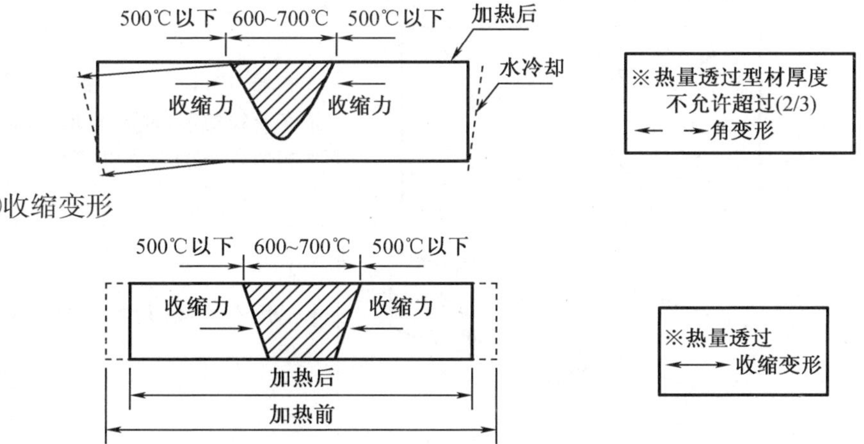

图 6－1－4　加热方式及效果说明

3. 为了有效地进行背烧作业，用墨线、MK 线或石笔画线后作业。

4. 背烧作业时加热最佳温度为 600～700 ℃(暗红色)，加热部位用暗红色来区分，当用颜色难以区分时要用测温笔(600 ℃ ±50 ℃)来测定，见表 6－1－2。

表 6－1－2　背烧作业最佳温度区分

区分		标准温度	备注
抗拉强度 50 kg/mm² 级高强度普通钢材	加热后立即水冷却	650 ℃以下	
	加热后空气冷却	900 ℃以下	
	加热后空气冷却后水冷却	900 ℃以下（温度 500 ℃以下后开始水冷却）	
抗拉强度 50 kg/mm² 级高强度 TMCP 钢 AH，DH（含碳量≤0.36%）	加热后立即水冷或空冷	1 000 ℃以下	只允许重复 3 次以内
抗拉强度 50 kg/mm² 级高强度 TMCP 钢 EH（含碳量≤0.36%）	加热后立即水冷或空冷	900 ℃	只允许重复 2 次以内

普通钢加热后材质是没有变化的，但是高强度钢或特殊构造时需要注意。

5. 背烧作业时对焊接保留部位要捎带一起作业。

（二）背烧方法的种类和特征（如表 6－1－3 所示）

表 6－1－3　背烧方法的种类和特征

种类	加热形态	特征
线加热（线上加热）		• 变形矫正作业的基本加热法； • 多适用于反面加热
松叶加热		• 收缩力可以作用于各方面，变形矫正作业较均匀，矫正作业较干净； • 相似方法：十字形加热法
三角加热		• 适用于型材（角钢 T 排）的弯曲及变形
定热法		• 在变形部位加热后利用外力的矫正方法

(三)各种变形形状的加热方法

1. 弯曲变形(图6-1-5)

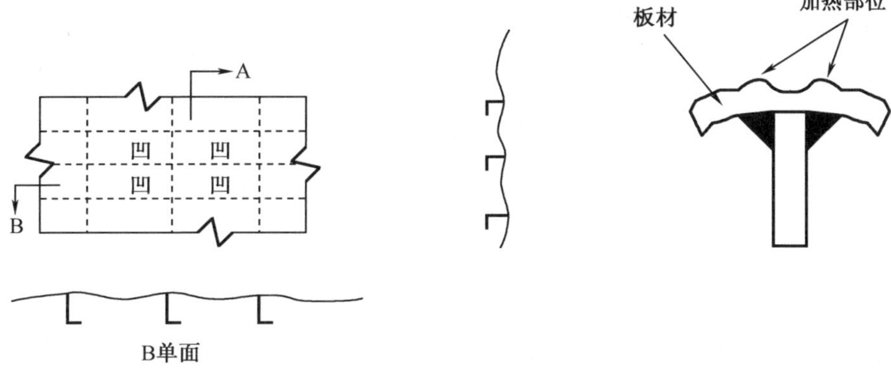

图6-1-5 弯曲变形

(1)因为弯曲变形进行时,两线加热的位置较近时,可安排适当的时间间隔以分开实施充分的加热。

(2)矫正弯曲变形时要避免太强的热量输入(第一次加热时)(图6-1-6)。

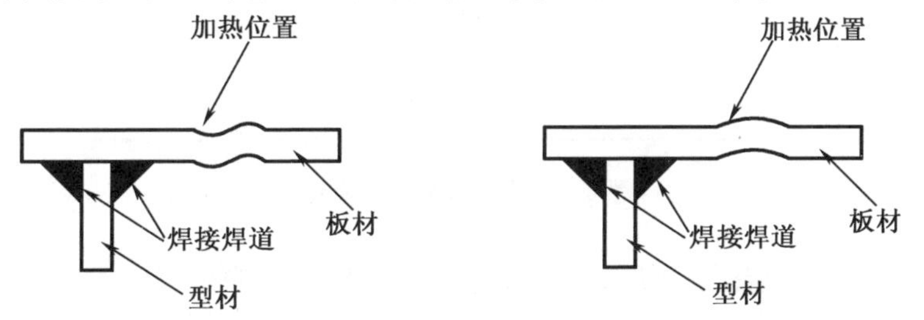

图6-1-6 矫正弯曲变形

(3)弯曲量少的时候可采取对型材上部进行加热的方法(加热面积宽一点)。

2. 曲板变形(图6-1-7)

曲板变形加热方法适用于线上加热和松叶加热。

(1)型材加热

第一阶段:实施型材的背面加热。注意事项:①热量不要太强;

②以型材为界线凸出来的部分(面)不要加热。

第二阶段:实施型材间的加热。注意事项:①只加热凸出来的部分;

②对较大范围变形的矫正方法必须注意(集中一个地方加热的方法是不恰当的)。

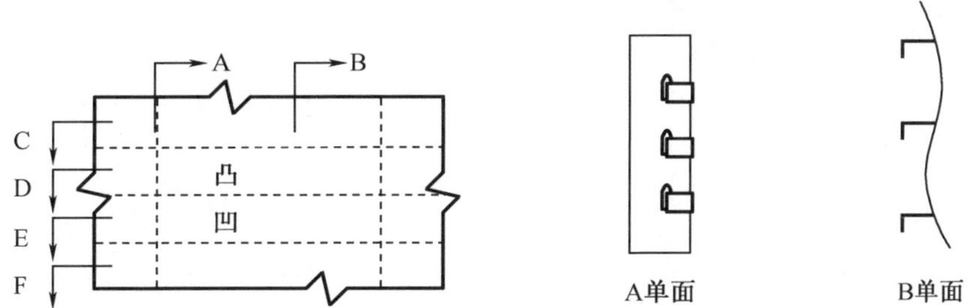

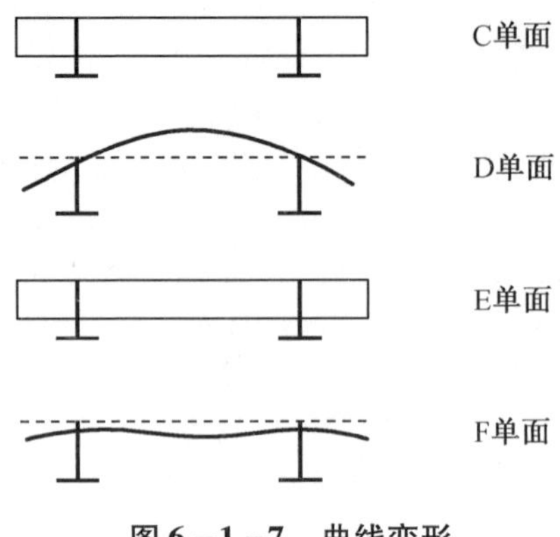

图 6－1－7　曲线变形

(2)型材间的矫正方法

①修正线加热法。其适用于防止折弯,且对较长的型材效果好的情况,如图 6－1－8 所示。

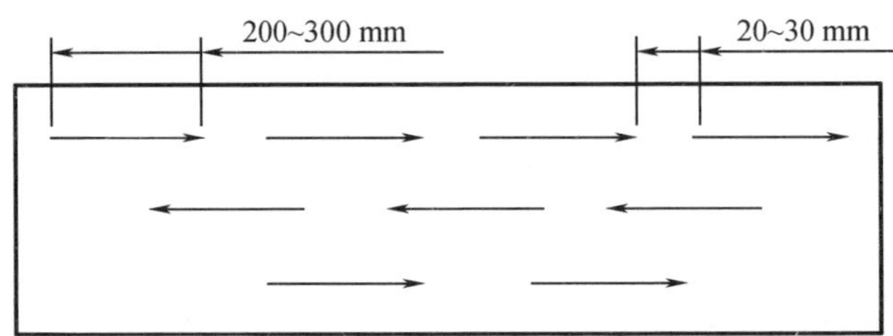

图 6－1－8　修正线加热法

②松叶加热法。其适用于变形大的,并进入收尾作业的薄板,如图 6－1－9 所示。

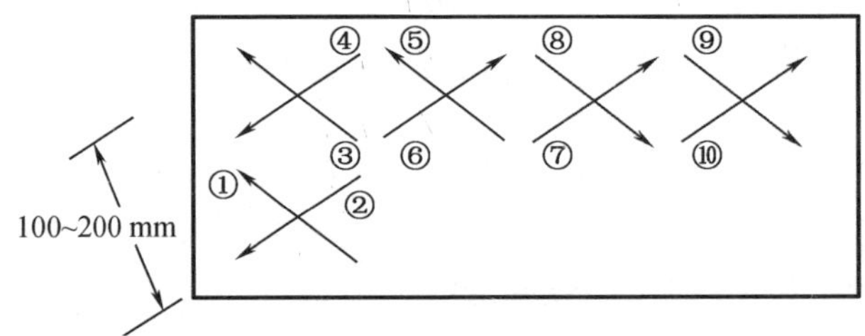

图 6－1－9　松叶加热法

注:数字指加热的顺序

③端部的曲板变形。其加热方法适用于线加热,如图 6－1－10 所示。

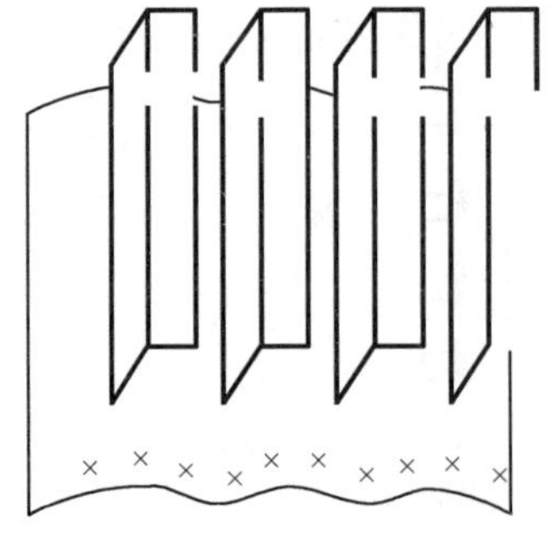

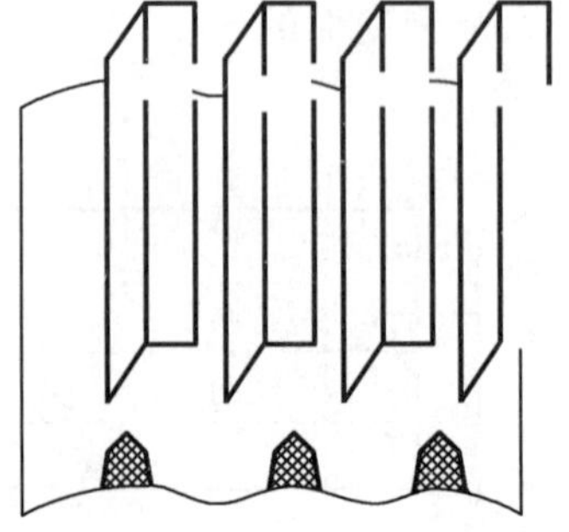

图 6－1－10　端部的曲板变形

第一阶段:先加热 X 标记部分。

第二阶段:矫正效果不明显时适用三角加热。

矫正方法:a. 型材背部加热;b. 对凸出来的部分连续实施直线加热(长一点);c. 加热的起点为未发生变形的地点;d. 端部发生局部变形时,必须使用矫正器具。

④连接部折弯变形

主板连接部位因焊接收缩新发生的变形,在焊接前不采用加强板固定时变形会更大。

a. 焊接焊道线直线时:

i. 焊接背面加热(使用加强板,背部加固);

ii. 焊接焊道两侧连续加热;

iii. 不加热焊道;

iv. 加热时应注意因应力新产生的反响变形现象。

b. 焊接焊道部位变形时(图 6-1-11):

i. 大的变形且难以矫正应使用外力约束;

ii. 根据情况可以采取割开焊缝的方法实施矫正;

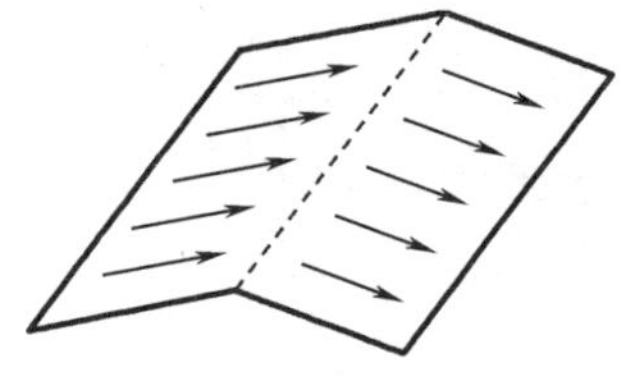

a.整体曲面小的情况

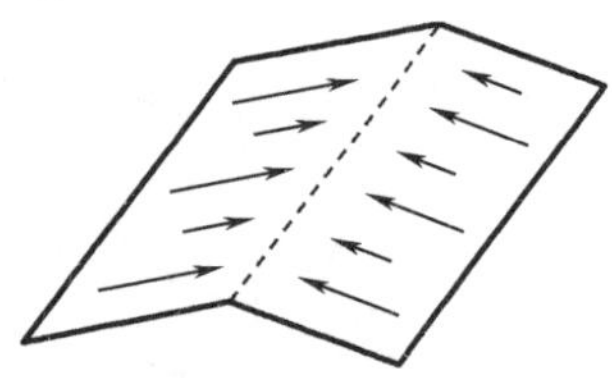

b.整体上曲面大的情况

图 6-1-11 焊接焊道部位变形

⑤型材的曲变形。

焊材、型材、纵桁曲变形。

a. 横曲(图 6-1-12)

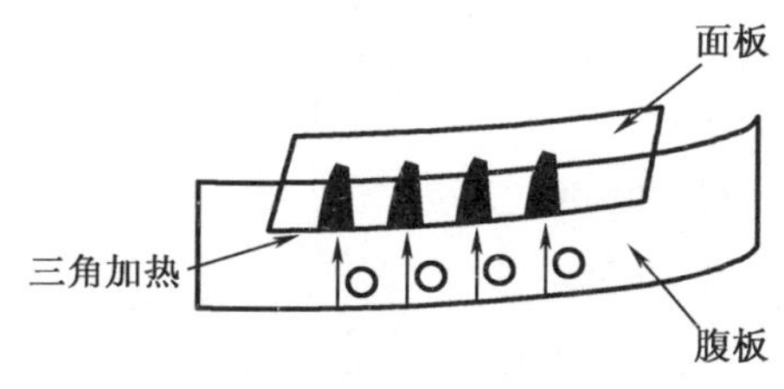

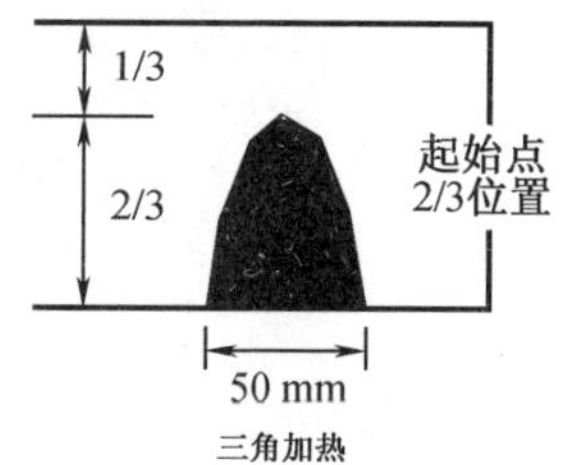

图 6-1-12 横曲

i. 对腹板的突出来的面从下侧开始实施线加热;

ii. 直接对面板实施三角加热;

iii. 腹板的线加热应从曲率小的部位开始;

iv. 面板的三角加热应从宽度的 1/2 地点开始两面加热(热量接近渗透板厚)。

b. 纵曲(图 6－1－13)

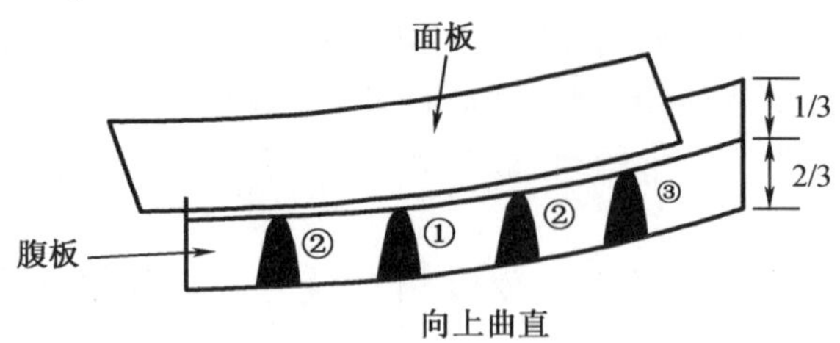

图 6－1－13　纵曲

发生向上弯曲变形情况的时候:

i. 从腹板下部 2/3 地方为起点往下加热(三角加热);

ii. 加热顺序应从曲率小的部分开始(①→②→③);

iii. 水冷却应根据加热情况缓慢进行(加热 600 ℃后温度下降到 400 ℃时实施水冷却),如图 6－14 所示。

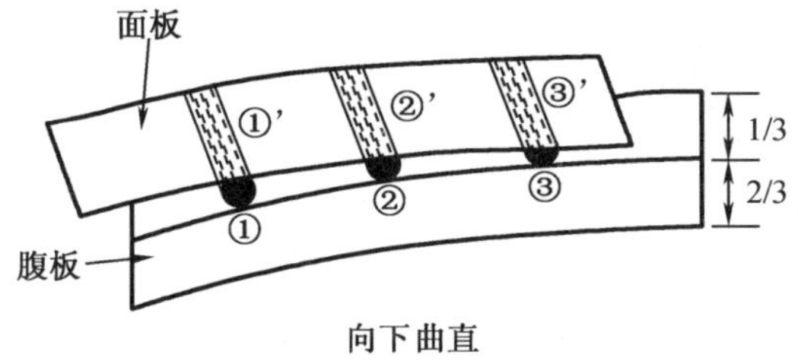

图 6－1－14　水冷却

发生向下弯曲变形情况的时候:

i. 从腹板约 1/2 地方开始向上加热(三角加热);

ii. 加热顺序应从曲率小的部分开始(①→②→③);

iii. 水冷却应从面板,腹板加热结束后实施(图 6－1－15)。

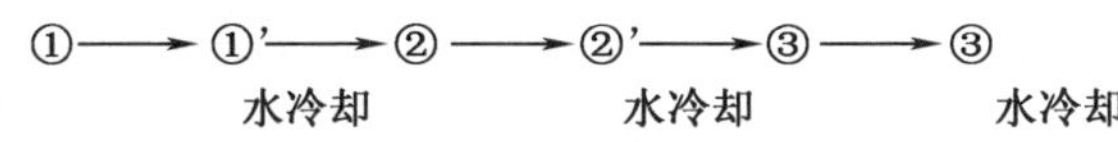

图 6－1－15　水冷却实施

⑥甲板矫正(图 6－1－16)

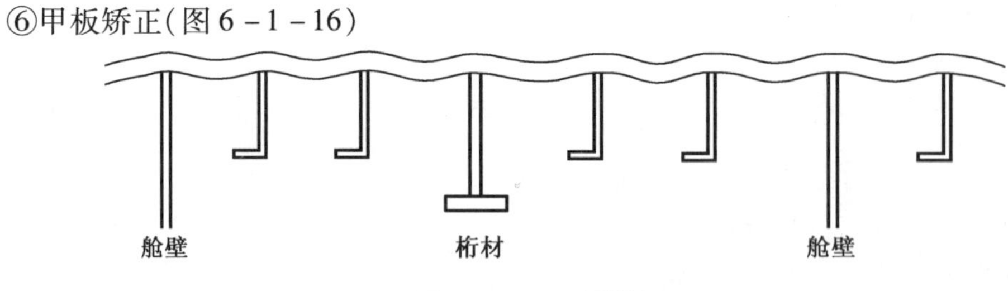

图 6－1－16　甲板矫正

原则上从大的型材到小的型材先后进行加热,但是舱壁和桁材等正常情况下只加热小的型材,型材加热必须先做凸出来的部分(面)。

三、背烧管理区域

1. 制造阶段各结构区域背烧部位见表 6－1－4。

表 6－1－4　制造阶段各结构区域背烧部位

区分	类别施工部位	施工阶段
双层底	纵桁材，水平桁材 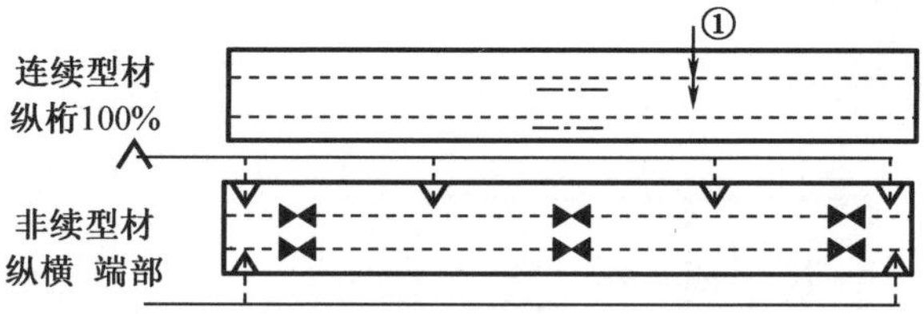 ① 连续型材 纵桁100% 非续型材 纵横　端部	部装
边水舱	◇横隔壁(座墩) 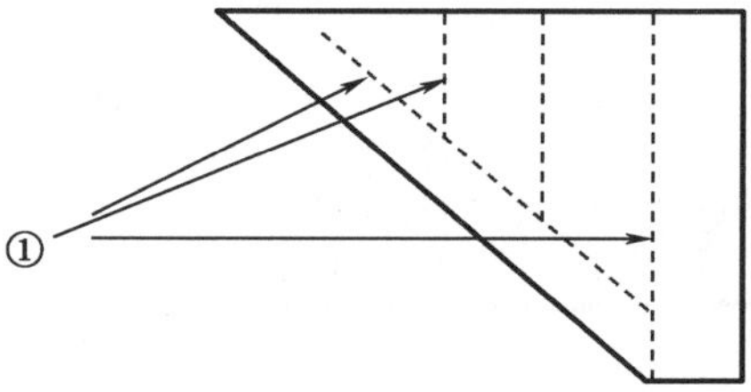 ① ◇水密隔壁　外侧和内侧第一道型材反面 （仅顶部对接可能的型材在部装施工）	部装及片段
甲板	1. 甲板横梁 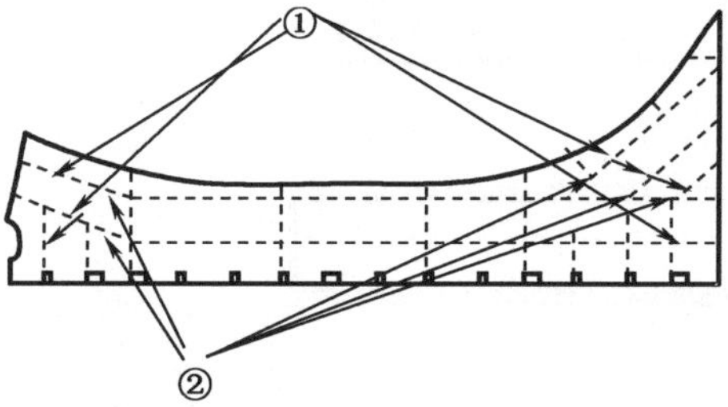 ① ② ①总组，搭载对接部位加强筋反面； ②总组，搭载对接部位加强筋反面，在端部 1 000 mm 由小组立施工 2. 纵桁/肋板 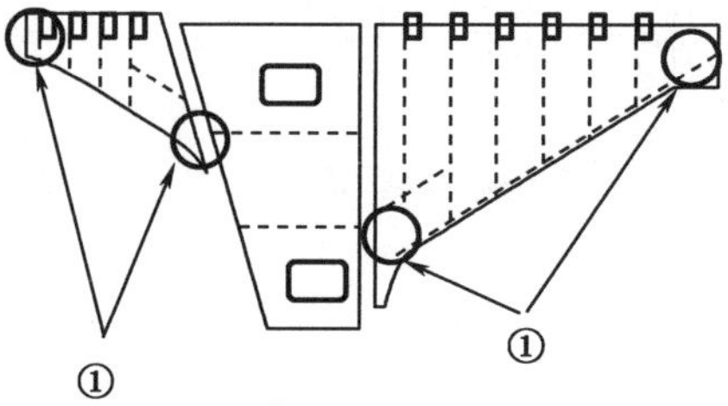 ①　① 加强板端部 300 ~ 500 mm 的区间	部装

表 6－1－4(续 1)

区分	类别施工部位	施工阶段
横舱壁	横舱壁－肋板 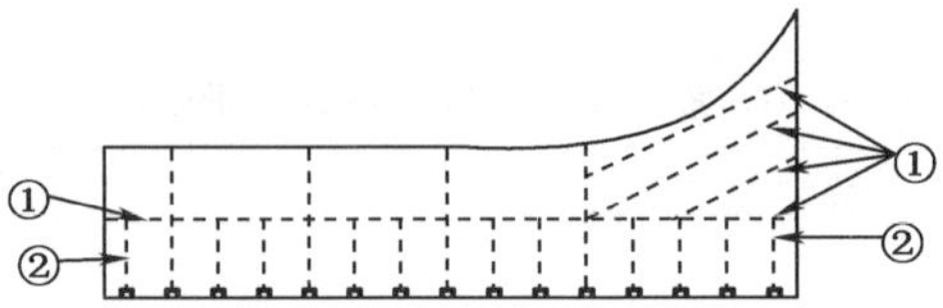 ① ② ① ② ①肋板端部 1 000 mm 进行背部加热； ②端部第一道加强板反面	部装
艏部机舱区域	1. 肋板及肋板 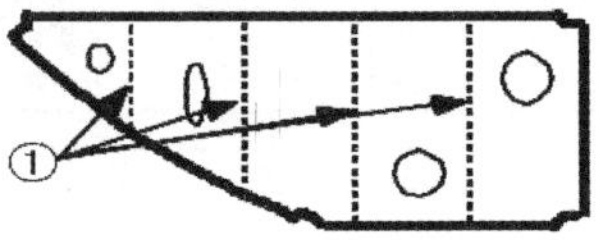 ① ①肋板全部 2. 双层底－肋板 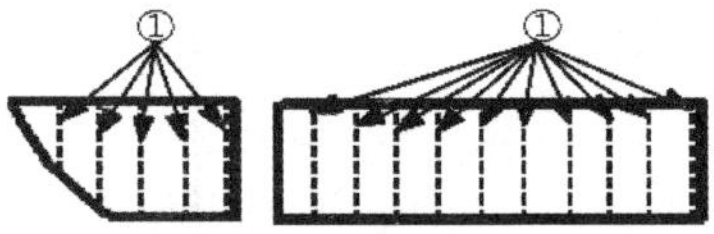 ① ① 加强板型材反面 3. 纵桁 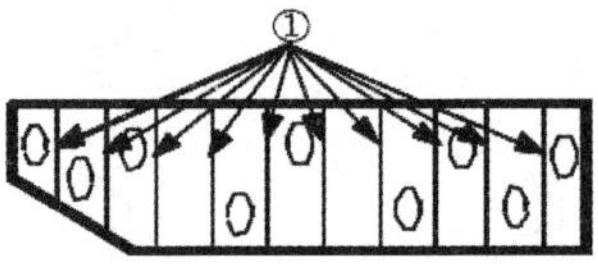 ① 4. T 排  直线度 ◇直线度保持 ◇制定反变形数据	部装及片段
艏部	肋板 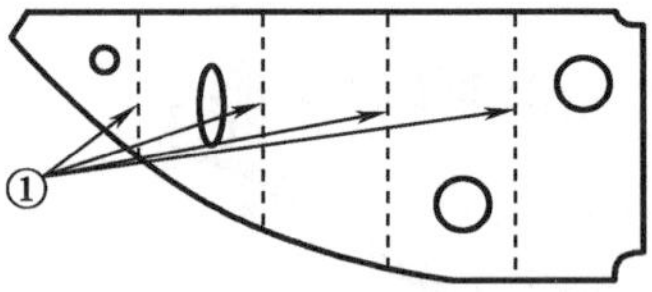 ① 加强筋背面	部装

表 6－1－4(续 2)

区分	类别施工部位	施工阶段
首部	1. 纵横隔壁 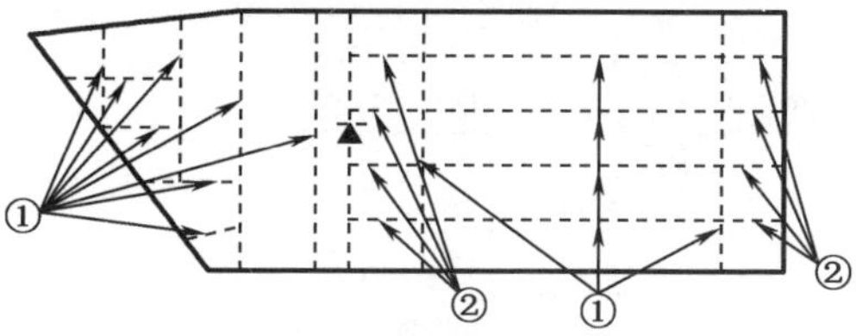 ① ② ① ② ①加强筋反面 ②距焊缝端部 1 000 mm 以内的进行部加热 2. 水平桁及连接肋板 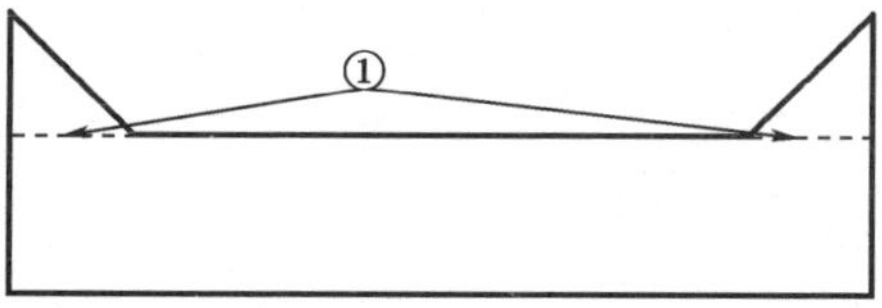 ① ◇端部加强板反面	片段
货舱	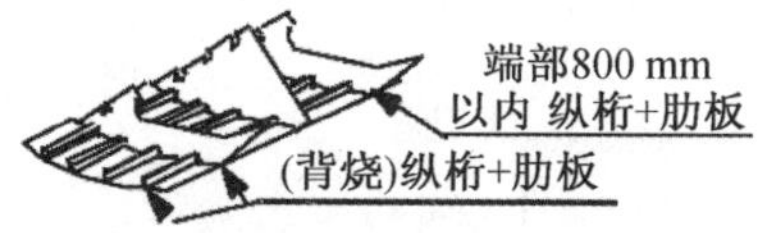 端部800 mm 以内 纵桁+肋板 (背烧)纵桁+肋板 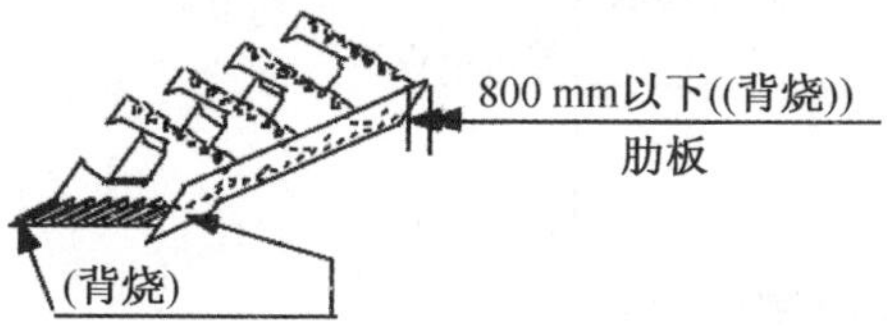 800 mm以下((背烧)) 肋板 (背烧) 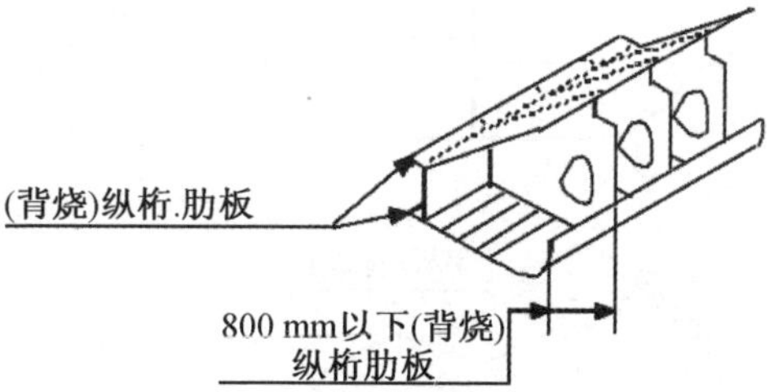 (背烧)纵桁.肋板 800 mm以下(背烧) 纵桁肋板	片段

表 6-1-4(续 3)

区分	类别施工部位	施工阶段
货舱	800 mm以下(背烧) 纵桁+肋板 集中 背烧 背烧 纵桁 背烧 纵桁 800 mm以下(背烧) 纵桁+肋板 首尾端 (背烧)纵桁,中组,外板,外板	片段
船尾	主甲板 2层甲板 舵机甲板 舵机舱隔壁 机舱 (背烧) 甲板(背烧)	分段

表 6－1－4(续 4)

区分	类别施工部位	施工阶段
船舯部	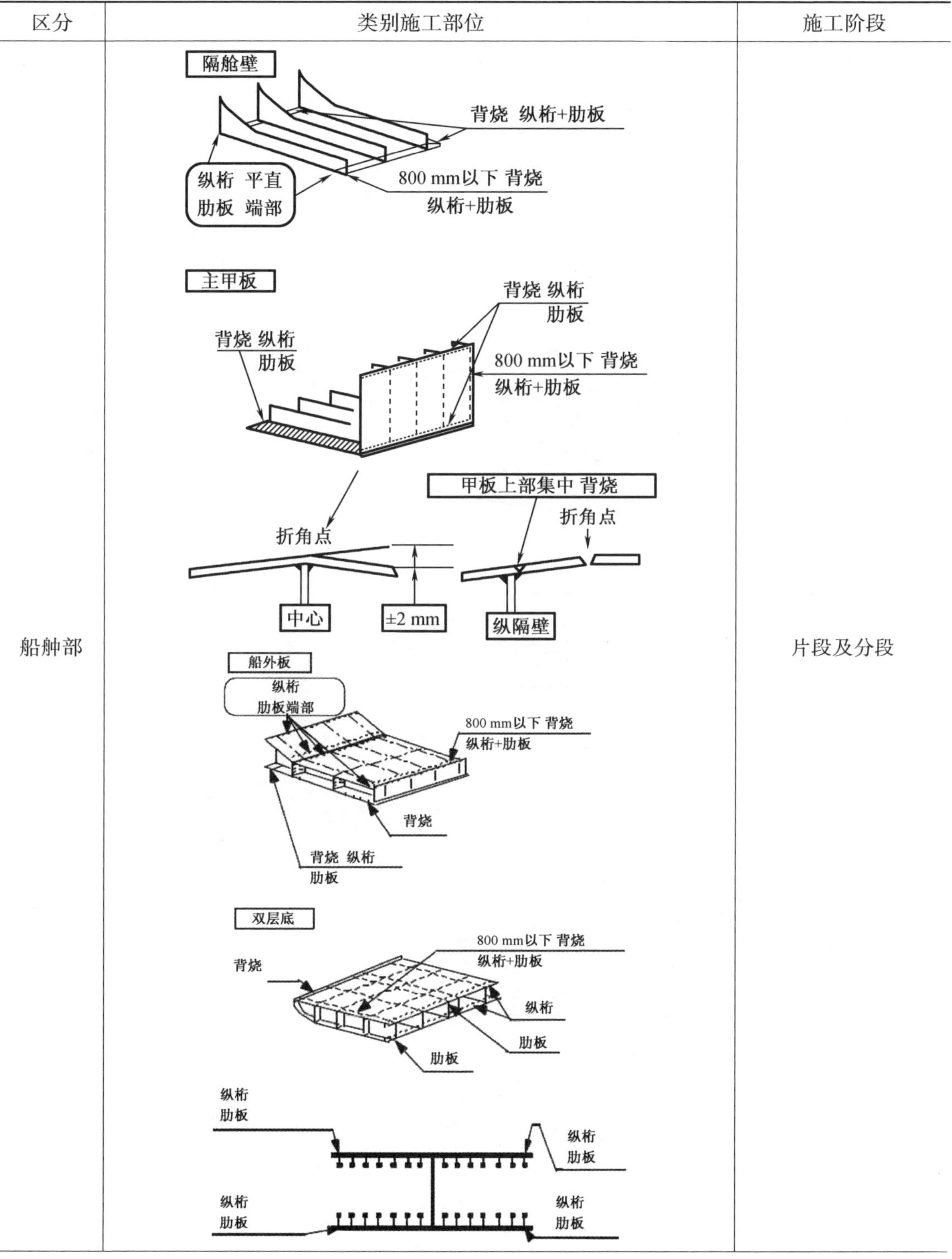	片段及分段

表 6－1－4(续 5)

区分	类别施工部位	施工阶段
机舱	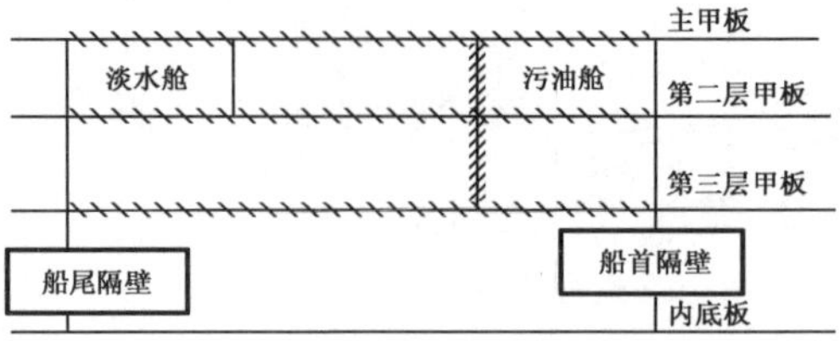 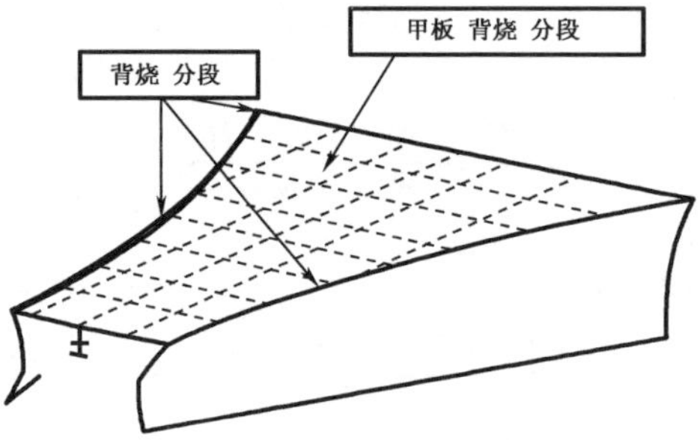 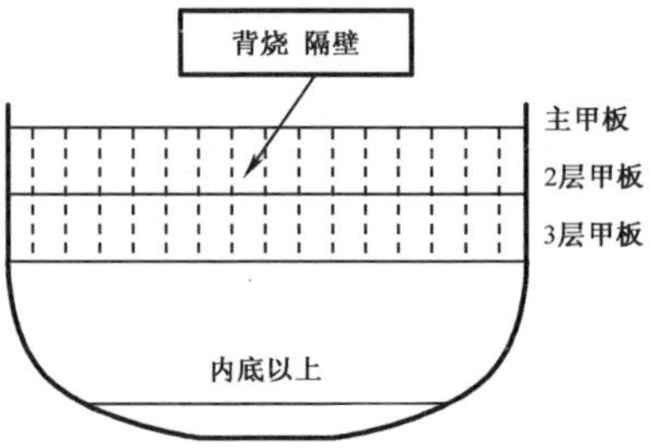 主甲板 淡水舱 污油舱 第二层甲板 第三层甲板 船尾隔壁 船首隔壁 内底板 甲板 背烧 分段 背烧 分段 背烧 隔壁 主甲板 2层甲板 3层甲板 内底以上	分段
艏部	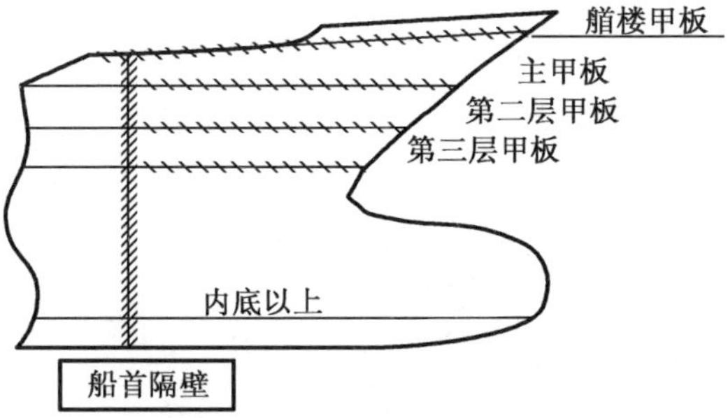 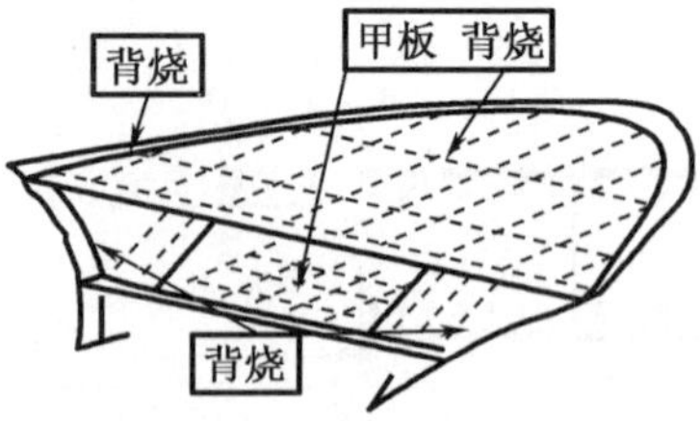 艏楼甲板 主甲板 第二层甲板 第三层甲板 内底以上 船首隔壁 背烧 甲板 背烧 背烧	分段

2. 整船货舱分段制造阶段背烧区域

(1)散货船分段适用(图 6－1－17)

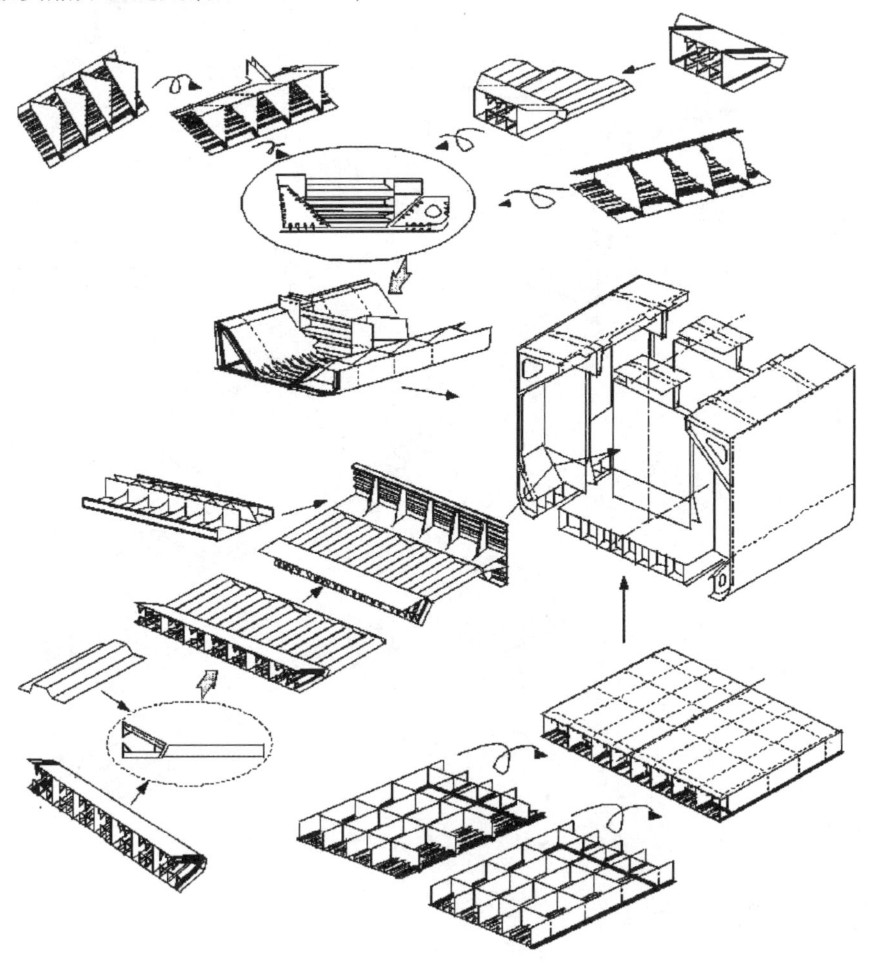

图 6－1－17　散货船分段背烧示意图

※范例:━━背烧位置

(2)VLCC 分段适用(图 6－1－18)

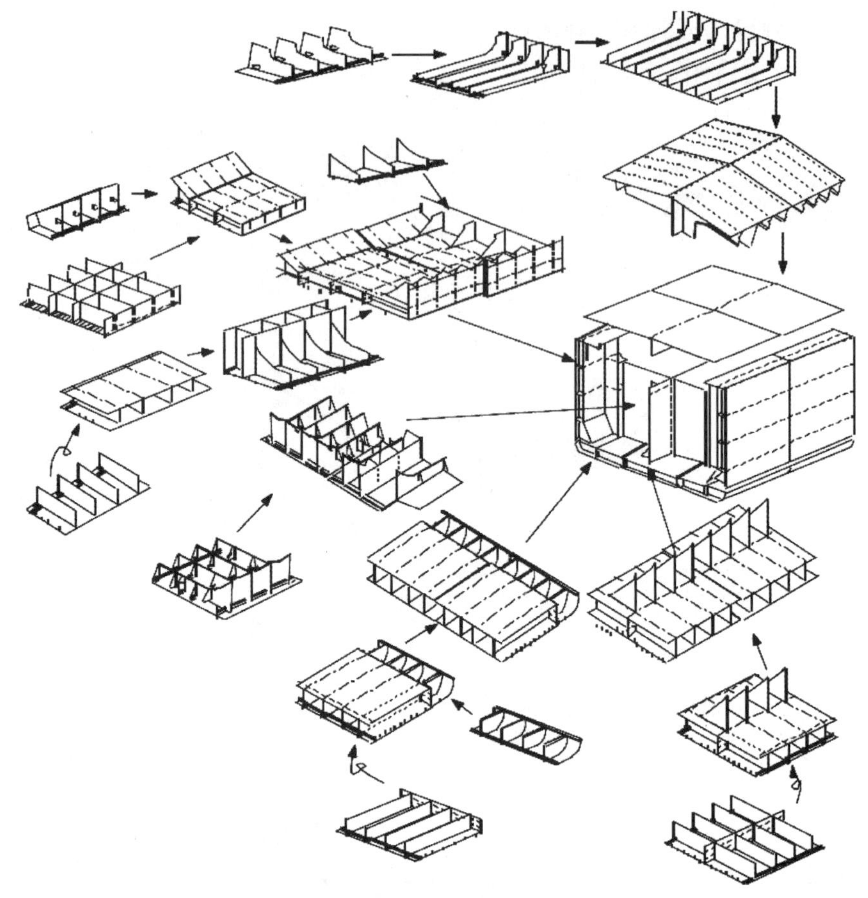

图 6-1-18 VLCC 分段背烧示意图

※范例:——背烧位置

第三节 温度场变化应用研究

随着钢材加工、船体装配和焊接精度的不断提高,装配施工因素对船体分段精度的影响所占比例在逐步下降,而外界温度对船舶分段变形的影响变得越来越重要,其对船体分段变形的影响所占的比例在逐步上升。因此,对因外界温度导致的船体分段变形的分析也自然成为需要关注的重点之一。

一、温度变化对分段尺寸影响的理论分析

众所周知,船厂施工条件恶劣,大多数作业为露天作业。大型船舶的合龙,通常是在露天进行,工件所处温度变化范围较车间大。此外,由于施工及测量环境较差,例如日晒引起结构件或测量工具在不同几何面间产生较大温差,产生不均匀变形,引起较大的误差。在夏季日晒的条件下,船体受的晒局部温度升高将加剧温度场不均匀的程度,船体或分段受晒的一面较未受晒的一面温度可能高出 30 ℃以上,其热变形引起的几何量的变化有时甚至大于按一维热变形计算的数值。

在炎炎夏日，船体分段钢板阳光直射区温度可高达 70 ℃，与阴面温差可达到 40 ℃，引起船体分段产生较大变形。假设船体分段钢板受阳光直射区温度为 70 ℃，阴面为 30 ℃，那么据理论公式计算长度为 40 m 的船体总段其变形根为：

$$\delta L = L \times C \times (T_1 - T_0)$$

式中：δL—热变形量；L—实物长度；C—热膨胀系数；T_1—升高后温度；T_0—原始温度。

可得：$\delta L = 40\ 000 \times 11.5 \times 0.000\ 001 \times 40 = 18.40$ mm。

标准温度设定为 20 ℃，物体将根据温度变化而膨胀或收缩，离标准温度越远，热膨胀越大，变化量也就越大。又如假设船体分段钢板受阳光直射区温度为 55 ℃，阴面为 20 ℃，那么根据理论公式计算长度为 20 m 的船体分段其变形为 $\delta L = 20\ 000 \times 11.5 \times 0.000\ 001 \times 35 = 8.85$ mm。

根据我国大多数船厂的实际情况，船体分段长度大多为 20 m。那么，由于日照不均匀而引起的误差根据理论计算应在 10 mm 左右，若再计及船体分段本身由于加工因素引起的误差，其数值将会更大。这样，在分段搭载时由于温度的影响，就可能会对分段产生误修。这不仅会浪费物料，更会影响工时和搭载周期，甚至会将本来合格的分段修为不合格。

二、温度变化对分段精度影响的实测分析

针对上述情况，通过选取船体典型分段进行测量分析。不失一般性，假定：

(1)在同一时刻，外界大气温是不会发生变化的，而由于日照量的变化，会使船体分段钢板由于温度不同，产生较大的变形。

(2)在分段制造厂房内，由于没有日照，所以可认为船体分段的温度相同，即处于相同的温度场，水平度、长度及宽度是不会发生变化的。其在厂房内测量的数据可作为与外场受阳光照射时测量的数据进行对比的基准。

根据以上准则，选取七月份典型的一天，进行测量并进行数据的跟踪记录，得到以下结果。如图 6－3－1 所示。

(1)温度越高，其变形量越大。

(2)受阳光直射区与阴面的温差越大，其变形量相差也就越大；双壳分段，顶部位(直射阳光)和底部的长度最大偏差时 10 mm (下午两点时的基准：室外温度 30 ℃，顶部表面温度是 55 ℃，底部外板表面温度是 28 ℃)。

(3)船体分段受阳光直射区的温度基本上均在 10 mm 以上，其变形量大于理论分析值。

(4)船体分段变形受阳光照射发生的变形，其变形不仅受阳光照射的影响，而且与船体分段本身的结构和船体分段钢板厚度密切相关，钢板越厚、结构件越多，其变形就越小。

此外，船体分段受阳光照射后，其宽度方向和垂直度也会发生变化。这选取了两个典型分段进行跟踪记录，得到以下结果。如图 6－3－2 所示。

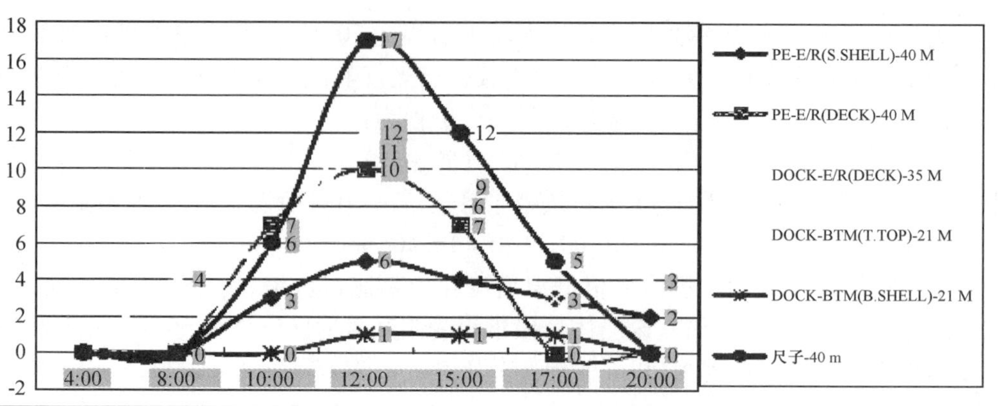

测量时间		4:00	8:00	10:00	12:00	15:00	17:00	20:00
室外温度		20℃	23℃	27℃	30℃	27℃	24℃	22℃
钢板温度		20℃	22.4℃	48℃	55℃	40℃	36℃	22℃
MAGE	PE－E/R(S. SHELL)－10 m	0	0	3	5	4	3	2
	PE－E/R(DECK)－10 m	0	0	7	10	7	0	0
DOCK	DOCK－E/R(DECK)－35 m	0	1	6	12	9	5	0
	DOCK－BTM(T. TOP)－21 m	0	4	6	11	8	3	1
	DOCK－BTM(B. SHELL)－21 m	0	0	0	1	1	1	0
尺子－40 m		0	0	6	17	12	5	0

图6－3－1　温度影响下的分段尺寸变化记录

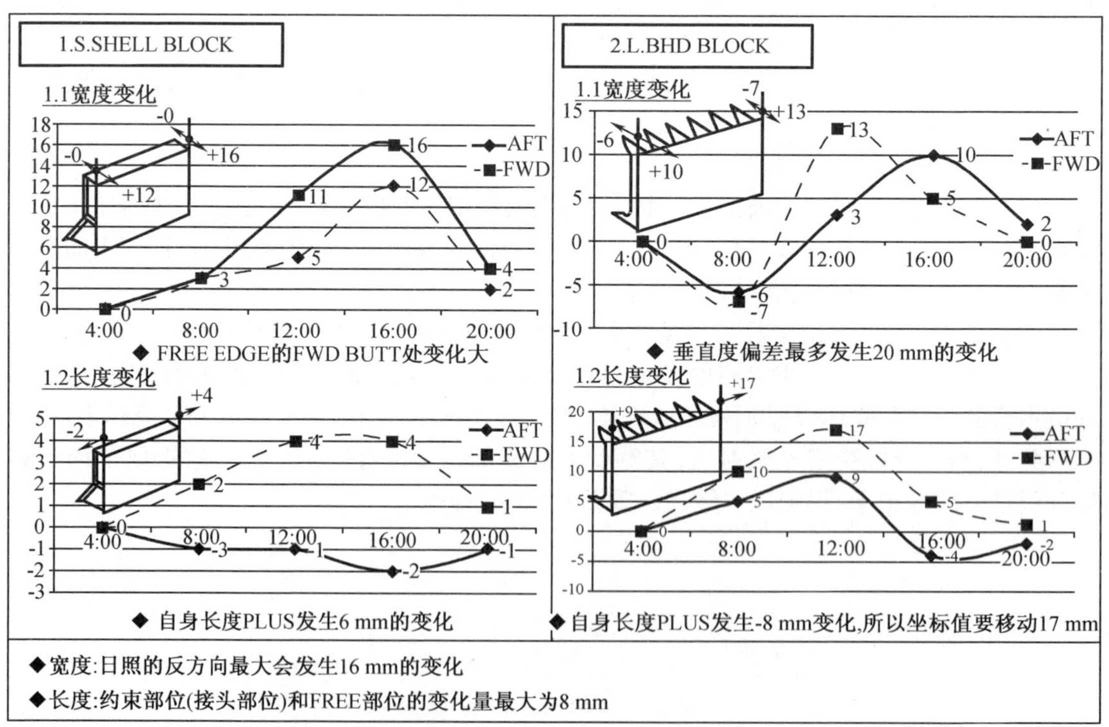

图6－3－2　典型分段受温度影响后长度与宽度变化

根据测量的实际结果，我们不难发现温度变化对船体分段变形的影响是巨大的，其变形不仅仅体现在长度方向上，还包括宽度、水平度以及垂直度，是一个立体的变形，其变形不仅复杂而且变形量较大。

三、温度变化对分段搭载定位的指导意见

随着造船技术的发展和起重能力的提升，巨型总段造船法也开始在有条件的船厂广泛实施。相对于普通船体分段而言，巨型总段不仅仅在尺寸上更大，而且其变形结果也更加复杂。在受阳光照射时，由于船体环段遮蔽作用的影响，其因外界温差的变形也更加不均匀且难以预测。在船舶总组搭载定位时，不仅仅要考虑船体分段因加工和船厂的工艺水平的影响，还要考虑在不同的时间段内，在一个不断变化的外界温度场里，因温度变化而导致的尺寸变化的影响。这对船舶的总组搭载定位带来了极大的不便。

目前，精益造船技术在我国的各个大中型船厂得到了广泛的推广应用。对因温度变化而导致的船体分段变形的研究预测是精益造船技术发展到高级阶段的表现。因此，目前有关现场测量温度补偿的研究还很少，但作为初步的外界温度场变形控制和一般分析可考虑按下述方式操作。

(1)船台(船坞)定位、检测应选择在温差变化较小的时间进行，夏季(6～9月)因日照量发生的变化很大，所以应尽可能地在10:00～15:00之间避免测量作业。因此在晴天一般选择在清晨进行船台定位、检测作业，而阴天则限制不大。

(2)室外工作(P. E及DOCK定位)时要考虑日照量进行定位且结构件应经过一段温度稳定的时间后方可开始作业。

(3)如果根据船厂实际生产情况，需要在高温或低温阶段进行测量工作，那么船台(船坞)的搭载定位应尽可能选在与测量作业相同的时间段或相近的温度场进行。

(4)应把分段预修整后的各项几何量与定位时间、天气状况及温度变化等联系起来，经分析后反馈到船台(船坞)，作为船台分段定位时间选择、分段间相互几何关系确定的依据。

(5)对于单个船体分段而言，若船体分段断面不齐，在船台(船坞)搭载定位时可考虑利用分段受阳光直射区和阴面产生的温度差而导致的变形差异进行补偿，而不用进行分段断面的修割。

(6)船体分段因船厂加工或工艺因素导致分段偏长或偏短的，可考虑借用温度导致的分段尺寸变化进行定位、搭载。例如，船体分段在搭载定位前经测量后发现分段偏短，那么就可以考虑在高温时间段进行搭载，此时因温度导致的船体分段伸长会使尺寸变大从而补偿分段尺寸，进而可方便进行定位作业；反之，若分段偏长，则可考虑在低温时段进行搭载定位。

第七章　精度管理的发展趋势与典型案例

船体精度管理是精益造船的主要技术，其在缩短造船周期、降低造船成本、提高造船质量等方面具有重大意义。目前世界的船体建造精度管理技术发展很快，有以下几个方面的发展趋势：①造船精度专用大型工装的研究发展也是船体建造精度管理的发展趋势，如数字化船坞、搭载支撑定位工装等都能有效提高船体建造精度水平。②船体建造精度管理技术将来必然包括舾装件的制作和涂装保留精度管理。如铁舾件的安装位置精度、管子的制作安装精度和设备的安装精度等方面都将纳入造船精度管理的范围，这对提高船舶分段预舾装率有重大的意义。③船体建造精度管理体系有效运作需要致力于精度造船的人员继续深入研究，及时吸纳先进造船技术成果，不断补充、完善和提高。随着世界造船竞争日益加剧，船型也越加复杂多样，为了适应各类船舶建造过程中的特殊性，相应的船体精度控制技术也将不断发展、提高。

第一节　舾装精度管理的介绍与应用案例

船体舾装件精度控制是全船精度控制中的重要一环，单船多达近万种的舾装件安装、调试等工作占全船生产比例的25%以上。舾装件制造、安装、定位、调试等工作是影响船舶建造周期、生产效率等重要指标的核心要素之一。

从20世纪50年代后期船舶行业开始采用预舾装技术。70年代中期，有些船厂已经发展到了大型区域性单元，质量达700 t以上，且便于安装、拆修，实现了舾装与船体平行作业，工艺达到相当完善的程度。日本从60年代开始采用预舾装工艺。现在预舾装和单元组装技术已成为不可缺少的工艺程序，其组装单元的质量一般在150 t以下。一个完整总段的质量有时可超过1 000 t。日本的有明船厂，单元组装、分段预舾装和总段舾装，可以使船、机、电等舾装作业在地上或厂房内进行的工作量达到总舾装工作量的80%左右。该厂在建厂时，就是按尽可能多地开展预舾装和单元组装的原则进行设计，在厂房设施和场地布置方面创造了很好的条件。英国造船厂采用预舾装技术，在船舶下水前完成量可达70%以上。现在，日本、韩国的预舾装率已经达到95%以上。

我国在20世纪70年代开始尝试预舾装技术，到了80年代后期，为了建造出口船，各大船厂纷纷派员出国考察、培训和与国外进行合作、联合设计，引进了造船生产设计、成组技术、预舾装、单元组装等先进的区域舾装技术，并消化吸收和推广应用，从而使我国的船舶舾装建造工艺有了迅速的发展。目前全国乃至全世界的船厂都在推行“涂、舾、壳”一体化的理念，精度管理已经逐渐深入到了大部分造船厂的管理理念，越来越多的船厂开始逐步地建立专业的精度管理部门。但是在此精度管理系统中大多是注重船体结构精度，而舾装精度的推进实施少之又少。但是随着“涂、舾、壳”一体化的不断深入，必然要促使船体精度以及舾装精度的并行发展。只有船体精度没有舾装精度对一个先进的现代化造船企业来讲绝对是一个不可忽视的漏洞,同样没有先行舾装的船厂就不能说是现代化船厂,没有舾装精度做依靠,舾装先行就不可能推进。所以说舾装精度的应运而生作用巨大、意义深远。

自国内船企精度管理工作开展以来,在分段本体精度控制方面取得了一定的成绩,但在该项目推进前,舾装件精度控制方面还存在着空白。由于控制工艺和测量方法等的缺失,导致船企舾装件安装精度一直无法得到有效控制,尤其是管系和特殊大型舾装件的安装精度问题,一直困扰着生产部门,造成了现场大量的问题返工,严重影响了船舶产品精度质量。在精度管理进一步推进深化的前提下,迫切需要在舾装精度控制方面建立完善的检验方法、管理体系和控制标准。

一、舾装精度管理的内涵

船舶舾装精度控制的重要性已经成为国内外先进船企的一致共识。但在具体工作开展上存在诸多问题,如测量方法的选取、精度标准的制定、与船体结构精度控制的关联等问题,项目开展难度极高。故舾装精度控制方面在国内基本属于空白,在日、韩等先进船企也未形成标准化的控制体系。同时船舶舾装件种类复杂,精度标准各不统一,项目研究的先决条件就是要明确研究的载体和方向。

从舾装件种类上分析,船舶舾装件主要分为船用管子、铁舾件、设备基座腹板、特种件等类型。其中船用管子是舾装件中的重要组成部分,普通船型中(非液货、LNG 等产品)使用管子数量约 20 000 根,其加工与安装所耗费的工时,约占全船舾装工作量的 45%,占全船总工作量的 8% ~12%。同时船用管子的尺寸多样、形式复杂,且与船体结构密切相关,所以管子加工、安装阶段的精度问题数量最大。因此在项目前期策划中,明确了将管子的加工、安装精度控制列为课题推进的主攻方向。

同时类似船舶轴舵系、锚系等大型铁舾件,虽然数量较少,但安装精度要求较高、安装工艺复杂、现场反馈问题高发且解决难度较大,其是现场施工部门反馈集中,亟待解决的重点问题。项目推进思路上明确了,以专题形式开展典型舾装件精度控制研究。通过以点带面的方式,逐步摸索各类舾装件的精度控制方案,解决现场实际问题。

二、舾装管系精度管理

船用管子在船舶生产全周期内的精度管理一般分为四个阶段,包括设计阶段、加工阶段、安装阶段和调试阶段,见表 7－1－1。

表 7－1－1　船用管子在船舶生产全周期内经历阶段

设计阶段	加工阶段	安装阶段	调试阶段
原理设计—管系放样	校管加工－(支管安装)－连接件法兰安装—密性试验－涂装保护(涂塑、镀锌等)	预舾装—船体安装	系统调试

(一)设计阶段

1. 由产品按系统舾装设计到建造按区域设计的"转换"

产品设计中的舾装设计、材料选用和采购是按系统进行的,而区域舾装法则按区域计划和组织进行舾装的生产作业。因此,舾装设计主要面向中间产品,将详细设计的各系统原理图、系统布置图和系统材料表等进行转换设计,即按区域绘制舾装综合布置图和编制托盘划分文件。

2. 区域舾装作业分解

用成组技术和统筹优化理论,对舾装作业按照区域、类型、阶段分类法进行分解,分解成单个舾装作业的任务包。然后由一个综合施工组完成该区域内的一切舾装作业。因此,首先对整艘船进行区域的划分和舾装作业阶段的划分,同时也对各种作业的时间进行划分。舾装精度的开展与介入就是要保证此规范的正确实施,保证每道工序顺利地进行,同时最大程度地满足后道工序的精度需求。

设计阶段作为舾装精度管理的源头控制,一旦出现问题将会导致产生后期大量不必要的工作量。舾装精度的不断推进与发展势必会推动设计方面的不断优化,对现场的降低生产成本、提高生产效率、减小劳动强度、改善劳动环境有重大意义。

(二)模块阶段

模块阶段包括管件下料与制作、单元组装等。造船采用片段化的目的之一,就是要缩短设计与制造周期,而标准化是简化设计、便于制造的有效措施。根据原材料和配套设备的标准化状况,可以确定船体构件和舾装单元的标准尺寸和标准构造,以减少尺寸种类和构造类型,从而可以加快设计进程,方便施工建造。

1. 管系制作控制流程图(图 7-1-1)

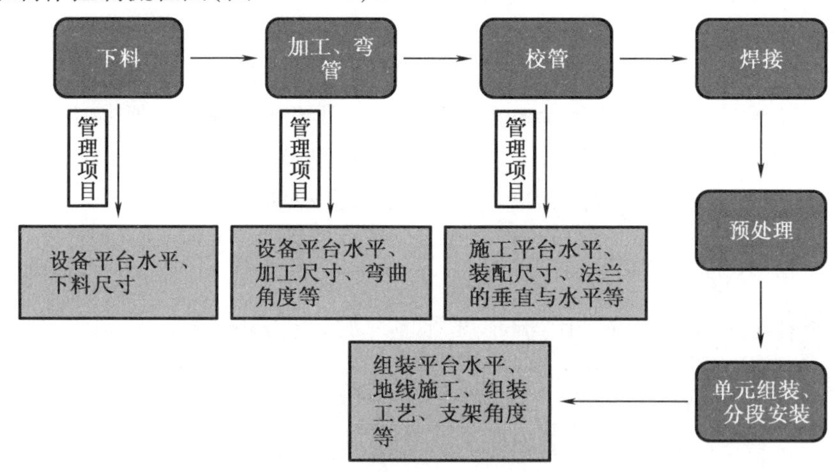

图 7-1-1　管系制作控制流程图

2. 管件下料与制作

常见的关键制作方式是管件族制造法,即应用成组技术原理将管子按设计和制造过程的共同特征系统地分成组或族,按族组织生产,以形成足够的制造批量。此方法的优越性在于把貌似不同的管子零件组成族,避免了单件生产方式在工艺设计、计划安排和制造过程中的繁复的工作。制造族内各种管子由合理地分布在分道作业线中的同一机器和工夹具加工,其好处是可大幅度提高设备利用率,简化分道作业线中各工序间的材料搬运。管子在分道作业线中按工序有节奏地移动,便于生产管理的改善。按工序进行分类可使作业流程从一条分道作业线转换到另一条时,仍然保持对生产的控制(图7-1-2)。

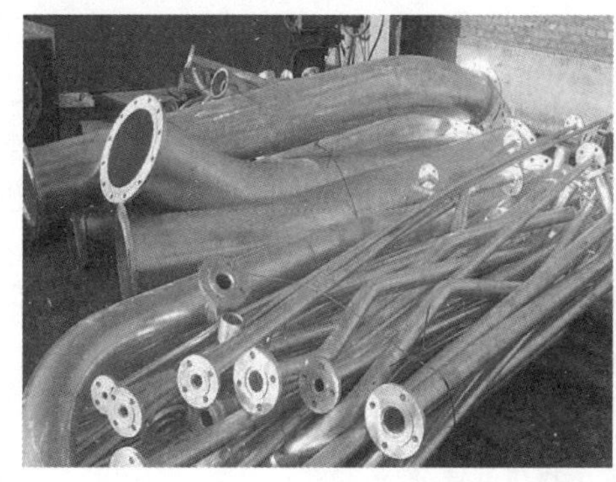

图7-1-2　按工序进行分类的管子

模块阶段作为船舶管系舾装精度控制的重点控制阶段,过程精度控制尤为重要,模块精度控制主要从三方面进行提升管系加工精度,基本概括为基础设施精度控制、系统知识培训、日常检查及管理。

(1)基础设施精度控制

基础设施具体包括校管平台、焊接设备、安装设备、管件加工设备等。其中平台是所有基础条件中的关键因素,对加工产品精度质量起到决定性作用。平台包括下料平台和校管平台。校管平台水平不良,会导致法兰角度不良、法兰转角不良等问题出现,下料平台达不到要求,会使得切割管件出现有斜口的现象。这将严重影响后道工序的对接精度,管件对接缝隙不一致对管件的焊接变形控制也存在很大影响。因此,要定期对平台精度进行校检,一般每个季度校检一次,下料平台损坏严重的,应进行修正或更换(图7-1-3)。

图7-1-3　平台精度校检

(2)日常检查与管理

日常检查管理主要分为推进下料管理、校管检查、基础设施检查、新项目的推进与改善。通过日常的检查不断的统计、分析,对现场存在的问题点进行分析,总结原因、制定解决方案、规划后期管理方向。

①推进前道下料自主化管理

前道下料是精度工作中重要的一环,任何物品的制作流程都要从源头开始控制,如果最初的一道工序出现较大误差,对后续的工序将造成极大的影响,在精度质量上会产生严重的误差。所以在前道下料区域,要实行自主化管理,充分培养和激发现场工作人员的精度自检互检意识,进行自主化管理,减少前道下料冷弯的误差,为后道工序的制作提供切实有效的精度保障。在前道下料区域常见的主要问题有下料尺寸、外来产品尺寸与冷弯管件角度三个方面。

a. 前道下料尺寸问题

下料尺寸是直接影响后道法兰安装完成后主尺寸的主要因素。管系的下料尺寸应考虑法兰安装间隙的因素,未考虑后道法兰安装间隙的因素,会造成下料尺寸偏长,后道安装完毕后主尺寸平均偏大 10 ~ 15 mm。要保证管件后期制作完成的精度,应综合考虑法兰间隙、管件壁厚、焊缝等对下料尺寸及外来产品误差的要求,制定的一系列前道下料尺寸优化方案(见表 7 - 1 - 2),务求从根本上控制尺寸精度。

表 7 - 1 - 2　直管下料尺寸标准

管件直径/mm	下料标准	备注
89	图纸实际总长尺寸 - (管子厚度 +2) × n	n 代表法兰个数
114	图纸实际总长尺寸 - (管子厚度 +2) × n	n 代表法兰个数
140	图纸实际总长尺寸 - (管子厚度 +3) × n	n 代表法兰个数
168	图纸实际总长尺寸 - (管子厚度 +3) × n	n 代表法兰个数

b. 外来产品尺寸

外来产品尺寸不良是影响管件制作精度的主要问题之一,最主要的产品是弯头,部分管件的制作是有直管与弯头拼接而成的。而弯头为外购材料,由于弯头由不同厂家制造,且弯头规格不同,尺寸偏差也各不相同(见表 7 - 1 - 3)。部分弯头还存在切口不齐的问题,因此这也是影响模块舾装精度的主要因素之一。目前其改善方法基本是依靠后期修正来解决。

表 7 - 1 - 3　弯头切线长度实际偏差数据

ES457 * 13 * 90	450	452
ES480 * 13 * 90	450	465 ~ 470
ES508 * 13 * 90	500	514
ES530 * 13 * 90	500	490 ~ 505
ES560 * 13 * 90	550	560 ~ 570
ES610 * 13 * 90	600	605 ~ 610
ES630 * 13 * 90	600	630 ~ 635
ES660 * 13 * 90	650	655 ~ 667
ES140 * 13 * 90	125	128

c. 冷弯管件角度

冷弯管件的角度问题也是常见问题之一。由于不同的管件的硬度不同,冷弯后的反变形量也不同,再加上冷弯机使用年限过长,导致冷弯后的管件存在角度偏差。部分管件常采用冷弯方式进行弯管。由于管件的刚性不同,不同管件冷弯过程中的反弹变形量不同,加上弯管设备的常年使用，冷弯出来的管件存在的角度误差也是影响舾装精度的因素之一。其改善措施有：i 定期的设备检查以及维护；ii 对于冷弯管件需不定期的测量角度误差，重新优化反变形预置值（见表 7－1－4）。

表 7－1－4　优化反变形预置值

管件型号	理论角度	预置值	实际弯管度数	放松变形后	最终角度
114×6	90°	93°	93.1°	94.4°	89.8°
114×8.5	90°	93.8°	93.9°	95.6°	89.8°
89×5.5	90°	92.3°	93.5°	93.4°	85°
89×7.5	35°	36.2°	36.3°	37.4°	34°
89×7.5	40°	41.3°	41.4°	42.6°	39.6°
89×7.5	90°	92.5°	92.7°	93.7°	88.3°
76×5	20°	20.8°	21.4°	22.2°	16°
76×5	30°	30.8°	31.5°	32.2°	29.2°
76×5	20°	20.8°	21.5°	22.3°	25.7°
140×7	90°	94.5°	94.6°	95.6°	89°
140×7	45°	47.9°	48.1°	49.1°	44.8°
140×7	30°	32.8°	33°	34°	30°
140×7	90°	94.8°	95°	95.9°	90°

②校管检查

校管加工和连接件法兰安装是管子精度保障的源头和基础，其工作量大且与精度控制息息相关，而安装阶段的预舾装工作是现代化造船体系中生产工序前移的重要体现，也是行业内考核船企效率提升的重要指标。

校管检查是确保合格产品流向后道的关键程序，校管过程中的精度控制内容主要包括装配主尺寸、法兰角度、法兰转角、法兰型号、支管方向、支管角度等。检查方式主要依靠抽检的形式。

a. 精度标准制定

校管角度偏差小于 3°，管子长度偏差小于 2 mm（图 7－1－4）。

图 7－1－4　精度标准制定

b. 连接件法兰安装精度测量

检查内容包括法兰型号、安装端面垂直度、法兰螺孔安装角度等(图 7-1-5)。

图 7-1-5　连接件法兰安装精度测量

c. 管件及单元制作精度全过程控制

管系方面主要包括下料、加工弯制、校管、焊接、单元及分段安装等过程控制;单元方面主要包括地线、端面线、支架定位、管件定位等过程精度控制。

d. 单元模块制造精度

检查内容包括单元模块船体安装基准、模块主尺寸、模块对接法兰安装位置、角度等(图 7-1-6)。

图 7-1-6　单元模块制造精度

管系的测量方法与测量项目与船体结构精度控制存在较大出入,在测量方法、专用工装等方面在国内仍属于空白。要实现现场管系舾装精度控制,首先要解决相关的方法、工具、工装等问题。

船舶舾装中超过 90% 的管系对接采用法兰连接方式,作为定位基准的管系法兰端面圆心位置难以准确测量。管系制造、安装过程中,为考虑对接需要,还需对管系法兰的安装角度和端面垂直度等进行准确控制,导致测量难度较大。

研究过程中,在使用专用工装的基础上,将船体结构三维精度测量的理念转换到了管系精度测量控制中,通过全站仪三维测量技术的运用,对专用工装表面的反射贴片中心进行测量。通过法兰端面内任意三点求圆心的方法,计算出管系中心点实际位置。其具体计算方法如下:

在专用工装的辅助下,使用全站仪测量法兰端面三个螺栓孔中心点数据,分别为 $B(x_2,$

y_2)；$C(x_3, y_3)$，可计算出法兰端面中心点坐标为：$O(x, y)$；

计算公式为：

$$x=\frac{x_1^2-x_2^2+y_1^2-y_2^2-2(y_1-y_2)*y}{2(x_1-x_2)}$$

$$y=\frac{x_2^2-x_3^2+y_2^2-y_3^2-2(x_2-x_3)*x}{2(y_2-y_3)}$$

通过上述方法可以实现在船体三维测量模型中，构建管系法兰端面的实测模型，并通过三维分析匹配，将管系安装与船体结构间形成的偏差值反映在分析报表中，指导管系安装位置的修正。

相关技术的运用很好地解决了船体精度测量与舾装管系精度测量间的数据融合、联动分析功能。与现有技术相比，该方法可实现管系定位尺寸的精确测量，并按照船体结构的对接要求，对舾装管系的安装误差进行调整，提高舾装管系安装定位精度水平。

3. 单元预装标准化管理(图 7-1-7)

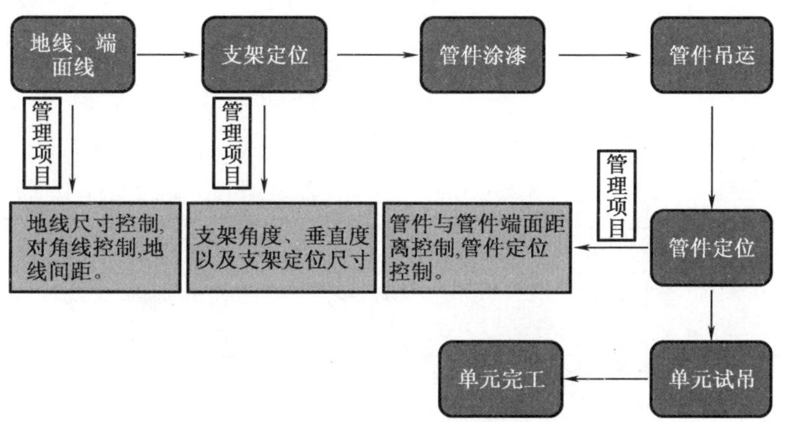

图 7-1-7　单元预装标准化管理

单元预装也是精度控制工作中很重要的一环，直接影响到后道部装、分段阶段的管系安装进度与质量，所以单元预装的标准化管理就显得尤为重要。要想提高单元制作精度主要从基础、意识、技能方面入手。这使得单元的制作进入到标准化、大型化发展。

基础方面，单元的制作同样离不开良好的基础，要想保证单元精度的良好，必须使制作基础标准化、规范化。制定地线的标准化的施工制度，在制作区域预先做好标准的格子线，以方便后期的角尺使用及检查(图 7-1-8)，并在单元制作时建议设计部给予单元支架的地线施工图。

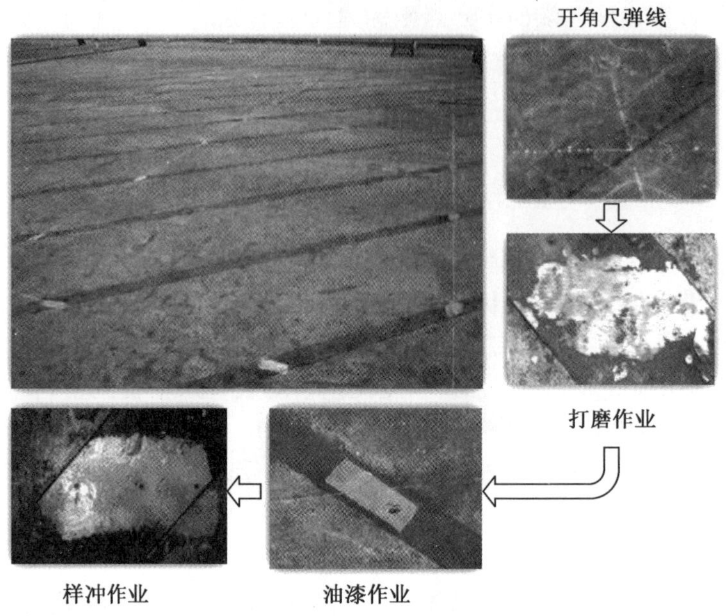

图 7-1-8 现场画料地线

地线施工模拟图(图 7-1-9)

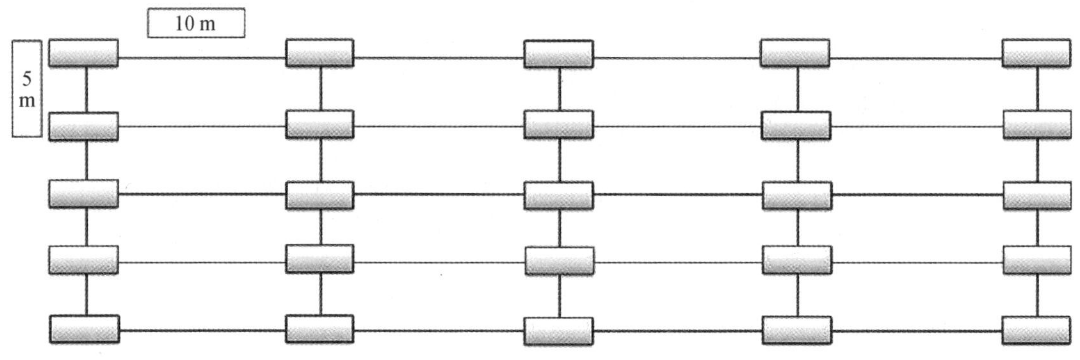

图 7-1-9 地线施工模拟

意识和技能方面主要是以系统的培训和现场指导为主,与校管区域的培训同步进行,在现场单元制作过程中精度部要对重要的单元进行全程监控,保证每根管件按照理论的位置安装,在管件的端部设置地标线,以方便现场自检。另外每个单元都要根据实际的需求进行标准端的制定,确保基准端的精度良好。推进单元制作的标准化,为后期的单元优化、单元的大型化做好数据统计。

(三)安装阶段

1. 安装流程(图 7-1-10)

舾装工程主要是分段管系以及部分铁舾件的预舾装。对于分段舾装来说安装阶段是最关键的阶段。一方面是对片段化管件及单元制作精度的检验,另一方面是决定后期分段预舾装周期的基本保障。舾装精度介入分段舾装工程的监控是应时而生,应势而推。其主要管理内容以分段的管系安装精度为主。

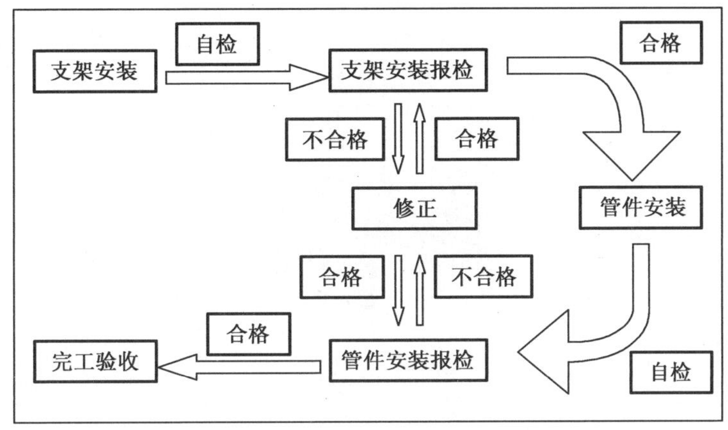

图 7－1－10　安装流程

舾装工程的主要测量内容包括管系定位精度、法兰垂直度、法兰对接螺孔安装角度等。分段阶段的预舾装精度作为舾装工作的中间工序，管件安装的精度质量及完整性显得尤其重要，其直接影响后道工序的生产效率提升，且分段阶段内容复杂多样，精度较难控制（图 7－1－11）。

图 7－1－11　管件的安装

舾装精度控制的最终目的是不断地减少后道的合龙管使用量，尽量使后期管件可以直接对接。但舾装精度顺利推进必须有一个前提，就是所有分段舾装精度的推进必须建立在良好的结构精度的基础上，否则安装阶段舾装精度的推进的意义将大打折扣。

2. 日常检查项目的建立

首先确定检查项目，范围主要涉及所有管系安装分段。其主要利用二维控制管系圆心的位置距离相对构件的尺寸，使其最终装配尺寸符合精度管理基准（图 7－1－12）。

精度测量检查表是现场施工时精度控制的导向，在以上制定的精度管理流程中已有体现，它详细呈现了精度测量管理点，提供准确数据，使精度管理员在现场记录各阶段分段或管舾装的精度测量数据，根据精度控制基准，直接在现场进行数据分析，得出检查结果，全面反映分段实际测量数据与精度测量表理论数据真实的偏差值，能够更好地对实物模型进行尺寸管理，提高现场精度管理员和施工人员的工作效率。

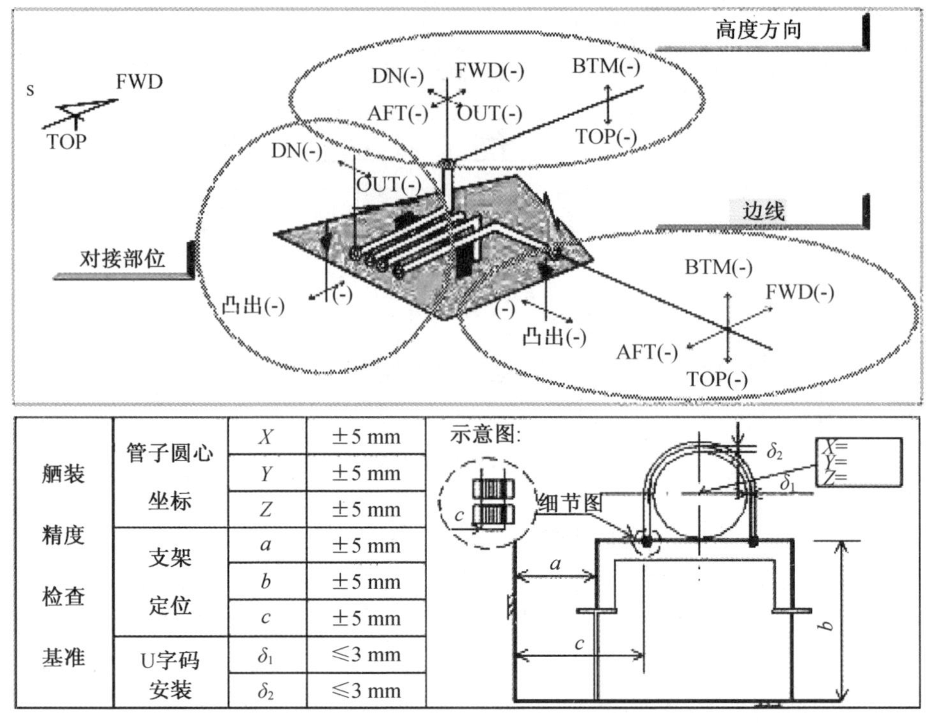

舾装精度检查基准	项目	符号	基准
	管子圆心坐标	X	±5 mm
		Y	±5 mm
		Z	±5 mm
	支架定位	a	±5 mm
		b	±5 mm
		c	±5 mm
	U字码安装	δ_1	≤3 mm
		δ_2	≤3 mm

图 7－1－12　精度管理基准

精度检查表主要由4部分组成:①表头,表头主要提供分段的制作信息,包括船型船名、制作人员、检查人员以及日期等;②检查内容,主要能够清晰地看出分段的检查项目、检查方法以及一些简单的数据记录;③管理基准,依靠此基准与检查内容的数据做对比,能够直接地判断其安装结果;④备注,主要是对检查结果的简单描述。表格中的识图都是与制图原则相一致,从尾向首看,从上向下看,特殊情况会有说明。如图7－1－13所示。

精度检查表能够有效地解决现场的自检问题。在管系安装过程中施工人员很少能够自主检查,一方面是因为现场人员对精度的认识还不够深刻;另一方面是因为在现场的施工图纸中的数据表达不够清晰,员工的识图技能还有待提升,甚至有的管系安装根本没有数据,一直以来都是依靠员工的经验来安装。舾装精度检查表有效地解决了这方面的问题,表格能够清晰地表达需要控制的尺寸及范围,并且在施工过程中精度管理部一直以来是不断地根据现场的需求进行优化改善,使得表格更简单明了,促使员工能准确快速地完成管件的定位。这种自检表有时也作为复检的依据。精度测量自检表详细呈现分段精度测量管理点,浓缩了施工图纸中分段装配需要的尺寸,提供了实用便捷的分段一维或二维定位数据,将实际测量数据与理论数据进行对比,使分段精度问题在测量过程中能够及时发现、及时修正,并替换了原有施工图纸中分段完工测量表,成为生产部门判定分段精度合格的基准,被现场工作人员称为“二次施工图纸”。

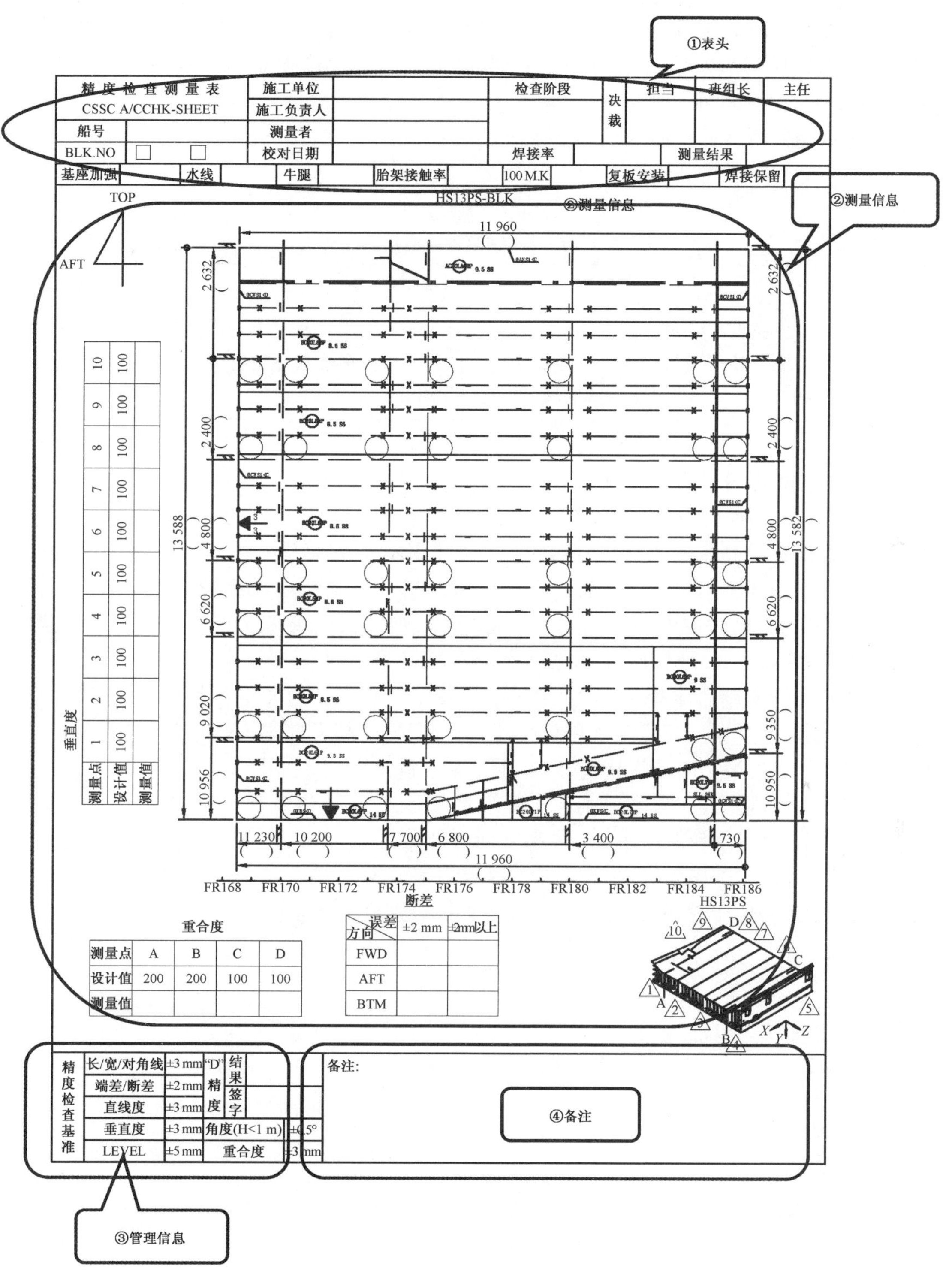

图 7-1-13　精度检查表示意图

三、铁舾件精度管理

船体铁舾件种类众多,结构复杂,且安装精度要求较高,同时安装工艺复杂,现场反馈问题高发且解决难度较大。企业可通过以点带面的方式,逐步摸索各类舾装件的精度控制方案,解决现场实际问题。

(一)铁舾件精度控制流程

铁舾件精度控制流程见表 7－1－5。

表 7－1－5　铁舾件精度控制流程

设计出图阶段	预装阶段	安装调试
明确各型铁舾件精度控制标准－完善精度控制信息、定位数据	制订精度定位方案－明确现场安装定位基准－开展预装精度的过程监控－结合船体结构精度信息进行测量监控－对定位数据进行专检复测	协助安装调试,检查实际安装效果

(二)典型铁舾件精度管理项目

较多大型铁舾件(如齿轮箱基座)是在船坞搭载阶段进行安装的。船东方时常会对基座安装提出较高要求及标准,但此阶段由于受基座制作精度及分段甲板水平等问题的影响,基座下口与甲板间间隙难以保证,可能导致其搭载调整修正难度较大。基座安装耗时耗力,严重影响船坞建造周期。因此,通过精度管理的介入,实施齿轮箱基座精度预装,其间需要克服船体建造、总组以及齿轮箱基座制作精度等难题。

结合船体精度制作流程和方法,通过对齿轮箱基座制作过程进行精度管理,利用三维测量确保基座制作精度,满足基座在总组搭载制作要求,其下口同面度严格控制,保证基座在预装时降低与主板之间的焊接间隙,减少基座下料修正量。如图 7－1－14 所示。

舾装精度推进将最大限度地实现外场作业内场做,高空作业平地做,舱内作业车间做,水上作业陆上做,立体作业平面做,狭小空间作业敞开做,朝天作业俯位做,复杂作业简单做;最大限度地提高分段前期预舾装率。舾装精度的推进必将对企业的保证产品质量、降低生产成本、提高生产效率、改善劳动环境等方面有深远的影响。

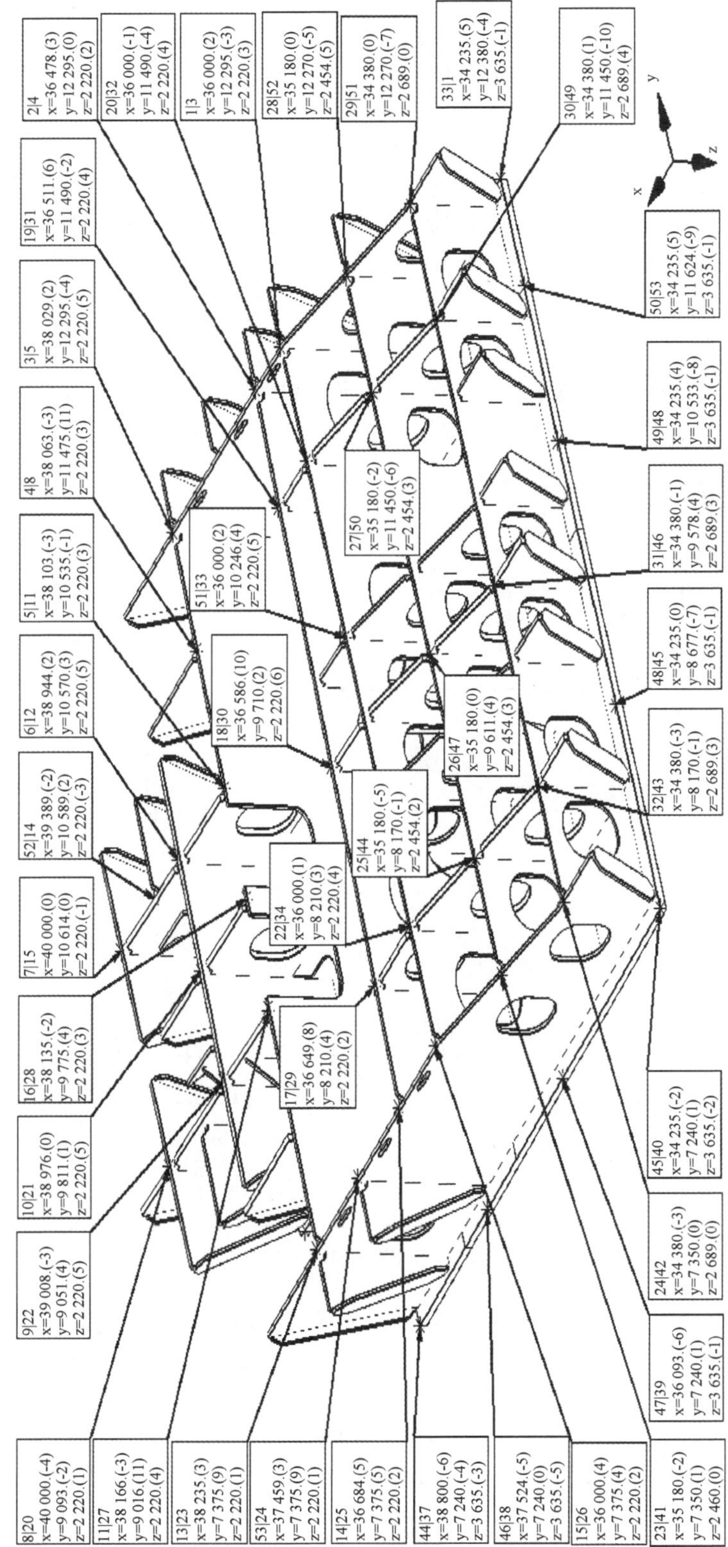

图 7－1－14　船体精度制作流程

第二节　涂装精度管理(涂装保留)的介绍与应用案例

为减少后道因涂装错误产生的油漆破坏问题,同时为保证满足 PSPC 的相关要求,减少成本及工时的浪费,需要对涂装进行相应的精度管理,重点是对中间产品进行涂装保留的管理。涂装精度管理的介入,可逐步改善作业环境,提升生产效率。

一、涂装保留的定义

因避免总组或搭载阶段因油漆产生的杂质对焊接质量的影响及油漆产生的有毒气体对作业人员的身体伤害,而事先设定的不涂装区域称为涂装保留。

二、涂装保留施工项目

(一)基准线施工位置

(1)在装配线的 100 mm 位置(图 7-2-1)。

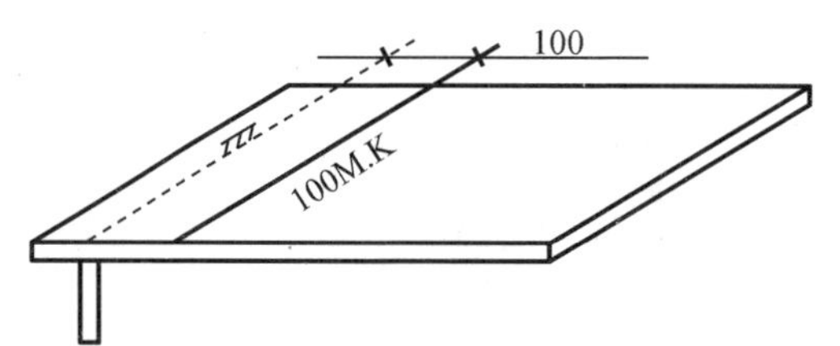

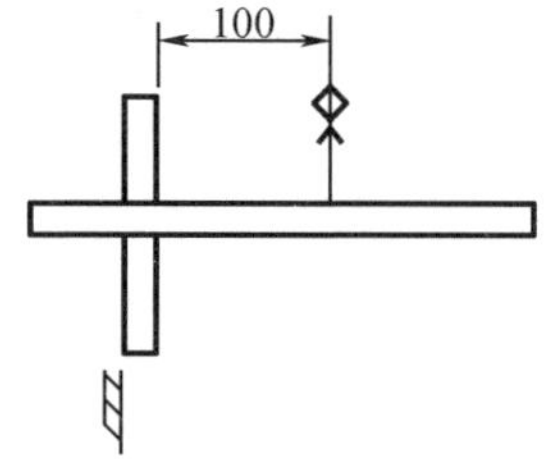

图 7-2-1　100 mm 位置

(2)在装配线的另一边 100 mm + 板厚位置(图 7-2-2)。

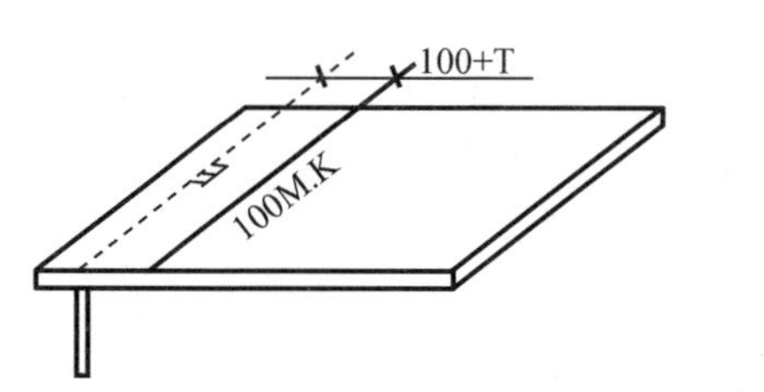

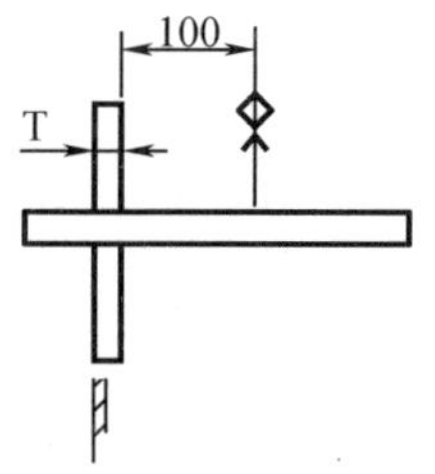

图 7-2-2　100 mm + 板厚位置

(3)部材装配线在部材中心时 100mm + 1/2*t*,并且两面施工(图 7-2-3)。

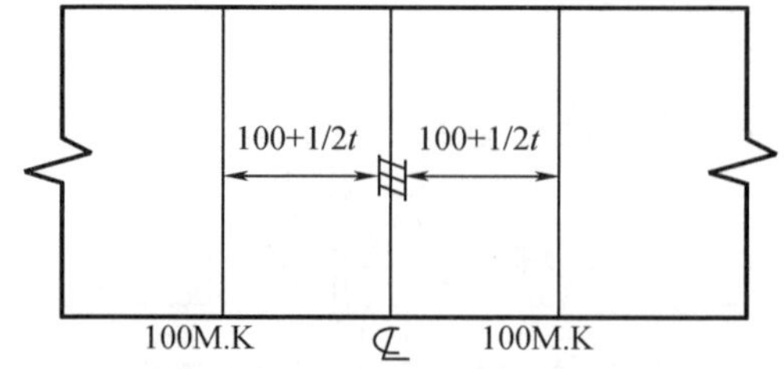

图 7-2-3　100 mm + 1/2*t*

(4)中心对接线时,厚度差异发生变化,在图纸上标明部材的厚度(图 7－2－4)。

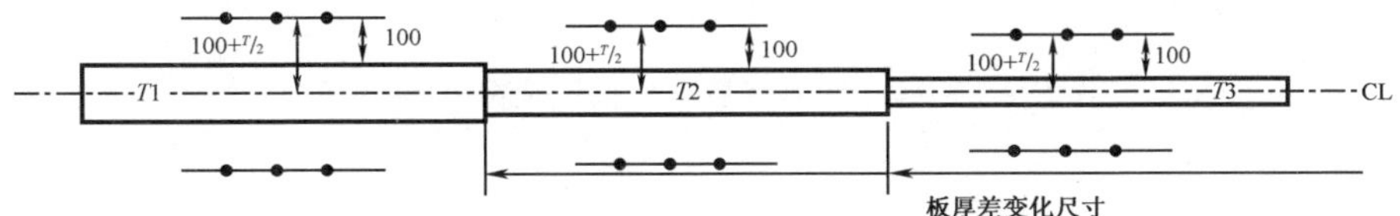

图 7－2－4　标明部材的厚度(mm)

(5)倾斜的节点(图 7－2－5)。

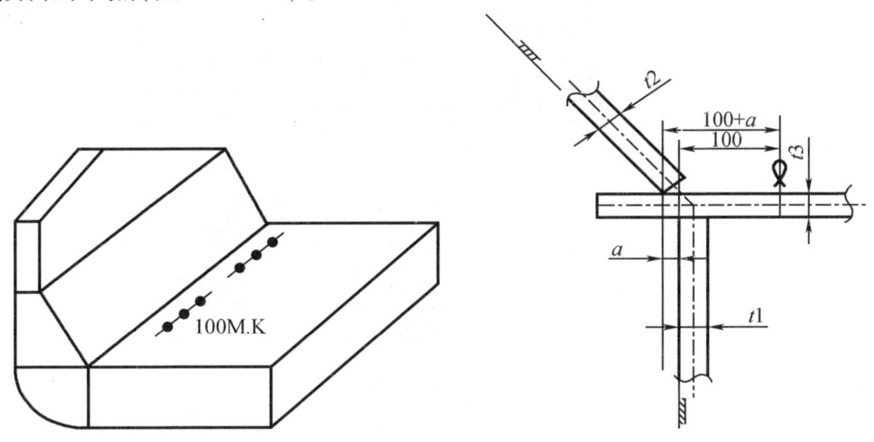

图 7－2－5　倾斜的节点

(6)大型 BKT 等部件在对应的部位进行 100MK 施工(图 7－2－6)。

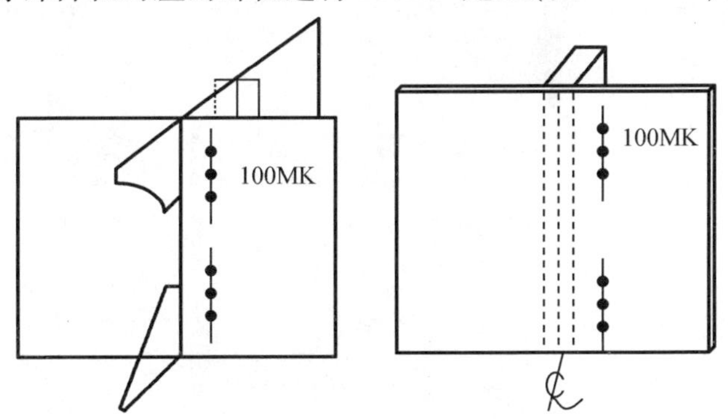

图 7－2－6　进行 100MK 施工

（二）涂装保留主要位置及相应标准（表 7－2－1）

表 7－2－1　涂装保留主要位置及相应标准

NO.	保留位置	图示	保留宽度
1	100MK		50 ~ 100 mm
2	舾装构件加装位置		50 mm
3	总组、船坞搭载主板及内部材焊接对接面		50 ~ 100 mm
4	总组、船坞搭载主板及内部构件焊接保留部位涂装保留		单边：25 ~ 50 mm
5	加强构件安装位置相邻面焊接部涂装保留（合龙再切割部位）		宽度：25 ~ 50 mm

表 7 –2 –1(续)

NO.	保留位置	图示	保留宽度
6	船首/船尾/船舯吃水尺 施工位置涂装保留	 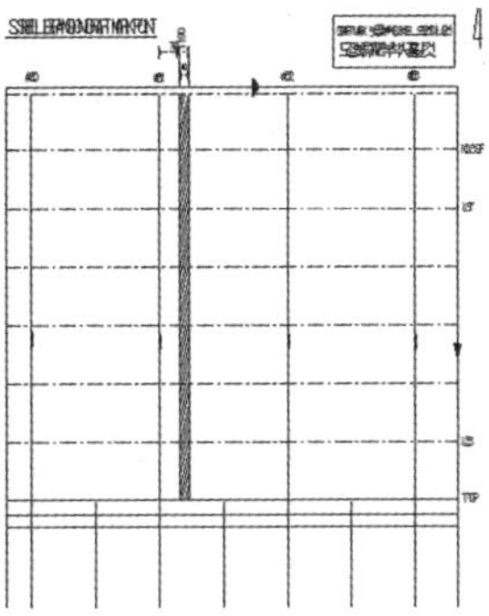	以设计工艺 要求为准
7	脚手架眼板、牛腿 安装位置涂装保留	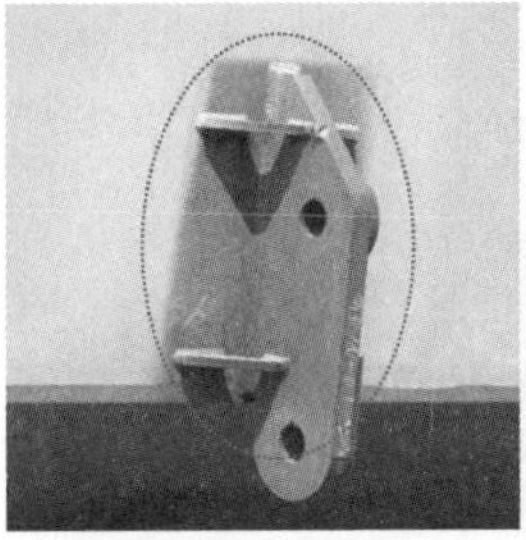 	50 ~100 mm
8	备件焊接面 位置涂装保留	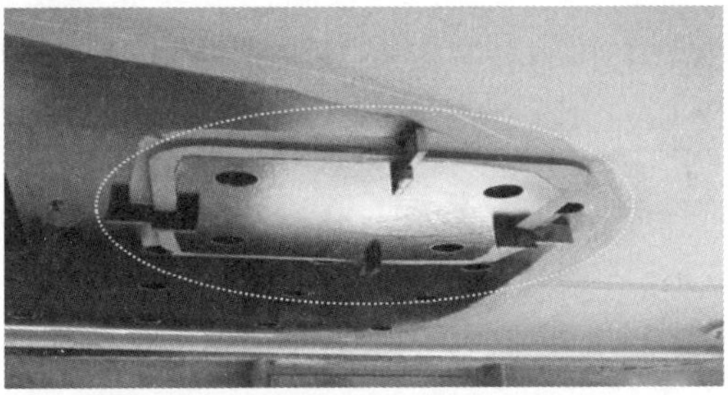	50 mm
9	贯通构件 (人孔，管子穿舱件) 涂装保留	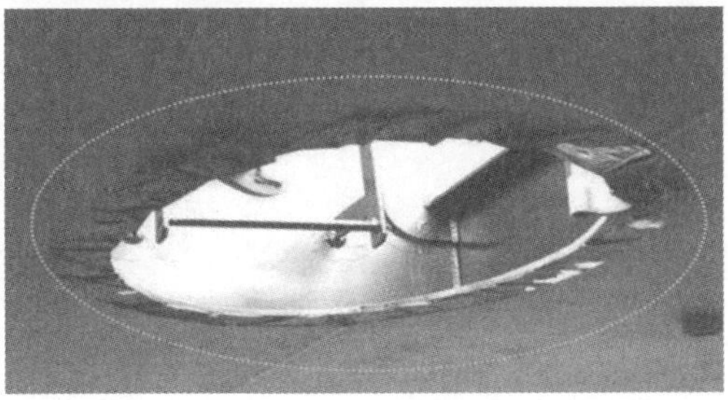	25 ~50 mm

表 7－2－1(续)

NO.	保留位置	图示	保留宽度
10	基座安装位置涂装保留	锚机基座保留	50 mm
11	临时进出口焊接面、后续舱室密性实验焊缝涂装保留	50 mm	50 mm

(三)总组/搭载合龙接缝处主要保留示意图(图 7－2－7)

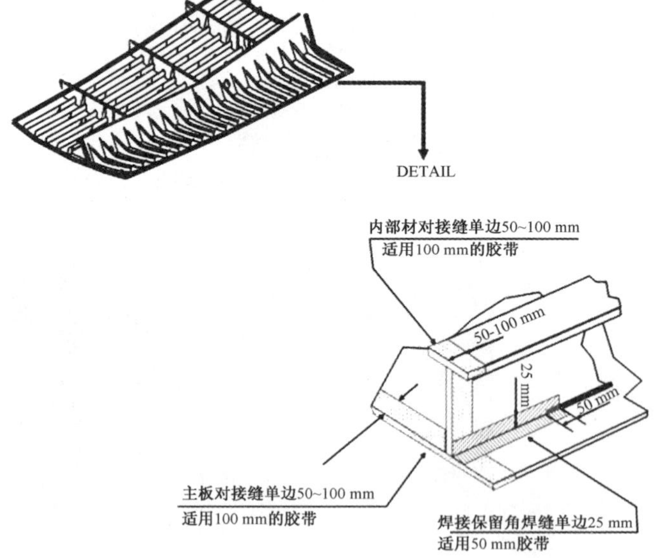

图 7－2－7 总组/搭载合龙接缝处主要保留示意图

三、涂装保留不合格说明

1. 施工错误(图 7-2-8)

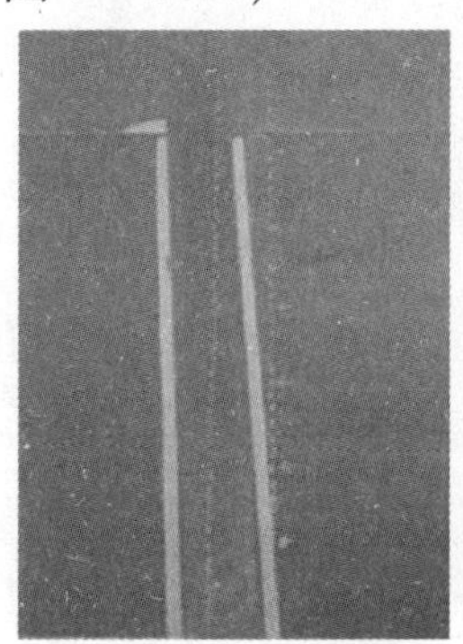

图 7-2-8　施工错误示意图

2. 其他问题(表 7-2-2)

表 7-2-2　其他问题表

序号	案例	图示
1	粘贴不到位	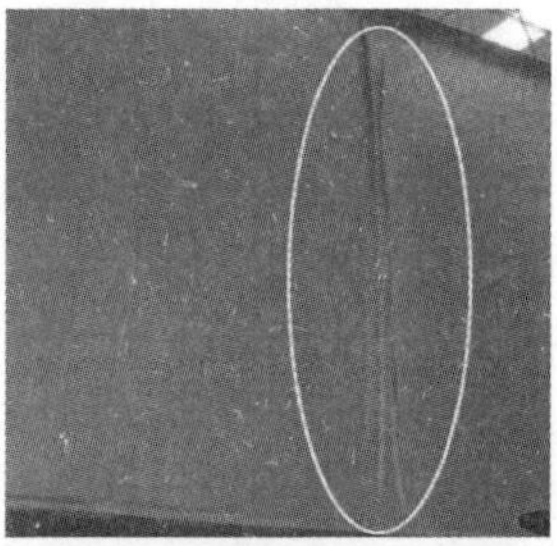
2	无 100MK 保留	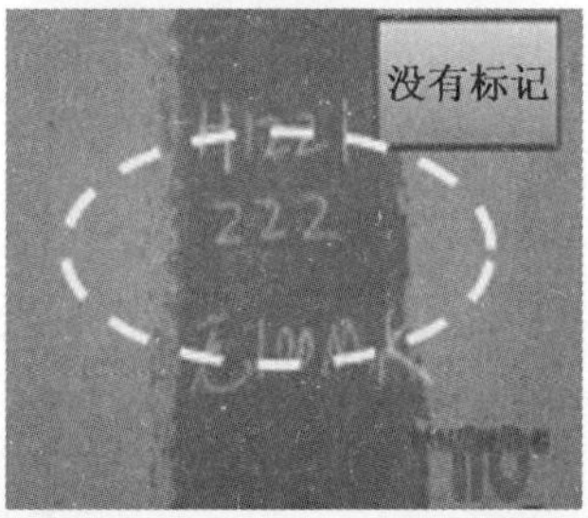
3	施工不全,存在遗漏	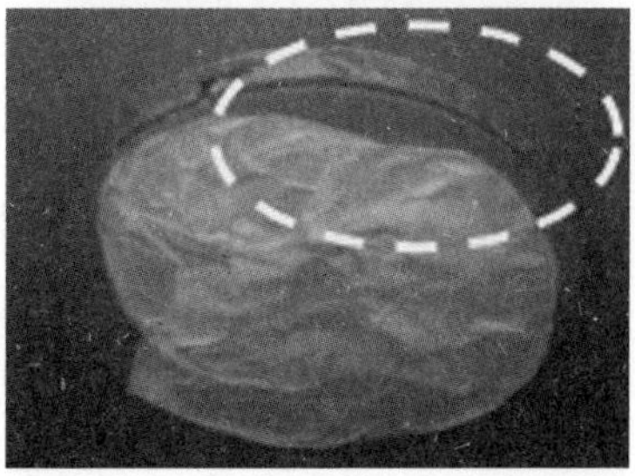

表 7－2－2(续1)

序号	案例	图示
4	半边遗漏	
5	折边	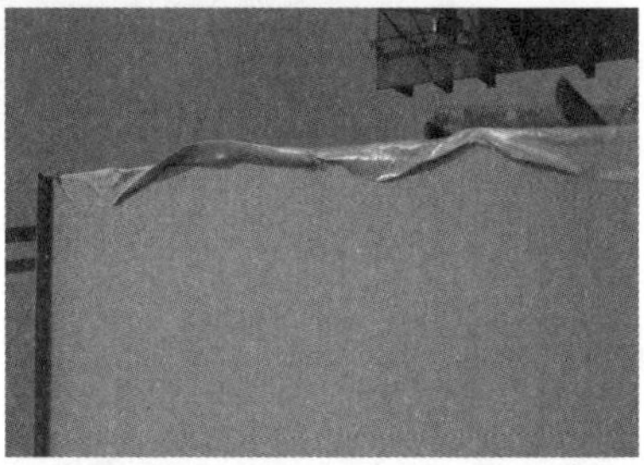
6	部分遗漏	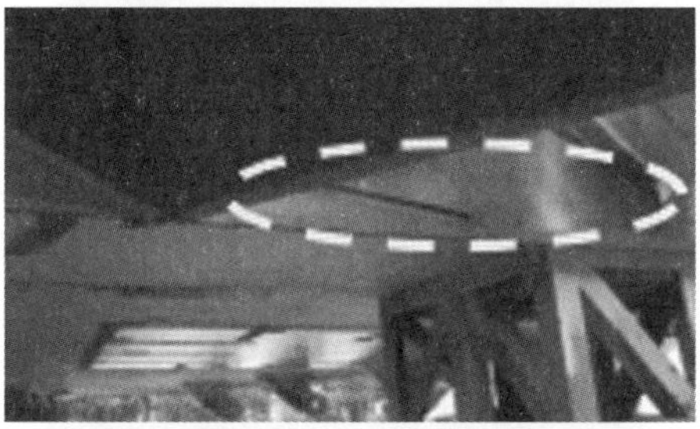
7	未贴	
8	张贴不规范	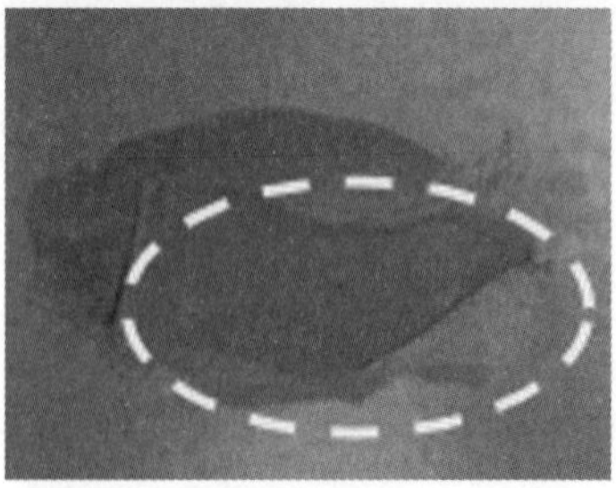

表 7-2-2(续 2)

序号	案例	图示
9	作假	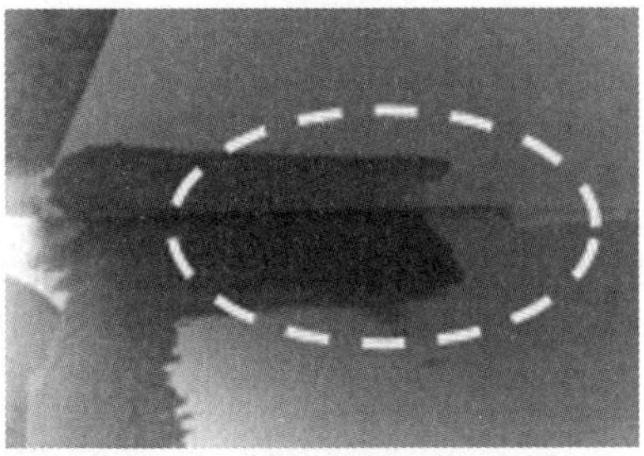

第三节　数字化船坞研究

近年来,随着数字化技术的飞速发展,以计算机信息处理为应用内涵的信息化技术向数字化方向发展的趋势日益明显,以信息化为主要特征的现代造船业必将迎来"数字化造船"的时代。随着我国造船工业的蓬勃发展,加速提高生产效率,研究和开发新一代造船精度管理技术是大势所趋。在造船精度管理中学习国外先进模式,引入数字化船坞概念,缩短船坞周期,建立精度控制标准是一个必然的发展趋势。

一、数字化船坞原理

船舶结构空间尺寸巨大,外形独特,空间结构复杂多变,精度要求高,对搭载测量工作提出了较高要求。为了既保证进度又满足分段搭载精度要求,测量方法必须可靠、简便、迅速并保证精度。

为实现船舶分段搭载按设计要求准确就位,在分段吊装过程中将采用信息化、数字化作业技术,即实现测量对象全部数字化,并使分段搭载过程中吊装物定位信息反馈实时、快捷。

分段搭载测量的关键在于确保测量点准确反映各个构件空间位置的准确性。在测量控制过程中应着重控制吊装各部件的误差,只有各个吊装过程控制的精度误差均在要求范围内,并经复测和通过专检,才能保证分段整体搭载精度。数字化船坞系统可满足上述要求,实现搭载物关键控制点全数字化反映,而且可以给出控制点的相对位置,实现模拟定位和精确控制。

数字化船坞是通过在船坞四周树立旋转标靶,在船坞区域形成控制网,船舶进坞后即按照首制分段在该控制网内的位置进行定位和坐标确认,后续搭载分段定位作业即根据坞壁四周的旋转标靶所形成的控制网进行。从而实现了船坞虚拟化,将实际的船坞作业在电脑中进行模拟,配合 DES 文件和 OTS 使用实现船坞作业虚拟化、数字化,如图 7-3-1 所示。

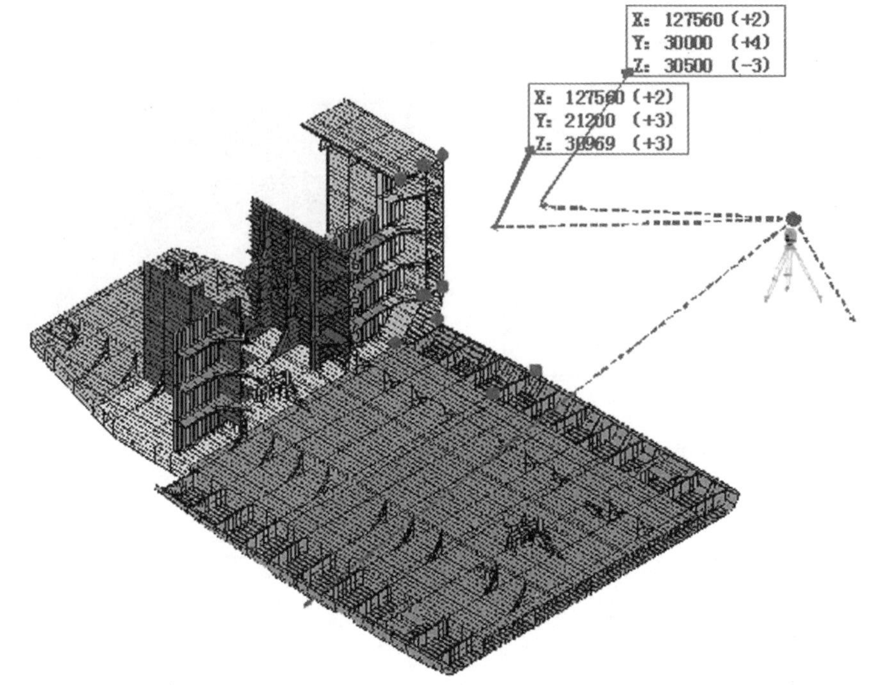

图 7-3-1　数字化船坞

二、数字化船坞的定义

从内涵来看，“数字化造船”就是以造船过程的知识融合为基础，以数字化建模仿真与优化为特征，将信息技术全面应用于船舶产品的设计、制造、检测、试验、管理、经营、决策的全过程，最终达到快速设计、建造、检测、响应和重组的目的。它主要包括 5 个方面内容，即船舶设计数字化、生产制造数字化、管理控制数字化、经营决策数字化以及船舶维护数字化。

数字化船坞则是以建立在船坞周围的基准标靶记录表示原来船坞中的船体中心线、肋位线和高度基准线，形成统一的船坞坐标系统。以建立自然温度场等因素对分段、总段定位间隙影响的数学模型为前提，建立分段定位最优方案的决策方法为目标，通过充分利用现有的软件系统 Tribon M3 和 Marine G2 等，将传统的船坞搭载定位作业通过电脑预先进行模拟，实现取消船坞格子线，分段实现快速定位无余量搭载、一次定位，以达到节省工时、提高龙门吊使用效率、缩短船坞周期的目的。

三、传统船坞与数字化船坞对比

传统的船坞搭载方式要求所有的基准线必须在可视范围内，否则需根据基准线重新画出可视的基准。二次画线时若存在误差，则影响后续测量工作精度。而且传统船坞搭载时需吊装的分段往往是相对于基准分段在一维、二维甚至是三维的方向平移一定的距离，然后测量与基准分段的距离后决定对分段的修割工作。船坞每开一次坞门，就要重新开设地线，工作重复而且定位人员必须熟悉各总段尺寸数据，对定位人员素质要求较高，而且定位数据难以统一。如图 7-3-2 所示。

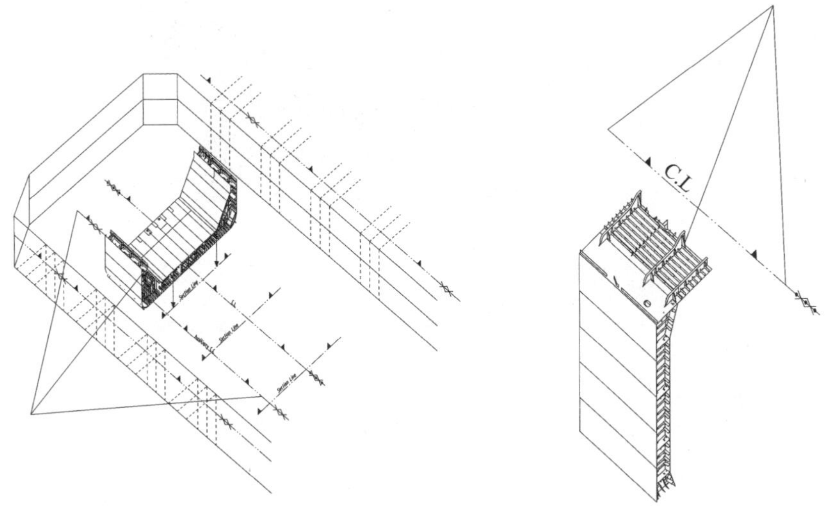

图 7－3－2　传统船坞与数字化船坞对比

(a)数字化船坞;(b)传统船坞

数字化船坞系统由于基准固定、坞墩固定,分段在平台上即可进行修割,从而提高了龙门吊使用效率,节省了船坞周期。此外,数字化船坞系统由于基准点设置在船坞周边,在搭载定位的时候至少有两个基准点处于可视位置,因此适用于所有分段的数字化搭载定位。不会出现传统方式由于基准线不可视,重新设置基准的问题。另外数字化船坞系统适用于任何船型,不会因为船坞内船型的变化,而重新设置船坞基准线。此外,数字化船坞和 DES 文件配合使用,可以实时了解分段状态,便于快速定位作业。现在国内外各大船厂已广泛使用串联造船法,在半船起浮定位时,使用数字化船坞将更加方便高效。

DES 文件是指将船舶分段控制点坐标预先设立并输出为 DES 文件格式,导入全站仪,在测量时通过测量基准坐标(数字化船坞旋转标靶)实现与船体分段坐标的统一,以达到快速响应、虚拟船坞的目的。因此,其是数字化船坞系统不可缺少的一部分。

1. DES 文件原理

DES 文件测量主要应用在船坞搭载阶段。首先,利用全站仪把拟定的船体基准(船体中心线、船体 0#肋位线、船体基线)反映在坞壁周围设置好的旋转标靶中,并以坐标的形式保存至全站仪。然后利用电脑打开 EcoMarine G2 软件,建立船坞搭载总段控制点的坐标并连同先前测量的数字化船坞的旋转标靶坐标导入同一个空间坐标系内,利用 ECO－BLOCK 软件输出 DES 文件(船体搭载控制点的坐标在数字化船坞内的体现),同时记住旋转标靶(船坞绝对基准)的点位(点的序号,每个旋转标靶按船体 P,S 面进行编号),把 DES 文件导入全站仪,然后利用文件中三点转移功能实现测量坐标与船体坐标的统一,即可开始测量工作,实现船坞搭载的实时监控。

2. DES 文件应用案例(图 7－3－3)

本节内容以某船厂 VLCC 半船起浮定位后,11 环双层底搭载定位为例,根据现场测量数据进行说明分析,并提出修正建议。13－18 点为基准点,是 DES 文件现场测量、精度单制作的基准。如图 7－3－4 所示。

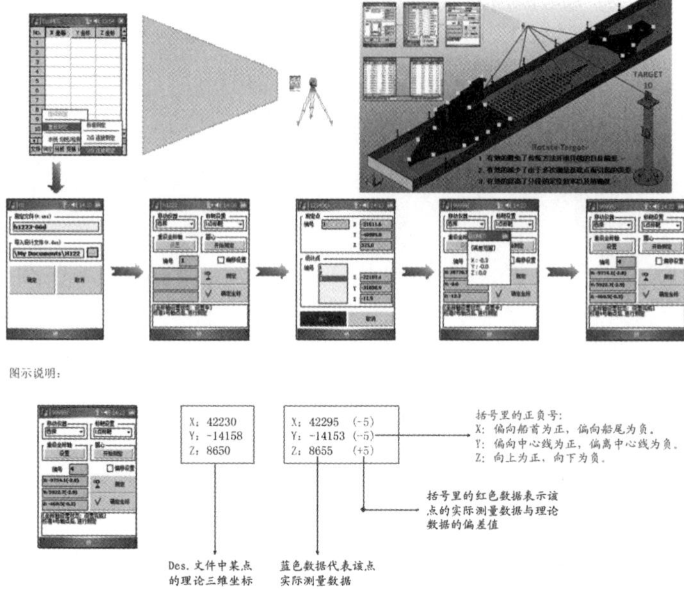

图 7－3－3　DES 文件应用案例

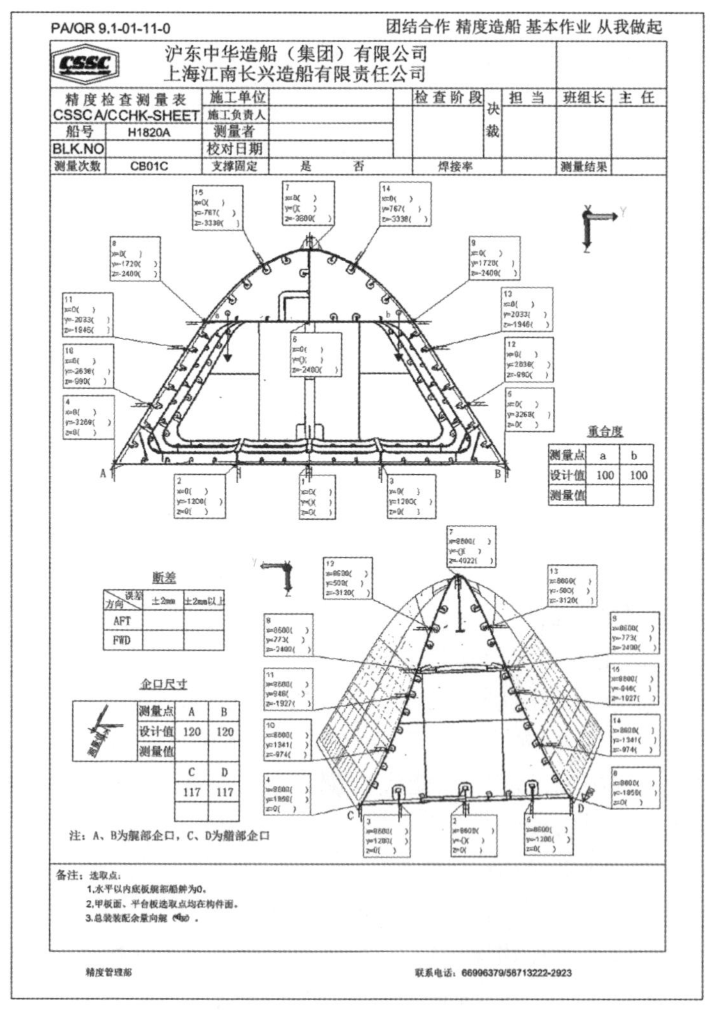

PA/QR 9.1-01-11-0　　　　团结合作 精度造船 基本作业 从我做起

沪东中华造船（集团）有限公司
上海江南长兴造船有限责任公司

精度检查测量表		施工单位		检查阶段	决裁	担当	班组长	主任
CSSCA/CCHK-SHEET		施工负责人						
船号	H1820A	测量者						
BLK.NO		校对日期						
测量次数	CB01C	支撑固定	是　否	焊接率			测量结果	

重合度

测量点	a	b
设计值	100	100
测量值		

断差

方向＼误差	±2mm	±2mm以上
AFT		
FWD		

企口尺寸

测量点	A	B
设计值	120	120
测量值		
	C	D
	117	117

注：A、B为艉部企口，C、D为艏部企口

备注：选取点：
1.水平以内底板艉部船舯为0。
2.甲板面、平台板选取点均在构件面。
3.总装装配余量向艉。

精度管理部　　　　联系电话：66996379/58713222-2923

图 7－3－4　现场测量图

(1)在前后方向同步度基本良好,个别点误差偏大,可现场打磨修正,基本不影响施工焊接。改进措施:后续分段进船坞搭载定位前要修整端面,确保端面同步度。

(2)在宽度方向误差基本均维持在5 mm以内,其中4号点宽度方向误差11 mm,需要现场进行档距确认。改进措施:后续分段进船坞前先进行档距确认,并及时反馈前道,确保硬档档距。

(3)高度方向左右舷定位不良,右舷偏高基本偏高5 mm,而左舷则偏低8 mm左右。整改措施:左舷总段顶高8 mm,右舷总段放低6 mm,两总段对接处要保持高度不变。后续总段定位需要严格监控,争取一次定位成功。

数字化船坞是实现精益造船的重要手段,对于国内船企来讲,有效地提高龙门吊使用效率、缩短船坞周期是提高经济效益和生产效率,是主动参与国际竞争所必需的手段。

第四节 精度管理在特种船舶上的应用案例

一、LNG船精度管理应用

在船市整体下行的大背景下,普通的散货轮、油轮等常规船型的订单大幅萎缩。随之而来的LNG、大型集滚船、化学品船等高附加值的船舶成为市场中追捧的热点。此类高附加值船舶,也给船企带来了较高的建造难度和更为苛刻的个性化的精度控制要求。以NO.96型的LNG船舶产品为例,该类型船舶精度控制的难点区域为货舱区精度控制。同时,也借此对目前各船企普遍开展的精度管理理念、管理范畴和管理重点等进行了拓展和延伸。

(一)LNG产品精度控制难点分析

LNG产品(NO.96型,以下简略)与其他船舶的精度控制重点大相径庭。大多数船舶产品的精度控制重点在于船体结构的对接及主尺寸的控制,难点主要围绕在艏、艉部线型区域。但LNG产品由于运输货物的特殊性,需要在货舱内部(图7-4-1)进行货物围护系统的安装工作。围护系统的造价接近LNG船舶造价的50%,制造的标准周期长达12个月,是全船成本、周期、建造难度的控制关键。因此该船的精度控制重点也相应发生了改变,船体结构大合龙状态不再是精度控制的最终产品,而是以中间产品的形式,为后道的围护系统安装工作服务。同时LNG产品货舱区域的结构形式也在结构对接、节点控制、货舱主尺寸、内壳平整度等各方面提出了严格的精度控制要求,故而货舱区域的精度控制成为了LNG产品成功建造的精度控制重点。其主要控制难点分析如下。

图7-4-1 LNG船货舱内部

（二）货舱区域舱容控制难点

LNG 船作为液体天然气运输船（CH_4），舱容大小直接关系到该型船建造合同的顺利实施，还对后道围护系统的工作产生较大影响。合同中规定货舱总容量损失 400 m^3 以内不罚款，超出 400 m^3 部分每 1 m^3 罚款 7 200 美金，损失超出 1 200 m^3 可弃船。以 $1.74\times10^5 m^3$ 的 LNG 产品为例，舱容的偏差必须小于 2‰，这较普通船型更为严格。同时，这里必须明确的是，LNG 产品的最终舱容偏差是以围护系统完工后的实际舱容进行比对的，相关的尺寸必须符合围护系统方正度、平整度的控制要求。与普通船型相比，LNG 产品的舱容数据只能参照货舱区域的最大精度偏差值进行计算。类似于木桶理论的原理，分段个别尺寸的精度数据无法对舱容数据的改善提供帮助。

通过以下示例，对上述描述进行说明。

围护系统的内壳平面需保证绝对水平，主层、次层殷瓦膜的整体平整度偏差小于 3 mm（整个面的主尺寸大约为 40 m×30 m），货舱结构的平面由多个分段总组、搭载而成，需根据最大偏差进行围护系统的施工。与普通散货轮、油轮不同，平整度偏差位置无法改善舱容数据，无效的舱容体积大大增加。如图 7－4－2 所示。

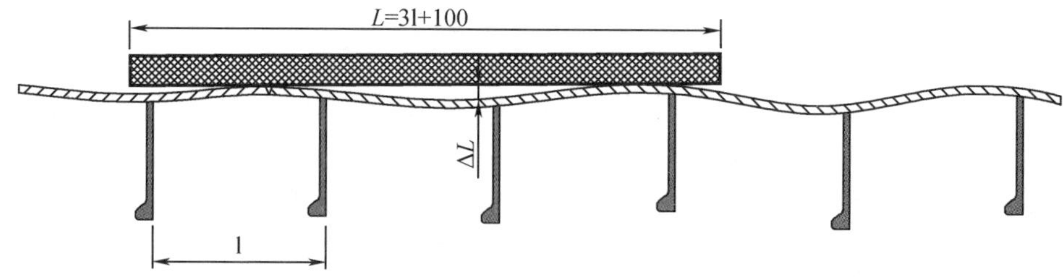

图 7－4－2　货舱平整度检验

1. 货舱区域节点控制难点

LNG 产品的典型货舱横剖面上涉及 5 个节点，艏部舱室由于船体型线的变化，节点在船宽方向也随之发生变化。在船舶搭载阶段，由于船体结构的偏差，节点位置的精度问题也较为多发。节点位置的精度偏差将直接影响围护系统内部绝缘箱、殷瓦管等零件的安装精度。需要根据现场实际数据，制造大量的非标件施工，这将影响生产周期，大幅抬高生产成本。如图 7－4－3 所示。

2. 货舱区域舷侧及甲板分段搭载精度控制难点

LNG 货舱区域为 8 面体结构，货舱区域在分段、搭载阶段的所有精度偏差问题将全部反馈在上舷分段和甲板分段的搭载过程中。由于围护系统的特殊建造需求，上舷分段和甲板分段搭载前，货舱内部将搭设满仓脚手架，这也就导致了上舷分段和甲板分段无法使用支撑工装。在重力的影响下，上舷分段不可避免地会出现下沉变形，影响大舱精度。如图 7－4－4 所示。

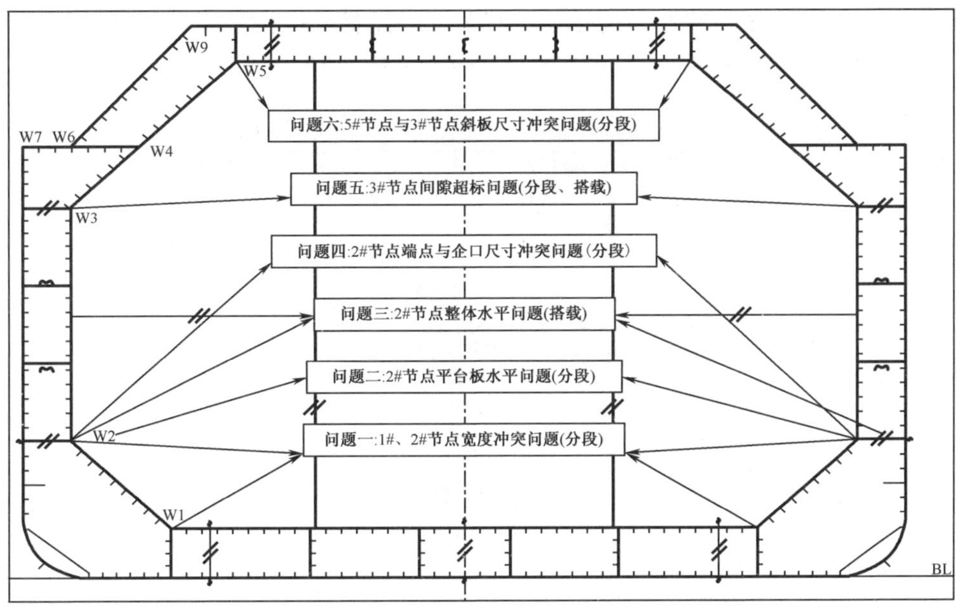

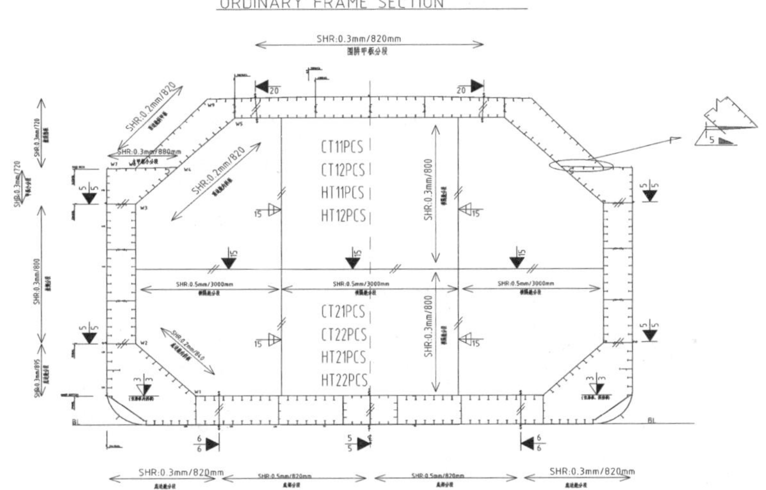

图 7-4-3　LNG 货舱节点

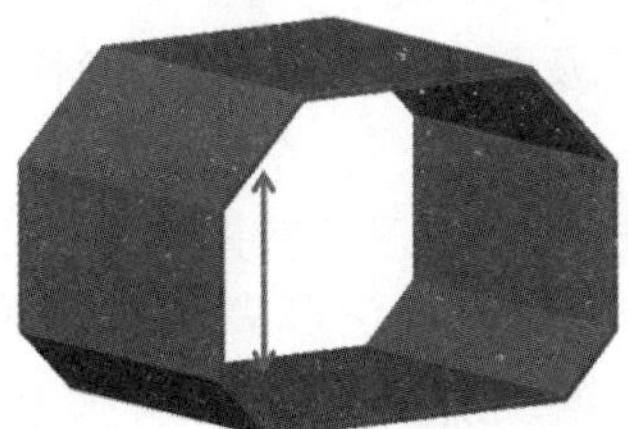

图 7-4-4　LNG 货舱区域结构

3. 货舱区域平整度控制难点

LNG 产品货舱区域的内壳面平整度，是一项影响后续围护系统建造的核心精度控制指标，也是船东检验的控制重点。现场需要使用 3 m 水平尺，对大舱内平面的任意位置进行测量,保证船体结构任意 3 m 内平整度偏差小于 8 mm,任意 1 m 内的平整度偏差小于 4 mm。平整度的控制要求远远高于所有其他船型。如图 7 -4 -5 所示。

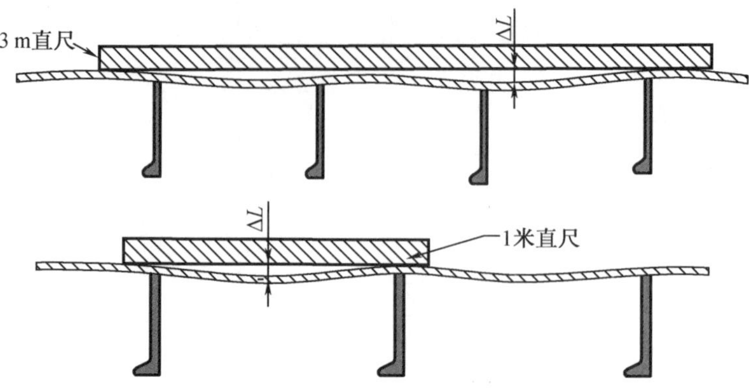

图 7 -4 -5　货舱平整度检测工具与方式

(三)LNG 产品精度控制方案

围绕 LNG 产品上述的精度控制难点问题,现场亟须一整套完整的精度控制方案,针对 LNG 的精度控制难点,从精度控制的理念、前期的精度策划、精度控制重点、检验内容、总组搭载方式等方面入手,全面地介入 LNG 产品的全生产周期。

1. 精度管理理念的提升和管理范畴的扩大

目前,国内船企的精度管理实施,大多服务于总装阶段的主船体结构,把主船体的精度尺寸控制作为最终产品来把控。但鉴于 LNG 产品的复杂结构和后道的围护系统建造,仅仅满足于总装阶段的精度控制是远远不够的。LNG 产品的精度管理必须要延伸到码头舾驳的围护系统建造阶段,主船体的合龙精度只是全船精度控制的中间产品。

船舶的精度管理,不仅仅局限于船体结构的精度控制。特别是针对 LNG 船、化学品船等高附加值产品,精度管理的范畴必须覆盖产品的全生产周期。这也与目前国内船舶行业建模工作提出的"基于精度控制的壳、舾、涂一体化建造理念"不谋而合。以 LNG 产品为例,货舱尺寸精度控制不良,会导致围护系统工作中使用大量非标准箱、加长殷瓦管、修改低温管等工作,提高了建造成本,延误了建造周期。

2. LNG 产品的前期精度策划

(1)货舱分段划分优化

结合 LNG 产品平整度及舱容控制的要求,货舱区域的分段划分应尽量减少总组、搭载焊缝,减少焊缝焊接对货舱主尺寸及平整度的影响。原则上根据生产及吊装能力,尽可能保证分段主尺寸最优。

LNG 的货舱是 8 面体结构,分为 10 个面(参见图 7 -4 -4)。围护系统的建造,以货舱的各个平面为单位。分段的划分应尽可能保证同一个货舱面内的分段接缝最少。分段尽可能参照节点位置进行划分,避免增加对接焊缝。

分段的划分位置尽可能地不设计在货舱区内,如艏、艉的分段断缝线可以设置在压载舱内,减少货舱可能出现的精度偏差。如图 7 -4 -6 所示。

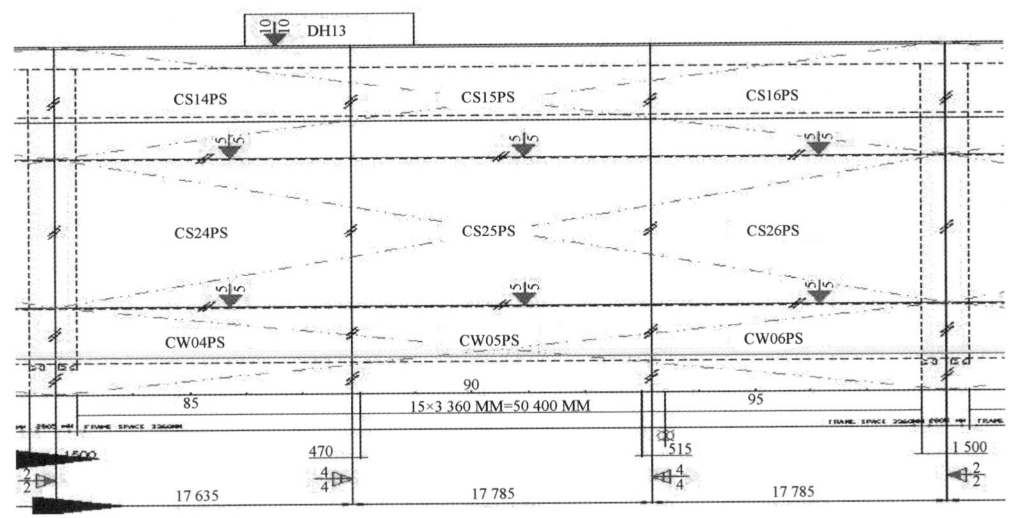

图 7-4-6　局部分段划分图

(2)货舱区总组形式的优化

根据上文所述,LNG 产品由于结构的特性,上舷分段和甲板分段的下沉变形趋势无法避免。如何通过总组形式的优化减少变形问题,成为一项重要研究内容。

方案 1:穹顶分段全宽型总组

借助于有限元计算的手段,分析得知,穹顶总段采用全宽型总组的方式,存在较大的过程变形。同时由于无法架设支撑,下沉的变形趋势无法改善,进而影响舱容数据和后道的围护系统施工。如图 7-4-7 所示。

图 7-4-7　有限元计算总段结构变形示意图

方案 2:上舷分段及甲板分段前后方向总组

采用货舱区前后总组的方式,可以使货舱的上舷面提前成型,减少搭载对接过程中可能出现的精度偏差。同时,前后总组的上舷总段,艏艉端面支撑在横隔舱分段上,通过横隔舱分段的支撑减少下沉变形。该方案由于前后总段长度达到 50 m,总段艏艉端部支撑位置的下沉变形可以减少,但由于总段过长,中间位置无法支撑必然出现下沉变形。

围绕这两个方案，通过实践对比，方案 2 的整舱完整性更为优越，且变形问题较小。故而后续产品的搭载均采用方案 2。

同时针对方案 2 中可能出现的总段中垂变形问题，后续通过总组阶段的反变形及焊接工艺控制，现场得以明显改善。

3. 货舱区整体平整度控制

总装阶段为保证货舱内壳面能达到围护系统的精度要求，精度管理部门从以下几个方面进行精度管控工作。

（1）总组搭载定位信息标准化，所有定位参数全部在定位精度单上进行显示，并对水平测量点增加管理点，由传统的四角定位水平增加到内部结构水平同时监管定位，并重点关注对接缝位置区域水平。总装精度控制要点：

①内底板对接处平整度满足内壳面平整度要求；

②对接处背烧，消除残余应力及边口变形；

③长度方向以舱容为基准，参考对接小挡距、单边基准；

④宽度方向以船中单边基准为基准，保证隔舱直线度；

⑤保证分段四角水平和对接缝处硬挡水平；

⑥总段焊接后，根据精度测量结果对搭载定位基准线重新修正（图 7－4－8）。

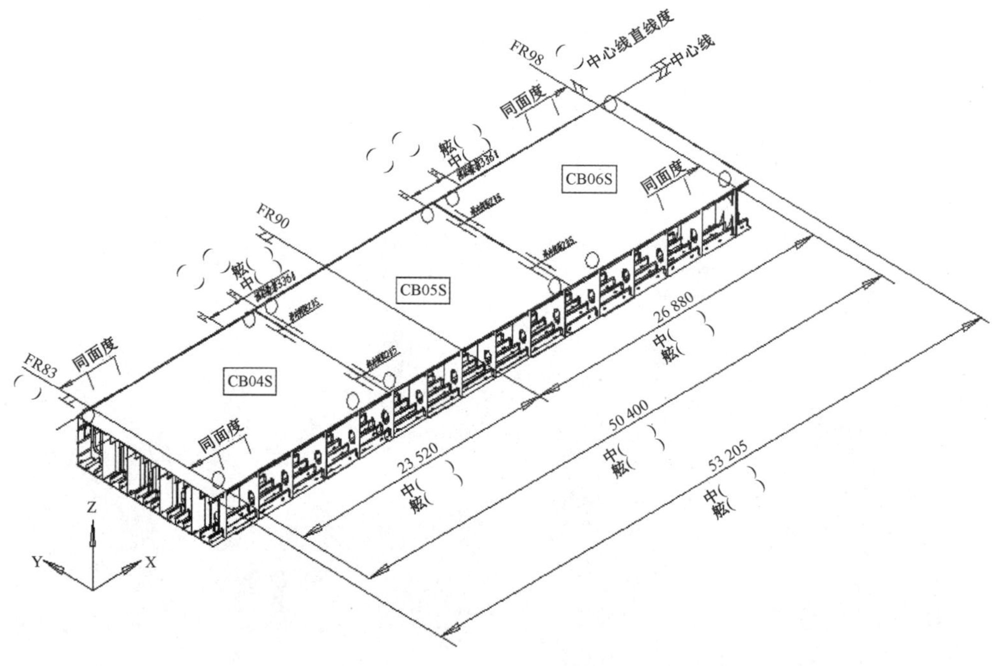

图 7－4－8　总段定位精度单

在总装定位过程中对接缝位置平整度进行监控控制，若发现平整度不良及时通过定位进行调整。

（2）对定位分段整体水平进行全方位测量和监控。

（3）对接缝区域焊后进行火工校正，以此确保平整度最终满足精度规范要求。

4. 100MK 对合线造船的推进实施

在样冲图纸、施工阶段、后道检验等环节进行了全面改进，全船统一建造基准线，并以此为依据进行总装阶段的对合线造船推广。

(1)分段阶段的基准线施工及保护

分段的建造采用单边基准模式,保证对接面绝对基准边的精度尺寸,进而为后道的总组、搭载阶段提供基准线依据。如图 7-4-9 所示。

(2)船坞格子线控制

船坞格子线是船体在船坞搭载施工的依据,也是精度管理控制的重点项目之一。在此项目的推进背景下,建立完善贯穿船舶建造全过程的基准线控制方案,统一了全船定位基准。如图 7-4-10 所示。

(3)隔舱横向环位置的基准线实施

由于 LNG 产品的分段划分线布置在横隔舱分段内部,横隔舱分段的结构对接涉及从底部到穹顶甲板的所有类型货舱分段。同时结构硬挡的反面对位检查工作,也全部参照分段制造阶段的分段基准线实施。如图 7-4-11 所示。

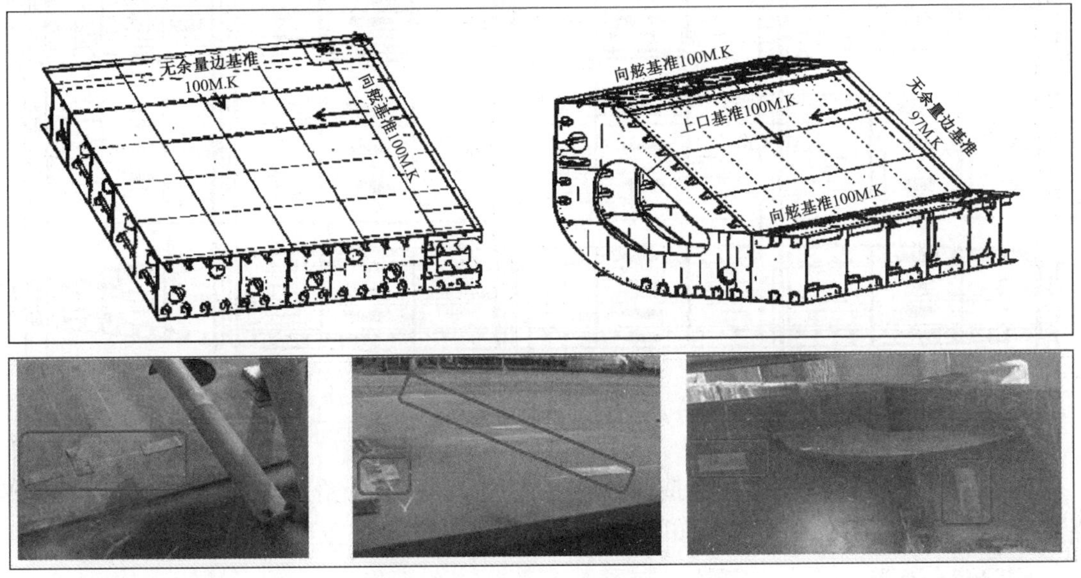

图 7-4-9　现场基准线保护

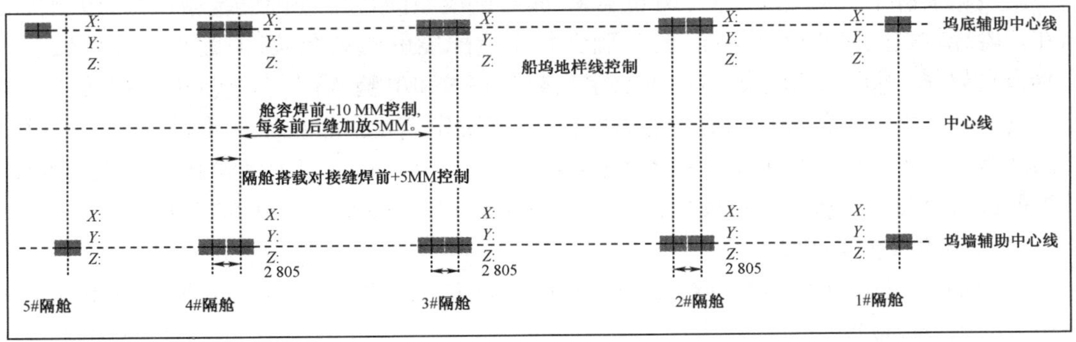

图 7－4－10　现场船坞格子线施工

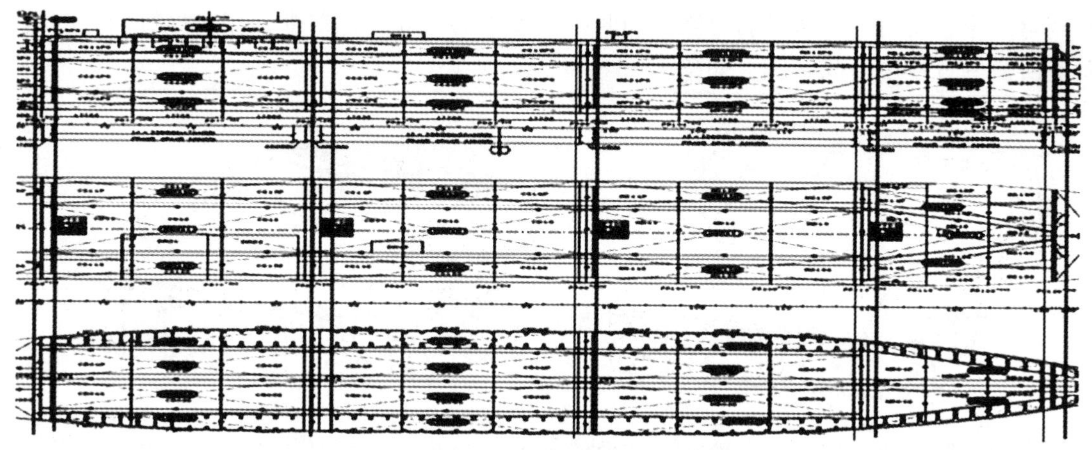

图 7－4－11　隔舱基准线示意图

随着更多三高船舶的研发、建造，对船企精度管理的发展，精度管理的理念和管理范畴等都提出了新的要求。在高新船舶的建造过程中，精度管理的重要性也更加的凸显。

二、集装箱船精度管理的应用

集装箱船有个关键交验节点：吊箱实验，即对已成型的货舱进行集装箱试吊，观测集装箱在货舱导轨之间吊装运行情况，同时确保每个货舱能够顺利装载，但此举需耗费较多人力物力去完成。模拟试箱是通过三维数字化测量技术和电脑软件，在电脑里模拟实物集装箱在货舱导轨之间吊装运行。通过数据的模拟，来确定满足吊箱技术标准的待安装的结构件的规格和位置。以及根据吊箱技术的标准得知大舱内结构中超出吊箱技术标准的部位，并提前进行处理。也就是通过模拟试箱工作来取代现有的实物试箱吊装工作。

（一）模拟试箱实施应用

（1）利用水平仪在船坞阶段对每个大舱垫板处进行水平测量，通过数据测算出每个箱角所需的调节板厚度。

（2）利用全站仪对舱容尺寸进行测量，测量时以连接处的导轨为测量基准点，对导轨的前后尺寸和宽度尺寸进行测量采集，通过测量的数据分析，按管理标准对不达标的导轨进行及时的整改。如图 7－4－12 所示。

（3）通过测量导轨的数据来确定堆锥的具体位置。

(4)堆锥全部安装完毕后,对导轨和堆锥具体位置进行三维测量和数据采集。再运用三维精度软件,用集装箱三维模型进行滑动模拟分析在导轨之间滑动情况,以此来模拟检查实际集装箱吊箱过程。

以过程的精度控制手段为主,加强对船体建造过程中对舱容整体的控制。在舱容成形后利用三维测量手段确定调节板的规格和堆锥的位置,判断集装箱下滑过程中的导轨尺寸,实现利用全数字化的数据分析取代吊箱实验的目的。如图 7－4－13 所示。

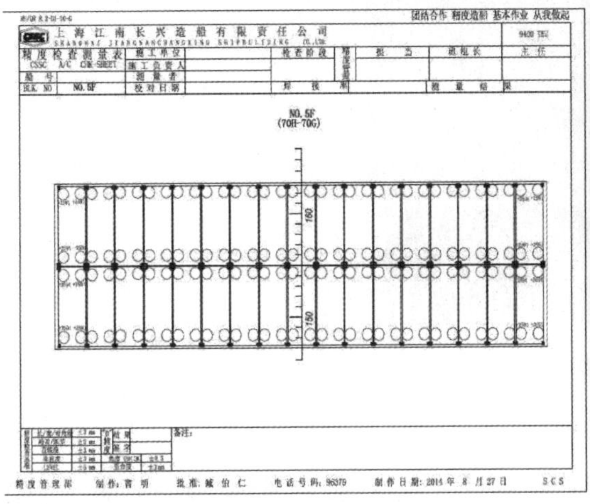

图 7－4－12　舱容尺寸测量

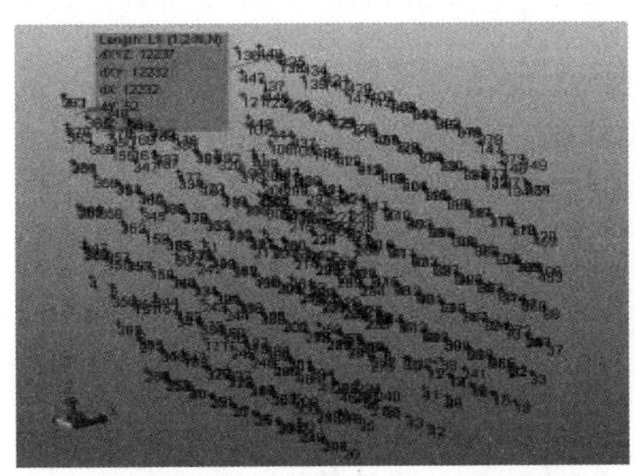

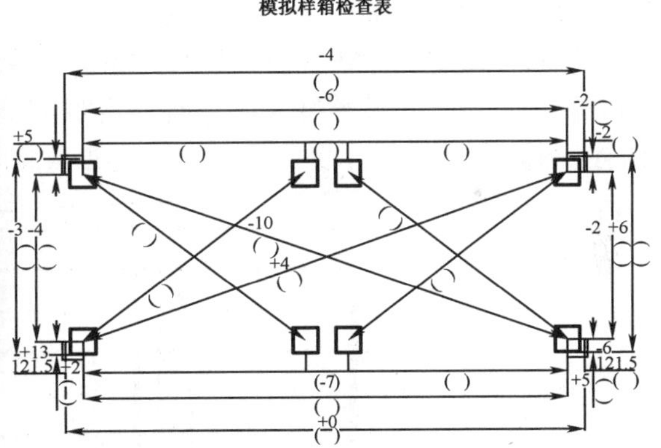

图 7－4－13　舱容及导轨精度测量

三、集装箱滚装船精度管理难点简析

集装箱滚装船是一种新型组合船型。这种组合其实就是在滚装船的基础上增加集装箱货舱或在甲板上直接装载集装箱,它是滚装船的一种拓展船型。集装箱滚装船为多用途船型,载货区域分为集装箱区域和滚装区域,可分别装载集装箱和滚装货物。其中滚装区域不仅可以装载常规滚装货,还可以直接装载集装箱和指定的特种货物,例如工程机械、飞机部件等。该船结构的特殊性决定了其建造存在较多的精度控制难点。

(一)滚装区域活动甲板对船体分段的精度要求

滚装区域活动甲板安装精度要求较高,在船宽方向,两个活动甲板并列间隙为 30 mm,

与舷侧间隙为 30 mm,同时高度方向也有不同的间隙要求。尤其是在高度方向,设计公司预估固定甲板在无载荷状态下会产生垂向变形,这将为高度定位带来一定困难。如图 7 – 4 – 14 所示。

合龙时为确保吊装顺利,要求事先对该区域四周结构进行详细的精度检测工作,并与活动甲板的完工尺寸进行匹配,同时合龙时借用相应工装来满足安装要求。

图 7 – 4 – 14　滚装区域活动甲板

(二)连续超高导轨架制作、安装精度要求

该系列船连续超高导轨架分两种情况,导轨桥的形式设计、强度计算、变形控制、精度控制是设计建造的难点。部分导轨架坐落在舱底,从舱底一直延伸到甲板上。特殊的形式无论对其制作与安装均提出特殊要求。因此,需要针对导轨架的制作及安装的精度控制要求进行提前控制。如图 7 – 4 – 15 所示。

导轨架应尽量考虑在分段阶段预装。预装能有效提高生产进度,且利于减少总装阶段场地使用。但其预装精度控制具有一定难度,要求前期对横隔舱分段的制作过程进行精度监控,确保主尺寸及分段水平度。导轨架预装阶段确保统一基准。

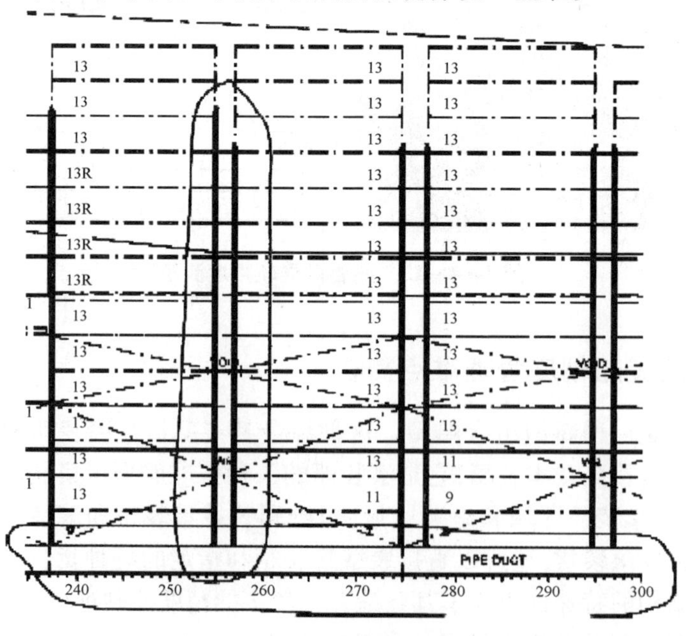

图 7 – 4 – 15　超高导轨

（三）滚装区域甲板分段主尺寸、平整度的精度管理

滚装区域甲板均为8～14 mm薄板（图7－4－16），此类分段在前期的制造经验中易产生大量焊接收缩及变形情况，因此要求该类分段尽可能减少手工焊接，同时应严格加强焊接控制措施。且该分段对平整度要求较高，分段完工后应由专人对该分段进行火工矫正，确保平整度达标后流入下道工序。另外，在产生大量火工矫正的同时，分段主尺寸将受到严重影响。因此，需事先考虑好加放相应的收缩值，确保完工尺寸良好。

图7－4－16 滚装区域甲板

（四）滚装区域舷侧分段制作及定位的精度管理

本船机舱舷侧区域结构形式为左右不对称结构，其中左舷有两个滚装通道，右舷有一个通道，因此本船机舱舷侧左右舷采用不同划分形式，左舷为双舷侧分段与通道甲板分段，右舷按各层甲板平台划分为3层半立体分段（图7－4－17）。个别分段在结构形式上较弱，应重点考虑分段吊点、加强、摆放等防止变形措施，同时在分段制作过程中要严格监管装配精度并采取相应焊接控制措施。

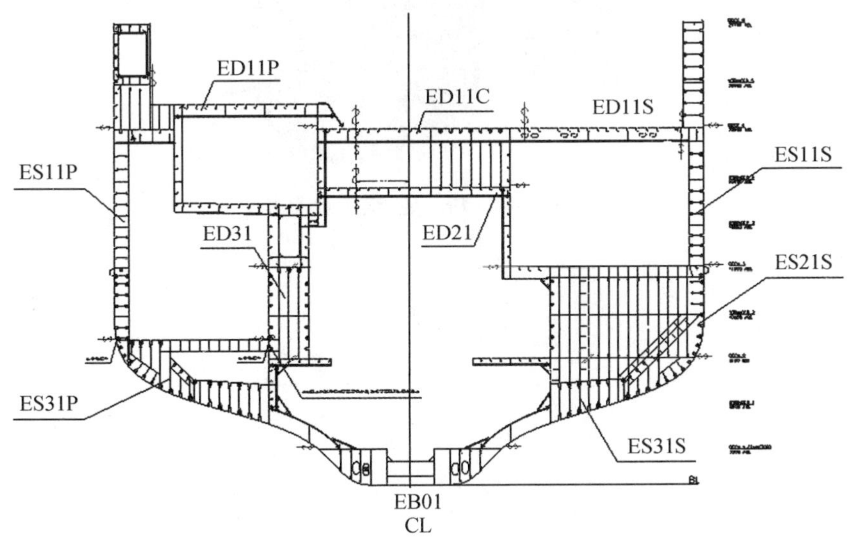

图7－4－17 机舱区域典型横剖面

（五）滚装区域大型防火门、水密门、艉门、艉跳板安装对船体的精度要求

确保滚装区域大型防火门、水密门、艉门、艉跳板等结构能够顺利与船体对接。尽量避

免因出现平整度、尺寸超差等问题导致现场无法安装的现象发生。因此对相关区域船体建造要求提供详细的精度控制方案，提前预估产生问题的可能性，降低安装风险。如图7－4－18。

图7－4－18　大型防火门

（六）鱼雷舵涉及船体分段制作及安装精度控制

由于舵球与螺旋桨桨帽之间的距离只有70 mm，舵杆筒安装时需要谨慎。否则，一个小的偏差将有可能导致舵球与桨帽相碰，或者拆桨的困难。因此此船的精度控制将是几个船型中要求最高的。整根舵杆穿过舵杆筒与舵叶连接，舵杆筒的位置决定了整个舵系的位置。因此舵杆筒的定位以及后续监控工作需要注意。如图7－4－19所示。

图7－4－19　舵、桨示意图

附录 A　精度常规英语单词摘要

表 A－1　精度常规英语单词摘要表

NO	ENGLISH	缩写	图形	汉译
1	ABOVE BASE LINE	A/B	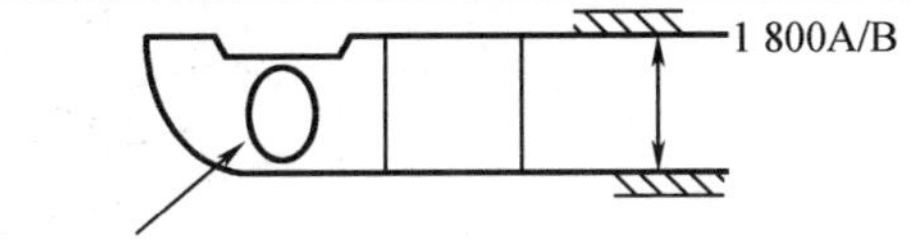 1 800A/B 以 BASE LINE 为基准 到理论线的高度为 1 800 mm	基线以上
2	ACCURACY			精度
3	ACCURACY CONTROL	A/C		精度管理
4	ADDITIONAL	ADD.		追加的
5	AFTER	AFT.		尾面
6	AFTER PEAK TANK	A. P. TK	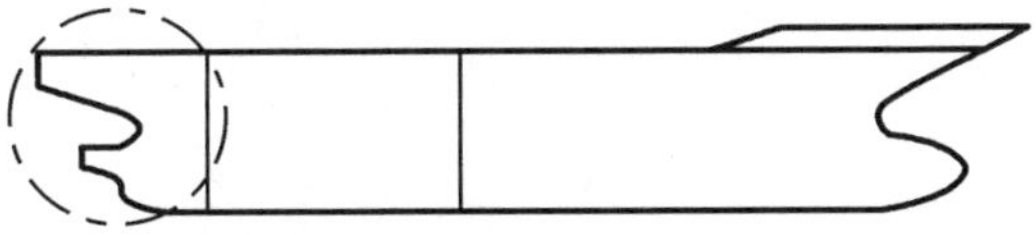	尾部船舱
7	AFTER PERPENDICULAR	A. P	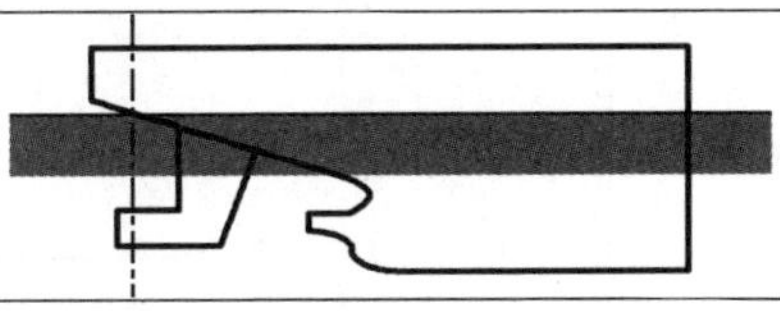	尾垂线
8	AFTERWARD	AFT.（A）	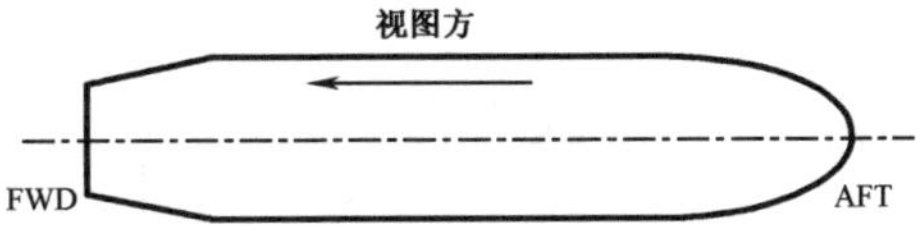 视图方 FWD　AFT	船尾方向
9	ALIGN, ALINE			对准中心
10	ALIGNMENT			调整
11	ARRANGEMENT			位置、排列
12	ASSEMBLY	ASS’Y		组装
13	BALLAST			压载舱
14	BAR			桅杆
15	BASE LINE	B/L, H/L	 B/L HULL	基准线
16	BEAD	BEAD		焊肉

表 A－1(续1)

NO	ENGLISH	缩写	图形	汉译
17	BEAM	BEAM		横梁
18	BILGE			舱底
19	BILGE KEEL	BLG. KEEL	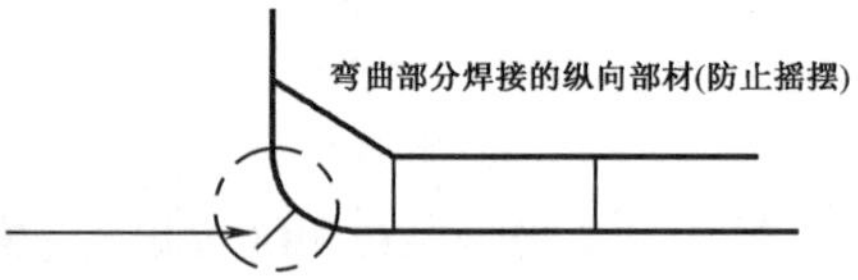 弯曲部分焊接的纵向部材(防止摇摆)	舭龙骨
20	BILGE WELL	B/W	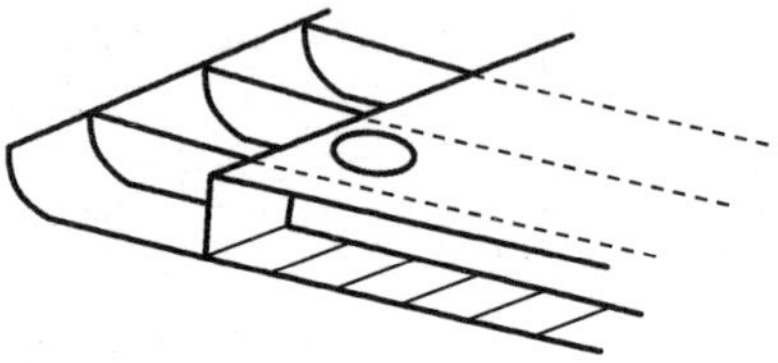	污水井
21	BLOCK DIVISION	BLK. DIV		分段划分
22	BLOCK	BLK.		分段
23	BOTTOM SHELL	BTM. SHELL B. SHELL	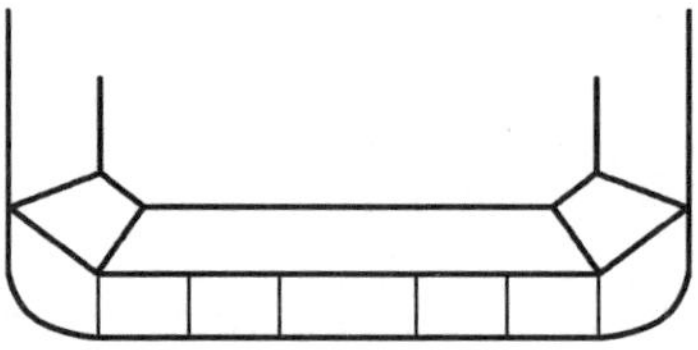	舱底板
24	BOTTOM	BTM		船舱底部、底面
25	BOW	BOW	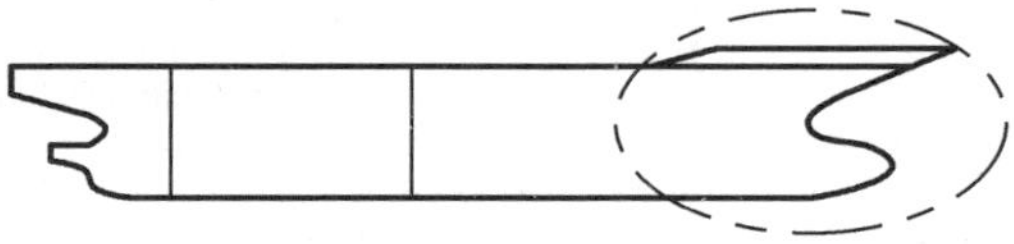	船头
26	BRACKET	BKT	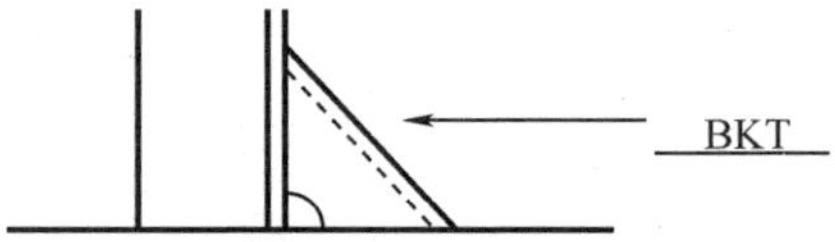 BKT	加强筋板
27	BULB PLATE	B. PL		球形钢
28	BULKHEAD	BHD	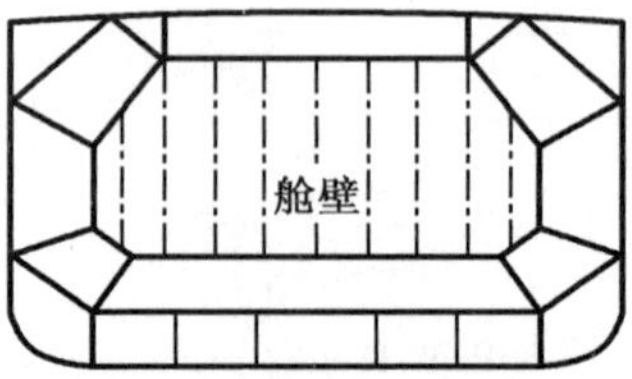 舱壁	舱壁
29	BUTT			对接

表 A－1(续 2)

NO	ENGLISH	缩写	图形	汉译
30	BUTT WELDING		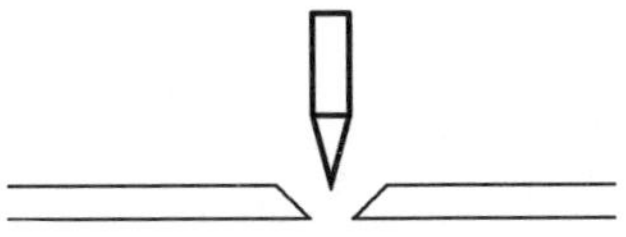	对接焊接
31	CAMBER	CAMBER	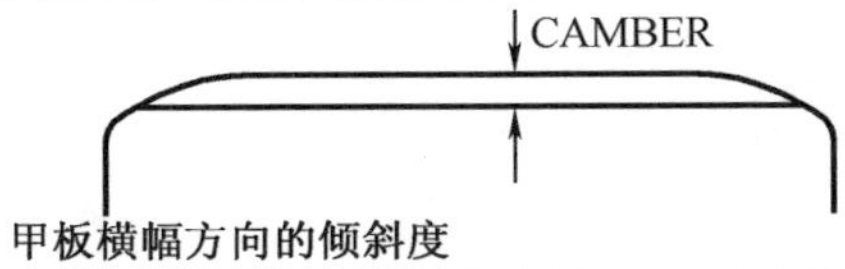 CAMBER 甲板横幅方向的倾斜度	上拱度
32	CARGO			货物
33	CARGO HOLD	C/H	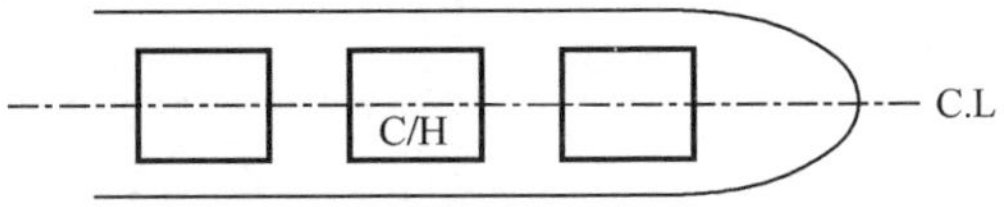 C/H C.L	货舱
34	CARLING	CAR'G	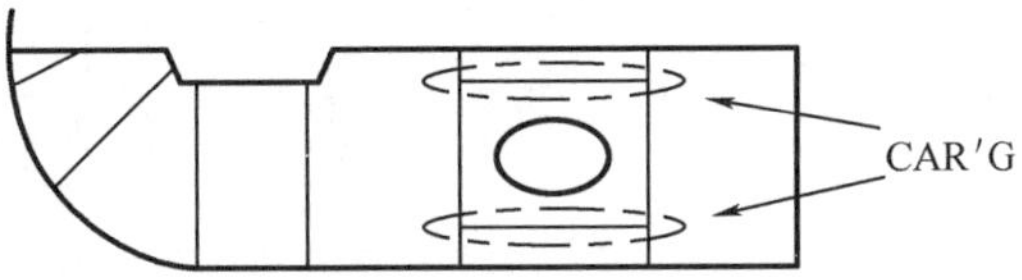 CAR'G	局部加强材
35	CENTER			中心
36	CENTER LINE	C. L		中心线
37	CHAMFER	C.	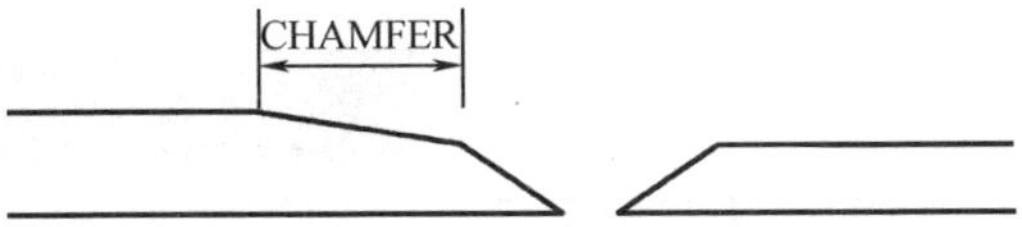 CHAMFER	削斜
38	CHANNEL	C. H.		槽型钢
39	CHECK	CHK		检查
40	COAMING	COAM'G	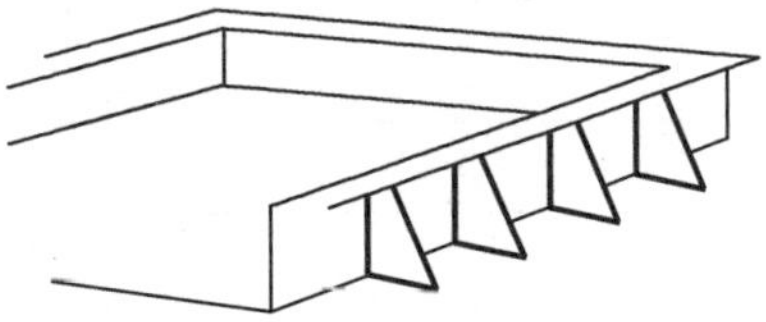	舱口围板
41	CONSTRUCTION	CONST.		构造
42	CONTROL			管理
43	CUTTING			切割
44	DECK HOUSE	DK. HOUSE		船室
45	DECK	DK	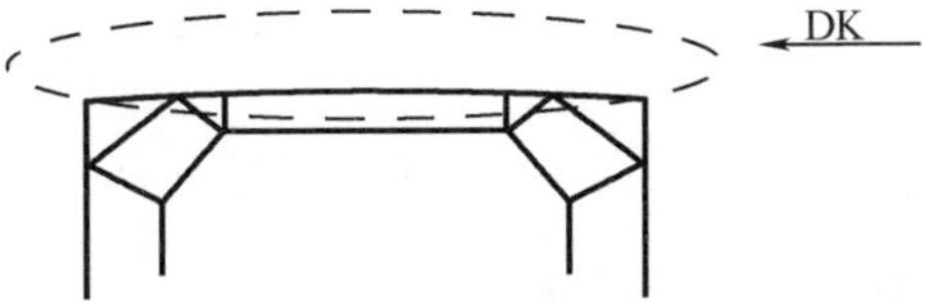 DK	甲板

表 A－1(续 3)

NO	ENGLISH	缩写	图形	汉译
46	DETAIL	DET.	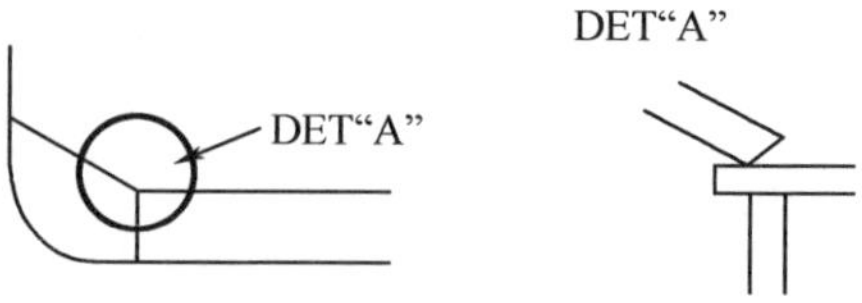 DET"A" DET"A"	详细
47	DIAGRAM			图表
48	DIAMETER	DIA.	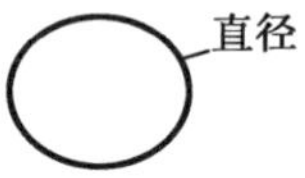 直径	直径
49	DIVISION	DIV.		分离、分割
50	DOUBLE			双
51	DOUBLE BOTTOM	D. BTM	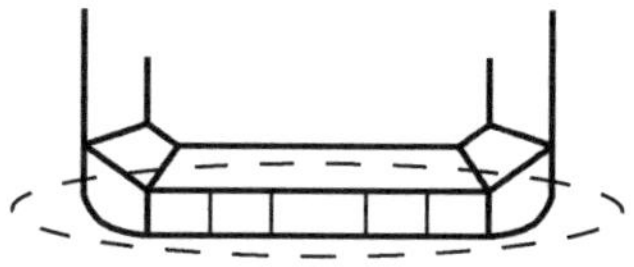	双层底
52	DOUBLE CONTINUOUS FILLET WELDING	D. C. F. W		两面连续焊接
53	DRAFT	D	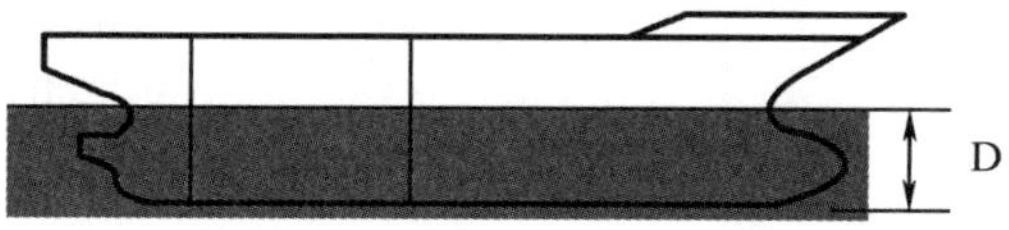 D	吃水
54	DRAIN			排水
55	DRAIN HOLE	D/H	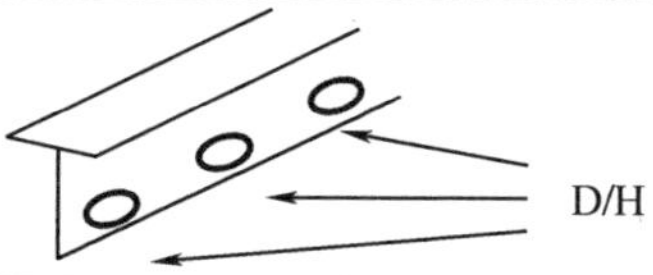 D/H	排水孔
56	EACH	EA.		个
57	END			末、最后
58	ENGINE			主机
59	ENGINE ROOM BULKHEAD	E/R BHD	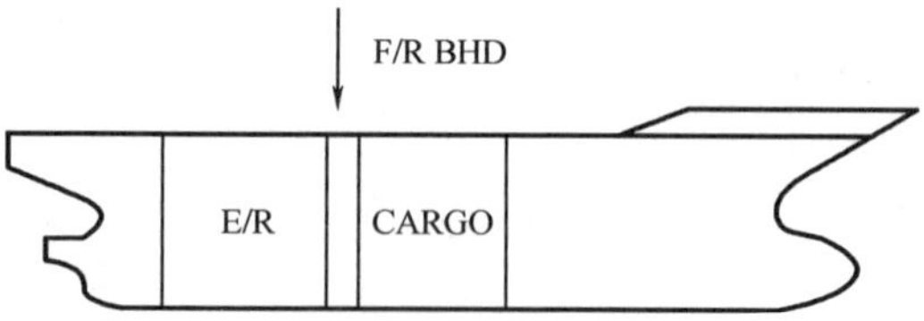 F/R BHD E/R CARGO	机舱隔壁
60	ENGINE ROOM	E/R		机舱
61	EQUAL			相同、一样
62	ERECTION	EREC.		搭载
63	EXPANSION	EXPAN. EXP		扩大、展开

表 A－1(续 4)

NO	ENGLISH	缩写	图形	汉译
64	FABRICATION			组装
65	FALSE			错误
66	FASHION PLATE	FASHION PL	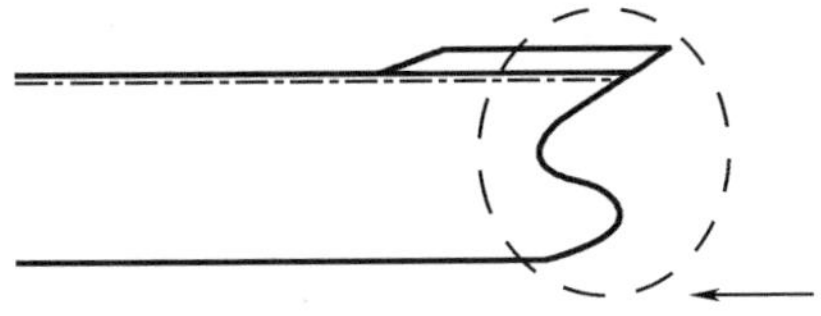 FASHION PLATE	船首板
67	FITTING			装配
68	FLAT			平坦的
69	FLAT BAR	F. B	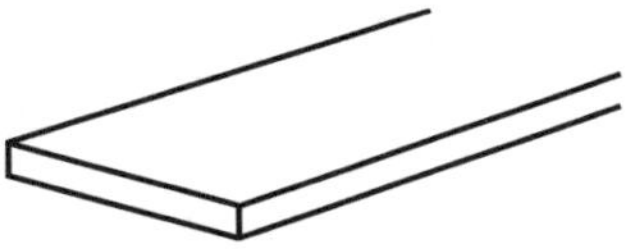	扁铁
70	FLOOR	FR.	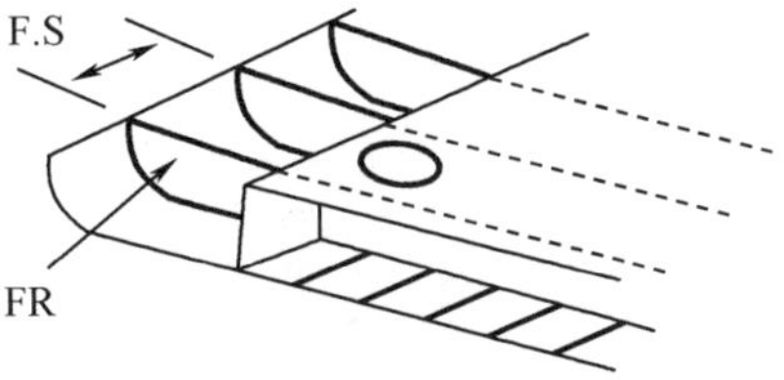 F.S FR	肋板
71	FORWARD	FWD	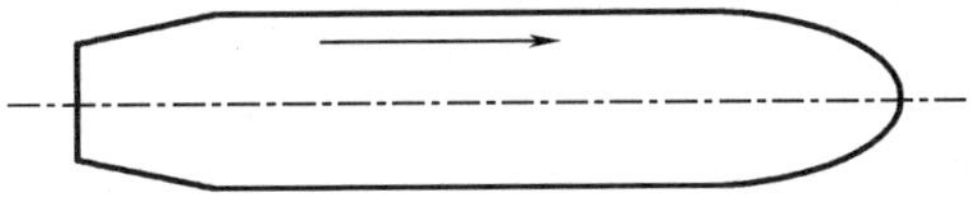	船首
72	FOUNDATION	FDN		地基
73	FRAME	FR.		横向加强材
74	FRAME SPACE	F. S.		肋板间距
75	FULL PENETRATION WELDING	F. P. WELDING	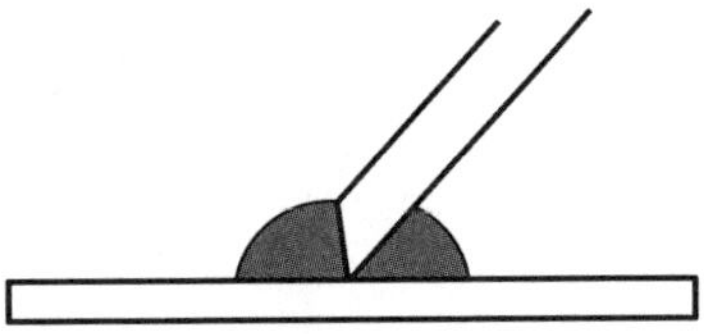	完全熔深焊接
76	GIRDER	GIR.	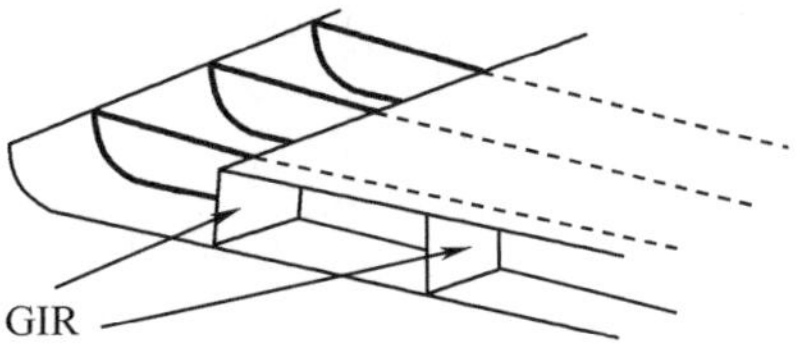 GIR	船首尾方向的主材
77	GRINDING	GRIND'G		打磨

表 A－1(续5)

NO	ENGLISH	缩写	图形	汉译
78	GUDGEON		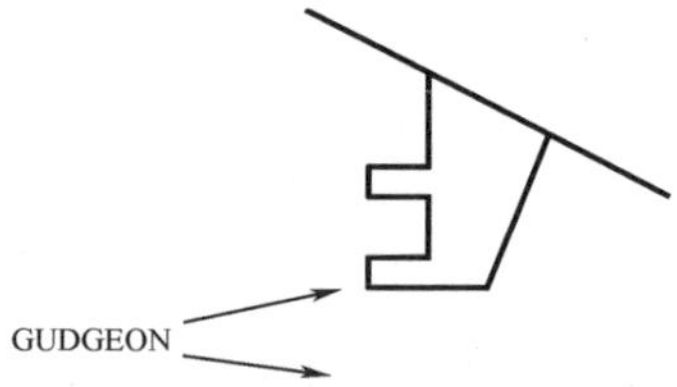 GUDGEON	舵的轴承
79	HAND			手
80	HATCH			舱口
81	HOLD			货舱
82	HOLE			孔
83	HORIZONTAL	HORI.		水平
84	I－BEAM	I	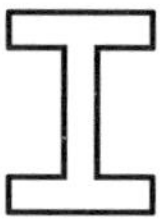	“工”字钢
85	KEEL			龙骨
86	KNUCKLE CAMBER		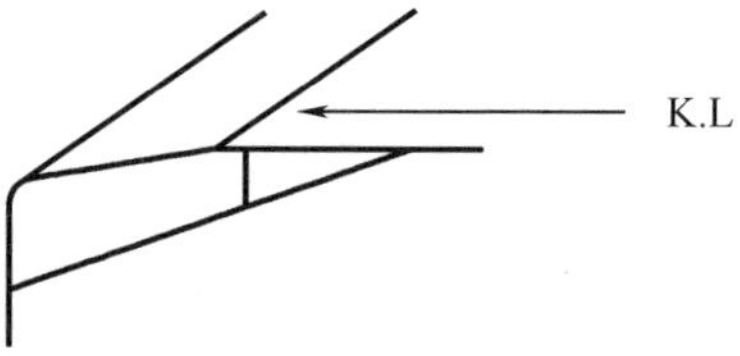 K.L	拱形转折
87	KNUCKLE LINE	K. L.		转折线
88	LONGITUDINAL BULKHEAD	LONGL. BHD	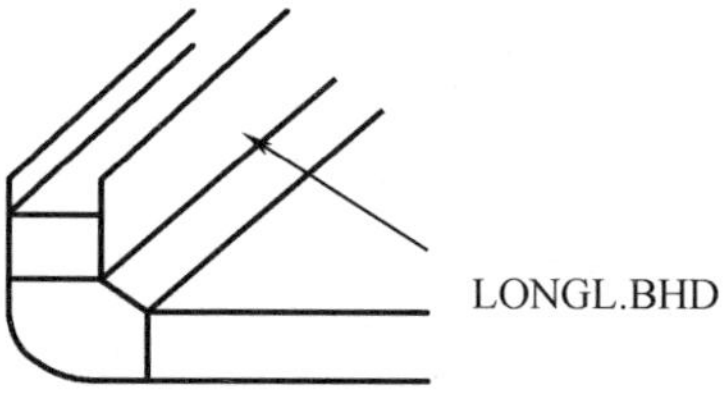 LONGL.BHD	纵向隔壁
89	LONGITUDINAL SPACE	L. S.	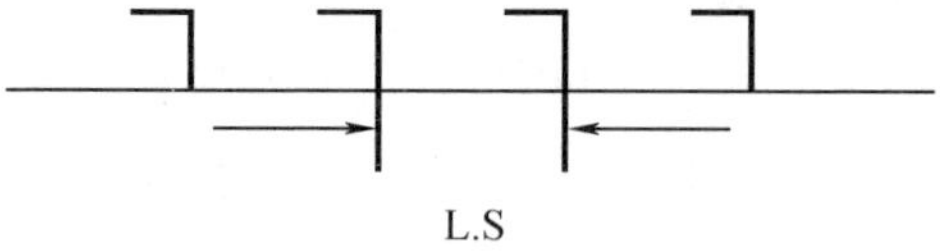 L.S	纵向材间距
90	LONGITUDINAL	LONGL，LONG		纵向的
91	MAIN DECK	MAIN DK	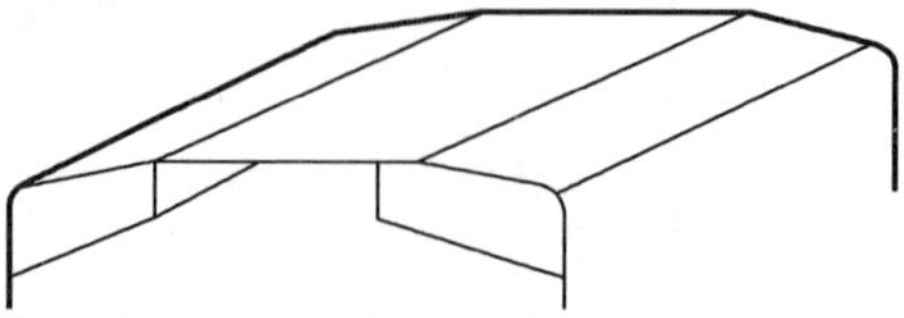	主甲板
92	MARKING	M. K		标记、记号

表 A－1(续6)

NO	ENGLISH	缩写	图形	汉译
93	MAXIMUM	MAX.		最大
94	MID			中间
95	MID SHIP SECTION			船体中央横断面
96	MIDSHIP		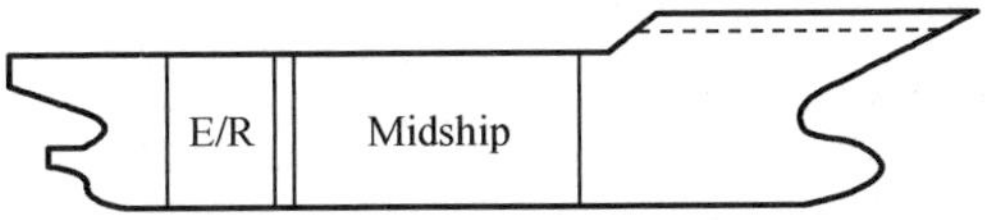	船体中央
97	MINIMUM	MIN		最小
98	MOLD LINE	M. L	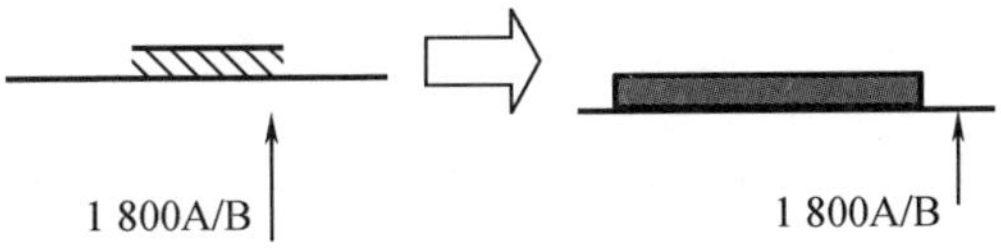	理论线
99	NUMBER	NO.		编号
100	ONLY			只,单独的
101	OPENING	OPEN'G		开口
102	OUT－FITTING	OUTFIT.		预舾装
103	PAD PLATE	PAD. PL.	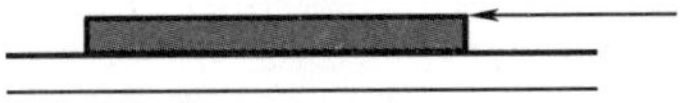	垫板
104	PARTIAL			部分的
105	PARTIAL PENETRATION WELDING	P. P. WELD'G	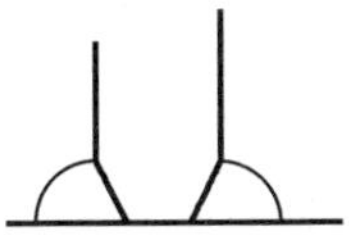	部分渗透焊接
106	PERPENDICULAR			垂直的
107	PIPE HOLE	P/H	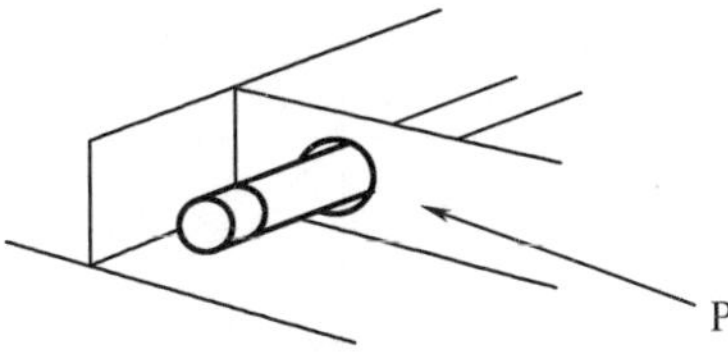	管孔
108	PLAN		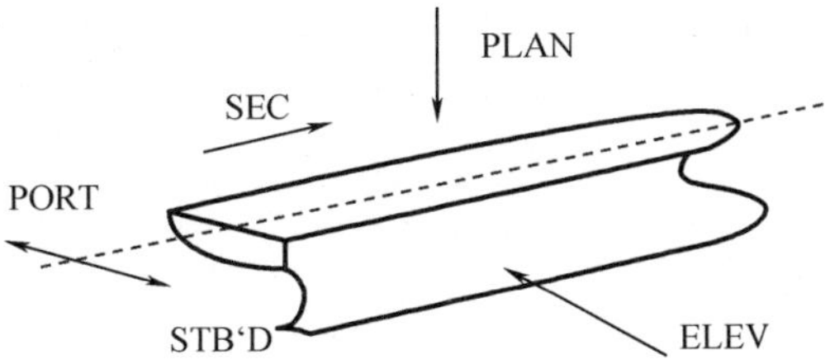	平面图
109	PLATE	PL.(P)		板
110	PLATFORM DECK	PLATM DK		平台甲板
111	POOP			船尾

表 A-1(续 7)

NO	ENGLISH	缩写	图形	汉译
112	POOP DECK	POOP DK		尾楼
113	PORT	P		左舷
114	PRE - ERECTION	P. E		预合拢
115	QUALITY			质量
116	QUALITY CONTROL	Q. C		质量管理
117	ROUND CAMBER			圆拱
118	RUDDER		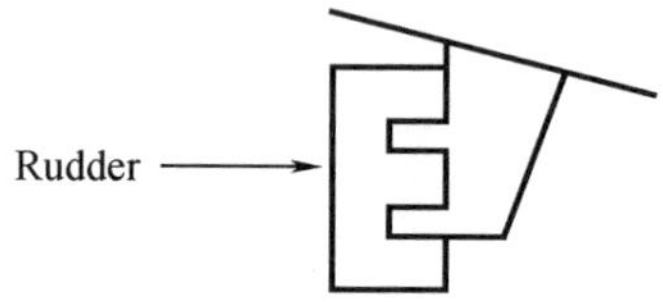 Rudder	方向舵
119	SCALE	S		比例
120	SECTION	SEC.	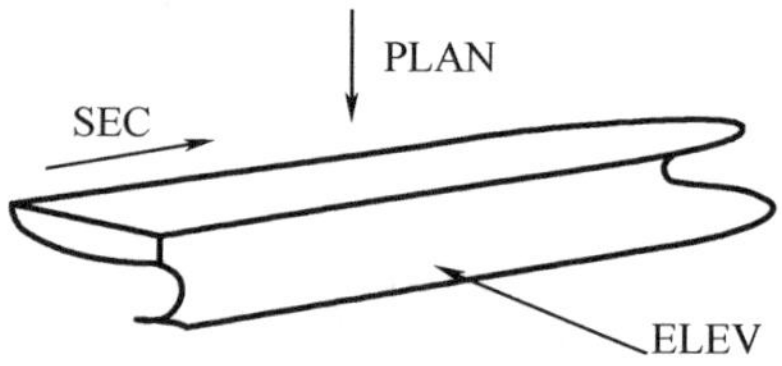 PLAN SEC ELEV	截面图
121	SEQUENCE			顺序
122	SHAFT		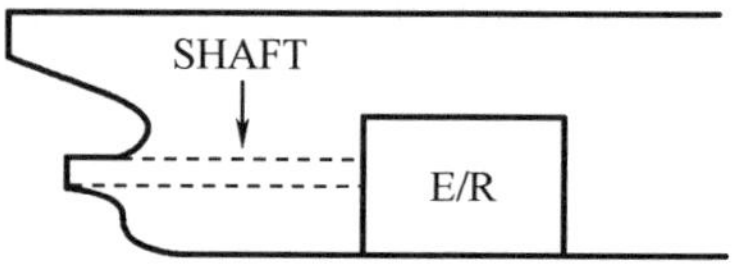 SHAFT E/R	轴
123	SHELL		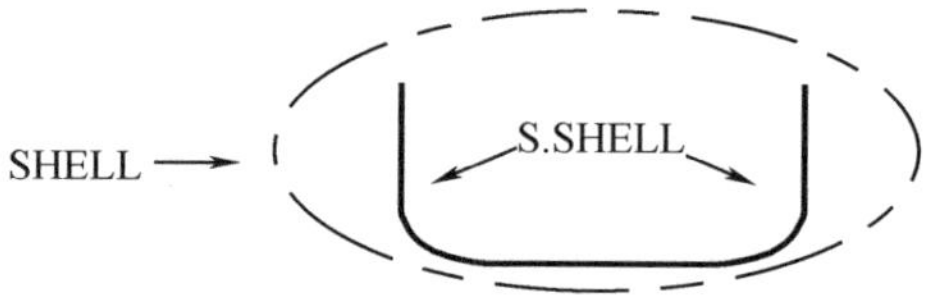 SHELL S.SHELL	船外壳
124	SHELL EXPANSION	SHELL EXP.		外板展开
125	SHIP			船舶
126	STARBOARD	STB'D	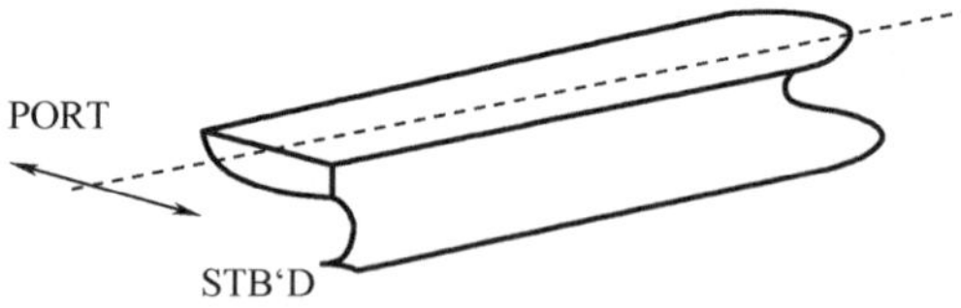 PORT STB'D	右舷
127	STEERING GEAR	S/G		舵机
128	STERN			船尾
129	STERN FRAME	S/FR		船尾构架
130	STIFFENER	STIFF.	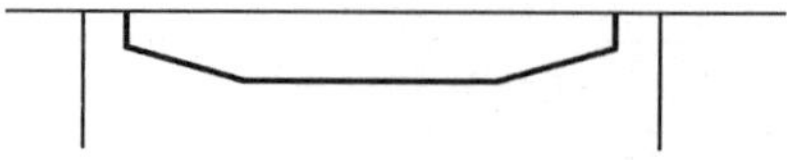	加强材

表 A－1(续 8)

NO	ENGLISH	缩写	图形	汉译
131	TACK WELDING	T. W		点焊
132	WELDING	WELD'G		焊接

附录 B 现行精度标准

一、加工阶段

表 B－1 加工阶段现行精度标准

内容／对象	检验项目	图示	精度要求			备注
			控制点	标准值/mm	极限值/mm	
等离子切割机	设备本体检查	300+ΔL 300+ΔB b_2 b_1 l_1 l_2	导轨水平度 轨道直线度 导轨间宽度偏差 切割平台平整度	±3.0 ±1.0/全长 ±1.0 ±15.0		导轨水平度、直线度、平台平整度每三个月检测一次
	精度检测试样		边缘尺寸偏差 ΔL ΔB 画线偏差 Δl、Δb	≤1.0 ≤1.0 ≤1.0		试样精度每班次检测一次 $\Delta l=(l_1-l_2)/2$ $\Delta b=(b_1-b_2)/2$

表 B－1(续 1)

对象＼内容	检验项目	图示	精度要求：控制点	标准值/mm	极限值/mm	备注
板材边缘尺寸画线	画线通用标准	$L+\Delta L$, $B+\Delta B$, D_1, D_2	板材平整度	±5.0		
			数控画线线宽	≤1.5	≤2.0	
			手工画线线宽	≤1.5	≤1.5	
			＊理论 100 mm 检验线偏差	±1.0	±2.0	
			画线直线度 Δb	≤1.0	≤1.2	L≤4 m
				≤1.2	≤1.5	4＜L≤8 m
				≤2.0	≤2.5	L＞8 m
	数控画线		画线尺寸偏差 ΔL	±1.0	－	可用做数控空跑画线检验
			ΔB	±1.0	－	
			对角线偏差 D_1-D_2	±2.0	－	
	手工画线		画线尺寸偏差 ΔL	±1.0	±3.0	
			ΔB	±1.0	±2.0	
			对角线偏差 D_1-D_2	±2.0	±3.0	
主板切割	数控切割	$L+\Delta L$, $B+\Delta B$, D_1, D_2	切割尺寸偏差 ΔL	±2.0	±3.0	
			ΔB	±1.0	±2.0	
			对角线偏差 D_1-D_2	±2.0	±3.0	
			边缘直线度 Δb	≤1.0	≤2.0	每 12 m
	半自动切割		切割尺寸偏差 ΔL	±2.0	±3.0	
			ΔB	±1.0	±2.0	
			对角线偏差 D_1-D_2	±2.0	±3.0	
			边缘直线度 Δb	≤1.5	≤2.5	每 12 m

表 B－1（续 2）

内容 对象	检验项目	图示	精度要求			备注
			控制点	标准值（mm）	极限值（mm）	
结构板切割（包括肋板、纵桁、平台板等）	数控切割	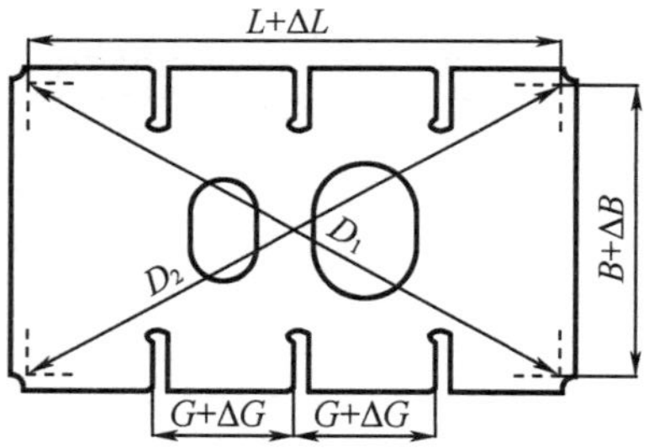 $L+\Delta L$；$B+\Delta B$；D_1；D_2；$G+\Delta G$；$G+\Delta G$	边缘尺寸偏差 ΔL ΔB 对角线偏差 D_1-D_2 R 开档距离 ΔG	±2.0 ±2.0 ±2.0 ±1.0	±3.0 ±3.0 ±3.0 ±2.0	减轻孔打磨 $R=1\sim2$ 特涂 $R\geqslant2$ 肋板须检验开档距离
条型板切割	剪切	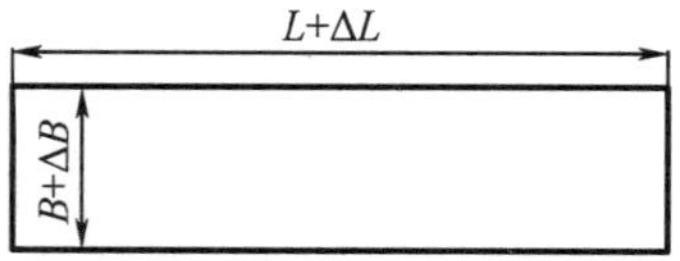 $L+\Delta L$；$B+\Delta B$	边缘尺寸偏差 ΔL ΔB	0 ~ －2.0 －1 ~ ＋2.0	0 ~ －3.0 －2 ~ ＋3.0	自由边缘打磨 $R=1\sim2$ 特涂 $R\geqslant2$
条形板切割	切割	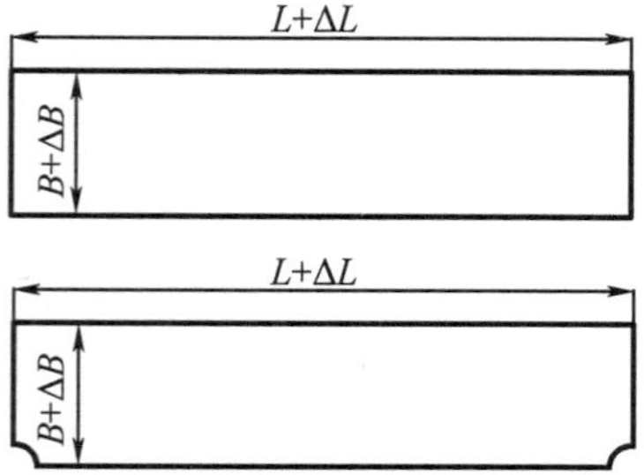 $L+\Delta L$；$B+\Delta B$；$L+\Delta L$；$B+\Delta B$	长度偏差 ΔL 宽度偏差 ΔB	0 ~ －2.0 0 ~ ＋2.0	0 ~ －3.0 0 ~ ＋3.0	自由边缘打磨 $R=1\sim2$ 特涂 $R\geqslant2$

表 B－1(续 3)

内容 对象	检验项目	图示	精度要求			备注
			控制点	标准值 /mm	极限值 /mm	
板材加工	开坡口	检验线　$\theta+\Delta\theta$　Δb　$B\pm\Delta B$	铣边、刨边 边缘直线度 Δb 板材宽度偏差 ΔB	≤0.5 ±1.0	≤1.0 ±2.0	Δb 以 10 m 长计 ＊坡口偏差要求参照各船型坡口形式
		检验线　$\theta+\Delta\theta$　$H+\Delta H$　Δb　$B\pm\Delta B$	半自动切割 边缘直线度 Δb 板材宽度偏差 ΔB	≤0.5 ±2.0	≤1.0 ±3.0	
	冷加工 （滚压、冷弯单曲）	样板　ΔH	曲面与样板的空隙 ΔH	≤3.0	≤5.0	检验样箱精度参照此标准
板材加工	冷加工 （折边）	$B+\Delta B$　$\Delta\theta$　R　$H+\Delta H$	腹板高度 ΔH	±3.0	±5.0	折边半径（缺省） $R=2t$
			折边高度 ΔB	±3.0	±5.0	
			折边角度 $\Delta\theta$	±2.5	±3.5	θ 以 100 mm 计

表 B－1(续 4)

对象＼内容	检验项目	图示	精度要求			备注
			控制点	标准值/mm	极限值/mm	
板材加工	压制槽型板		长度偏差 ΔL	±2.0	±3.0	折边半径(缺省) $R=2t$
			宽度偏差 ΔB	±2.0	±5.0	
			样板检验贴合度 e	≤1.5	≤2.0	e 以 250 mm 计
	热加工(火工双曲)		肋位方向与样板的空隙 Δh_1	≤3.0	≤5.0	
			曲面与纵向样板的空隙 Δh_2	≤3.0	≤5.0	
			曲面与样箱的空隙 Δh	≤3.0	≤5.0	
			拉线与样板基准偏差 Δh	≤2.0	≤3.0	
			蝴蝶边	不允许出现		
型材加工	型材画线		端头理论 100 mm 检验线偏差	±1.0	±2.0	
	半自动切割		长度偏差 ΔL	+1 ~ −2.0	+1 ~ −3.0	
			宽度偏差 ΔB	±2.0	±3.0	原材料检验

二、部装阶段

表 B－2　部装阶段现行精度标准

内容 对象	检验项目	图示	精度要求			备注
			控制点	标准值 /mm	极限值 /mm	
型材加工	冷加工 热加工	逆直线 ΔH 铁样 型材 ΔH	逆直线度 ΔH	≤1.0	－	每 1 m
				≤2.0	－	每 10 m
			加工面与铁样的空隙 ΔH	≤2.0	≤4.0	
母材制作	母材制作	Δb $G+\Delta G$ $G+\Delta G$ Δb	对合线对合偏差 Δp	±1.0	±2.0	
			外边缘直线度 Δb	≤2.0	≤4.0	每 10 m
			跨对接缝相邻开档间距偏差 ΔG	±2.0	±3.0	减轻孔打磨 $R=1\sim2$ 特涂 $R\geq2$

表 B－2(续 1)

对象＼内容	检验项目	图示	精度要求			备注
			控制点	标准值 /mm	极限值 /mm	
母材制作	母材制作	构架线	构件线位置值与理论值偏差 ΔP	±1.0	±2.0	
	部装大拼板	矩形拼版 $L+\Delta L$ $B+\Delta B$ D_1 D_2 Δb；非矩形拼版 $D_1(D_1')$ $D_2(D_2')$ Δb	长度偏差 ΔL	±5.0	–	
			宽度偏差 ΔB	±5.0	–	
			对角线偏差 ΔD	±5.0	–	矩形板： $\Delta D = D_1 - D_2$ 非矩形板： $\Delta D = D_1' - D_2'$
			断差 Δb	±2.0	±3.0	
		D_1 D_2 $L+\Delta L$ 拼接缝 S	长度偏差 ΔL	±3.0	±4.0	
			对角线偏差 ΔD	±3.0	±4.0	减轻孔打磨 $R=1\sim2$ 特涂 $R\geqslant2$
			背烧之后的平整度偏差 S	≤3.0	≤4.0	

表 B-2(续 2)

内容 对象	检验项目	图示	精度要求			备注
			控制点	标准值 /mm	极限值 /mm	
子材安装	子材安装	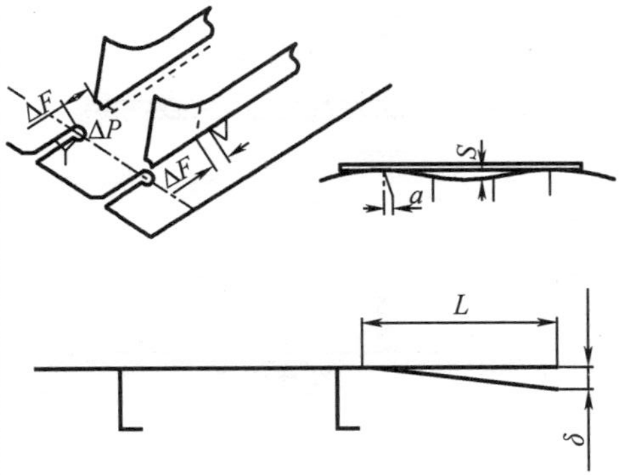	子材安装对线度偏差 ΔP	±0.5	±1.0	
			子材与母材的垂直度偏差 a	±2.0	±3.0	
			子材安装纵向位置偏差 F	0 ~ −1.0	+1.0 ~ −3.0	
			背烧之后的母材平整度 S	≤3.0	≤4.0	每档
				≤5.0	≤7.0	每 3 m
			母材自由端 δ	≤3.0	≤5.0	
典型零件制作	T 型材制作	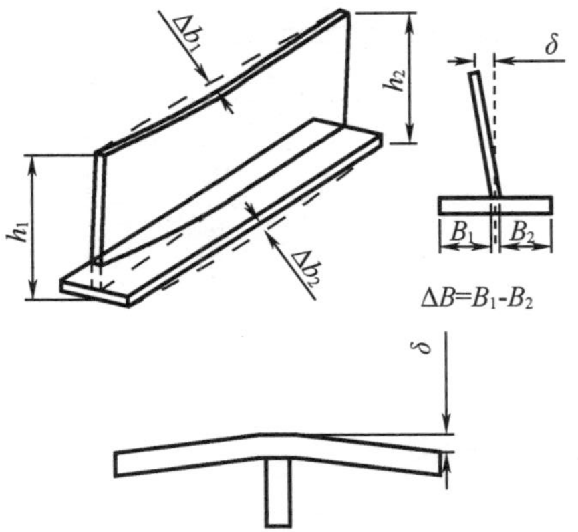 $\Delta B=B_1-B_2$	腹板位置偏差 ΔB	±0.5	±1.0	
			腹板与面板垂直度偏差 $\Delta\delta$	±2.0	±3.0	腹板高度≥2 m,视为自由边,标准放宽,$\Delta\delta\leqslant\pm10$
			腹板与面板的端头高度偏差 Δh_1、Δh_2	≤2.0	≤3.0	
			腹板直线度偏差 Δb_1	≤3.0	≤3.0	每 10 m
			面板直线度偏差 Δb_2	≤1.0	≤3.0	每 10 m
			T 排面板平整度 $\Delta\delta$	≤3.0	≤5.0	端头必检

表 B－2(续3)

对象＼内容	检验项目	图示	精度要求			备注
			控制点	标准值/mm	极限值/mm	
胎架制作	在场地上划出胎架中心线、肋骨检验线		胎架“三线”角尺度偏差 $\Delta\theta$	≤1.0	≤2.0	
	平直胎架高度		高度尺寸偏差 ΔH	±2	±3.0	用激光水准仪在胎架立柱上扫出一水平面作为丈量基准点
	曲面胎架高度		高度尺寸偏差 ΔH	±2	±4.0	
平面胎架铺板、画线	铺板与胎架面贴合度		板与胎架面的贴合度 $\Delta\delta$	≤3.0	—	以1 m计平面流水线平台托架不用固定
	把铺板中心线、肋检线驳到地面上		中心线、肋检线的吻合度 $\Delta\delta$	≤1.0	≤1.0	

表 B－2(续 4)

对象＼内容	检验项目	图示	精度要求			备注
			控制点	标准值/mm	极限值/mm	
平面胎架铺板、画线	依据施工图划制结构线、余量线等	周界线 结构位置线 D_1 D_2	画线偏差 ΔL	±1.0	±. 2. 0	分段上画线位置与图样标注位置的偏差
			对角线偏差 D_1-D_2	±3.0	±5.0	
			手工画线线宽	≤1.0	≤1.5	超差重划
曲面胎架铺板、画线	依据电算胎架图对铺板进行定位、画线	$\Delta\delta\leqslant3.0$ 胎架	板与胎架面的贴合度 $\Delta\delta$	≤3.0	—	以 1 m 计 平面流水线平台托架不用固定
		线垂 胎架 吻合度$\Delta\delta$ 经纬仪 中心线 $L+\Delta L$ $L+\Delta L$	画线偏差 ΔL	±1.0	±2.0	分段上构件画线位置与图样标注位置的偏差
			结构位置线与图样尺寸的偏差 ΔL	±1.5	±2.5	
			手工画线线宽	≤1.0	≤1.5	超差重画

表 B－2(续5)

内容 对象	检验项目	图示	精度要求			备注
			控制点	标准值 /mm	极限值 /mm	
余量切割	采用半自动切割余量	B+ΔB Δd	边缘直线度偏差 Δd	±1.0	±2.0	每 10 m
			板材宽度偏差 ΔB	±2.0	±3.0	
分段大组装	构架与位置线吻合度	ΔP 结构线	构架安装偏差 ΔP	±0.5	±1.0	
分段大组装	测量两端大接头处板、材的同面度	断差ΔW 开档尺寸偏差ΔG	断差 ΔW	0 ~ −2.0	0 ~ −3.0	
	测量构架间开档尺寸		开档尺寸偏差 ΔG 曲面开档	≤2.0 ≤4	≤3.0 ≤6	

表 B－2(续 6)

内容 / 对象	检验项目	图示	精度要求			备注
			控制点	标准值 /mm	极限值 /mm	
散贴外板	焊缝中心与焊道孔中心对准度	Δe	与通焊孔中心位置间隙偏差 Δe	±3.0	±5.0	
	与基面平台的投影	外板投影偏差 ΔW	投影偏差 ΔW	−2～3.0	−3～5.0	
散贴外板	板与构架保持密贴度	$\Delta\delta$	密贴度偏差 $\Delta\delta$	≤2.0	≤3.0	非基面位置暂不检验

表 B-2(续 7)

内容 / 对象	检验项目	图示	精度要求			备注
			控制点	标准值 /mm	极限值 /mm	
完工测量	分段整体尺寸	L+ΔL, B+ΔB, D_1, D_2, 中心线, 肋检线, H+ΔH, 断差 ΔW	平面长度偏差 ΔL	±2.0	±3.0	以中心线、肋检线为基点
			曲面长度偏差 ΔL	±2.0	±4.0	
			平面宽度偏差 ΔB	±2.0	±3.0	
			曲面宽度偏差 ΔB	±2.0	±4.0	
			平面对角线偏差 D_1-D_2	≤5.0	≤10.0	
			曲面对角线偏差 D_1-D_2	≤8.0	≤10.0	
			高度偏差 ΔH	±2.0	±3.0	以端面硬挡处为准
			构架垂直度偏差 $\Delta\theta$(包括纵骨安装)	≤3.0	≤5.0	高度≥2 m,视为自由边。刚性结构位置≤5;有结构加强位置≤10;自由端位置≤20
			自由边弯曲度偏差 Δb	≤4.0	-	3 m 范围内
			水平度偏差 ΔS	±4.0	±6.0	以硬挡处为准
			断差 ΔW	-2~3.0	-3~5.0	
分段火工矫正	纵桁横向变形	δ	变形量偏差 δ	±4.0	±6.0	该作业在结构提交前进行

表 B－2(续 8)

对象＼内容	检验项目	图示	精度要求			备注
			控制点	标准值/mm	极限值/mm	
分段火工矫正	3 m 之内的任意变形		变形量偏差 δ	±5.0	±7.0	该作业在结构提交前进行
立体分段控制要求	上、下平面定位偏差		平面立体中心线、肋检线偏差 ΔP	≤4.0	≤7.0	
			曲面立体中心线、肋检线偏差 ΔP	≤4.0	≤7.0	
	分段高度		水平面结构高度	±2.0	±3.0	
	其他项目		同平面、曲面分段	—	—	
含艉柱立体分段控制要求(AB01 与 RH)	分段及 RH 与 0 肋位吻合度		垂直度偏差 $\Delta\delta$	≤5.0	≤8.0	非镗孔状态
	分段高度		高度偏差 ΔH	±3.0	±5.0	
	其他项目		同曲面分段	—	—	

表 B－2(续 9)

对象＼内容	检验项目	图示	精度要求			备注
			控制点	标准值/mm	极限值/mm	
含艉柱立体分段控制要求（AB02）	轴中心线	中心线偏差 ΔL ΔH AB02 贴合度 $\Delta\delta$	中心线偏差 ΔL	≤5.0	≤8.0	
	高度		高度偏差 ΔH	±2.0	±3.0	参照轴系安装图
	舱壁板与胎架贴合度		贴合度偏差 $\Delta\delta$	≤2.5	—	
	轴管定位	上下定位偏差 ΔP	轴管与舱壁上下偏差 ΔP	≤3.0	≤5.0	
	其他项目		同曲面分段	—	—	
主机基座分段	基座面板水平度	B L 水平度 ΔS 肋检线 中心线与中纵桁位置偏差 ΔP	水平度偏差 ΔS	±4.0	—	参照主机安装图要求
	基座面板外形尺寸		长度偏差 ΔL	±2.0	±4.0	
			宽度偏差 ΔB	±2.0	±4.0	
	基座纵桁与中心线吻合情况		纵桁偏差 ΔP	±2.0	±4.0	
	其他项目		同平面分段	—	—	

表 B－2(续 10)

内容 对象	检验项目	图示	精度要求			备注
			控制点	标准值 /mm	极限值 /mm	
舷侧线形小分段	“T 排”垂直度		垂直度偏差 $\Delta\delta$	≤3.0	≤5.0	T 排高度≥2 m 时适用自由边标准，标准放宽，$\Delta\delta\leq\pm10$
	其他项目		同曲面分段	—	—	

三、总组搭载阶段

表 B－3　总组搭载阶段现行精度标准

内容 对象	检验项目	图示	精度要求			备注
			控制点	标准值 /mm	极限值 /mm	
典型总组	方箱子总组	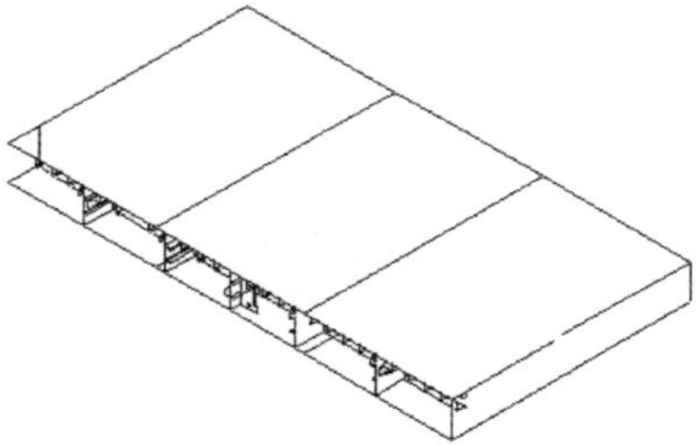	中心线重合度 长度偏差 宽度偏差 肋检线定位偏差 内底板水平度	－2～3.0 ±8.0 ±6.0 ≤3.0 ≤8.0	－3～5.0 ±10.0 ±8.0 ≤5.0 ≤12.0	
	P 型总组	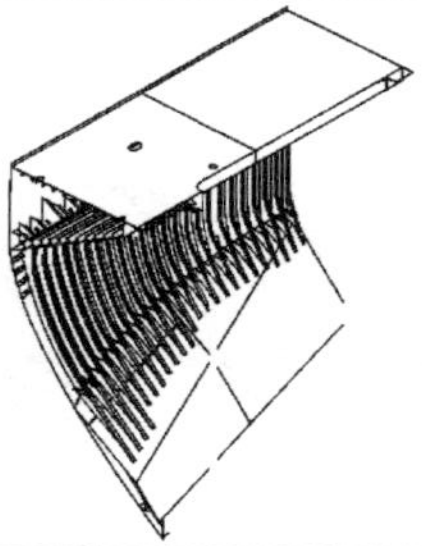	长度偏差 肋检线定位偏差 水线(高度)偏差 直剖线(宽度)偏差	±8.0 ≤3.0 ±4.0 ≤3.0	±10.0 ≤5.0 ±6.0 ≤5.0	
	C/D 型总组	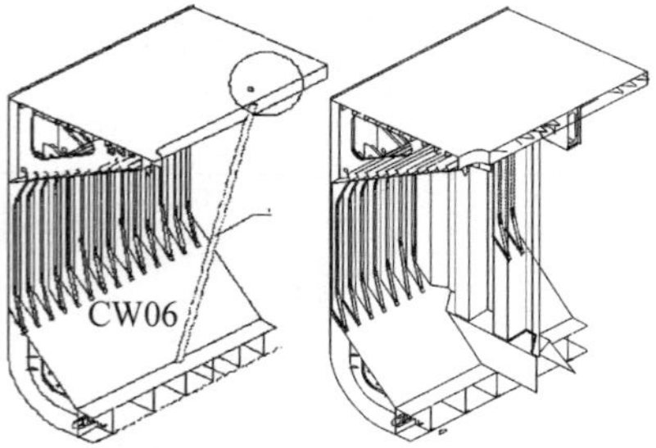 CW06	长度偏差 肋检线定位偏差 水线(高度)偏差 直剖线(宽度)偏差 外板水平度	±8.0 ≤3.0 ±4.0 ≤3.0 ≤8.0	±10.0 ≤5.0 ±6.0 ≤5.0 ≤12.0	

表 B－3(续 1)

内容 对象	检验项目	图示	精度要求			备注
			控制点	标准值 /mm	极限值 /mm	
典型总组	U 型总组		中心线偏差 长度偏差 宽度(半宽)偏差 肋检线定位偏差 水线(高度)偏差	≤4.0 ±8.0 ±5.0 ≤3.0 ±4.0/5	≤7.0 ±10.0 ±10.0 ≤5.0 ±6.0/10	
	门型总组		中心线偏差 长度偏差 宽度偏差 高度偏差 平台水平度	≤4.0 ±8.0 ±4.0 ±4.0 ≤5.0	≤7.0 ±10.0 ±6.0 ±6.0 ≤10.0	
	T 型总组 (甲板分段＋ 隔舱分段)	HD15C HL15	中心线偏差 长度偏差 宽度偏差 肋检线定位偏差 水线(高度)偏差 垂直度	≤4.0 ±8.0 ±4.0 ≤3.0 ±4.0 0.001H ≤10.0	≤7.0 ±10.0 ±6.0 ≤5.0 ±6.0 0.0012H ≤12.0	

表 B－3(续 2)

对象＼内容	检验项目	图示	精度要求			备注
			控制点	标准值/mm	极限值/mm	
典型总组	L 型总组 (下边水＋ 底部分段)		长度偏差 宽度偏差 肋检线定位偏差 水线(高度)偏差 直剖线(宽度)偏差 内板水平度	±8.0 ±6.0 ≤3.0 ±4.0 ±4.0 ≤8.0	±10.0 ±8.0 ≤5.0 ±6.0 ±6.0 ≤12.0	LNG：±7
	机舱区域 分段总组	C.L中心线	中心线偏差 长度偏差 宽度(半宽)偏差 肋检线定位偏差 高度偏差 平台水平度	≤4.0 ±8.0 ±6.0 ≤3.0 ±6.0 ≤8.0	≤7.0 ±10.0 ±8.0 ≤5.0 ±8.0 ≤12.0	
	艏部分 段总组	C.L中心线 100 mm检验线	中心线偏差 长度偏差 宽度(半宽)偏差 高度偏差 肋检线定位偏差 平台平面度	≤4.0 ±8.0 ±6.0 ±4.0 ≤3.0 ≤8.0	≤7.0 ±10.0 ±8.0 ±6.0 ≤5.0 ≤12.0	

表 B－3(续 3)

内容 对象	检验项目	图示	精度要求			备注
			控制点	标准值 /mm	极限值 /mm	
典型总组	上层建筑总组		中心线偏差 长度偏差 宽度偏差 层高偏差 层面水平度	≤4.0 ±8.0 ±6.0 ±6.0 ≤8.0	≤7.0 ±10.0 ±8.0 ±10.0 ≤12.0	
船坞（船台）搭载	船坞（船台）画线		中心线与半宽线直线度 肋骨线直线度 画线总长偏差 画线宽度偏差	±2/100m ±1 ≤2.0 ≤2.0	±3/100m ±3 ≤6.0 ≤3.0	
	中心线偏差		双层底分段与船台格子线 甲板、平台、横隔舱壁与双层底 艏艉端点与船台格子线 上层建筑与甲板 上舵承中心线与船台中心线 艉轴孔中心线与船台中心线	≤3.0 ≤5.0 <0.1%h ≤4.0 ≤4.0 ≤2.0	≤5.0 ≤8.0 <0.15%h ≤8.0 ≤6.0 ≤3.0	h 为艏艉端点处高度

表 B－3(续4)

内容 对象	检验项目	图示	精度要求			备注
			控制点	标准值 /mm	极限值 /mm	
船坞 (船台) 搭载	水平度		底部、平台、甲板四角水平	≤8.0	≤12.0	
			舱壁左右(前后)水平	≤4.0	≤6.0	
			舷侧分段前后水平	≤5.0	≤10.0	
			上层建筑四角水平	≤10.0	≤15.0	
			舱口围面板上表面	≤4.0	≤10.0	
			集装箱箱脚水平度	≤3.0	≤5.0	
	定位高度		纵横舱壁 舷侧分段 上层建筑 舱口围	0～+10	—	集装箱为≤5.0
	其他		分段接缝处肋距	±10.0	—	h 为舱壁高度
			纵横舱壁垂直度	<0.1%h 且<8.0	<0.12%h 且<10.0	
			导轨架垂直度(纵横)	≤4.0	—	
	主尺度		总长	±0.1%L	—	总长 L
			垂线间长	±0.1%L	—	垂线间长 L
			型宽	±0.1%B	—	型宽 B
			型深	±0.1%D	—	型宽 D
			基线挠曲度	±25	—	

参考文献

[1] 邓洪军.焊接结构生产[M].北京:机械工业出版社,2004.

[2] 陈倩清.船舶焊接工艺学[M].哈尔滨:哈尔滨工程大学出版社,2005.

[3] 谢荣.船舶建造精度控制技术[M].北京:人民交通出版社,2013.